Kohlhammer
Taschenbücher
Biblische
Konfrontationen

D1735278

Band 1008

Biblische Konfrontationen

Die Reihe »Biblische Konfrontationen« faßt im Blick auf zentrale Probleme gegenwärtigen Lebens und Handelns das biblische Zeugnis zusammen. Altes und Neues Testament, Vergangenheit und Gegenwart sowie unterschiedliche Auffassungen und Stellungnahmen in den biblischen Schriften selbst werden dabei einander gegenübergestellt.

O. Kaiser / E. Lohse
Tod und Leben (Bd 1001)

S. Herrmann
Zeit und Geschichte (Bd 1002)

E. Otto / T. Schramm
Fest und Freude (Bd 1003)

E. S. Gerstenberger / W. Schrage
Leiden (Bd 1004)

H.-J. Hermisson / E. Lohse
Glauben (Bd 1005)

O. H. Steck
Welt und Umwelt (Bd 1006)

A. H. J. Gunneweg /
W. Schmithals
Leistung (Bd 1007)

K. Seybold / U. B. Müller
Krankheit und Heilung (Bd 1008)

E. Würthwein / O. Merk
Verantwortung (Bd 1009)

H. H. Schmid / P. Stuhlmacher
Gerechtigkeit (Bd 1010)

H. Graf Reventlow / H. Balz
Gebet (Bd 1011)

A. H. J. Gunneweg /
W. Schmithals
Herrschaft (Bd 1012)

E. S. Gerstenberger / W. Schrage
Frau und Mann (Bd 1013)

W. H. Schmidt / J. Becker
Zukunft und Hoffnung (Bd 1014)

R. Smend / U. Luz
Gesetz (Bd 1015)

Klaus Seybold
Ulrich B. Müller

Krankheit und Heilung

Verlag W. Kohlhammer
Stuttgart Berlin Köln Mainz

CIP-Kurztitelaufnahme der Deutschen Bibliothek

Seybold, Klaus:
Krankheit und Heilung / Klaus Seybold; Ulrich B. Müller.
Stuttgart, Berlin, Köln, Mainz: Kohlhammer, 1978.
  (Kohlhammer-Taschenbücher: Bd. 1008: Bibl. Konfrontationen)
  ISBN 3-17-002246-6
NE: Müller, Ulrich B.:

Inhalt

Einleitung

Krankheit als Problem und als Thema der biblischen Tradition

Sucht man darzustellen, was die biblische Tradition zum Problem Krankheit zu sagen hat, muß zuvor auf einige Schwierigkeiten aufmerksam gemacht werden, die den direkten Zugang zum Thema verstellen.

Zuerst muß man sich bewußtmachen, daß unsere Vorstellung darüber, was ›krank‹ ist, wer krank ist, und was ›Krankheit‹ heißt, in starkem Maße und entscheidend von der Lebensauffassung und dem Menschenbild unseres Zeitalters bestimmt und selbst geschichtlich bedingt ist, und zwar auch, jedenfalls zum Teil, durch die Wertvorstellungen eben der biblischen Überlieferung; und das bedeutet: unsere Vorstellung ist relativ, wobei die Relativität wieder nur im historischen Vergleich zutage tritt. Insofern ist die Auffassung von Krankheit und Gesundheit als Konstellationen jener Balance, die das Leben ausmacht, stets abhängig von umfassenderen Bezugssystemen. Dennoch eignet unserer Vorstellung, gespeist und getragen von immer neuen eigenen Erfahrungen sehr große Evidenz, die zumindest die Bereitschaft fördert, sich Zeugnissen gleicher oder ähnlicher Lebenserfahrungen zu öffnen.

Zweitens ist zu bedenken, daß die von der zuständigen Wissenschaft der Medizin unternommene Definition des Krankheitsbegriffs die Fortschritte und bahnbrechenden Erfolge vor allem, wenn nicht ausschließlich, in der differenzierenden Diagnostik, der immer präziseren und erschöpfenderen Erfassung einzelner Krankheitserscheinungen, erzielt hat, während zugleich das Verständnis dessen, was das Gemeinsame all der Spielarten und Formen von Krankheiten sein könnte, damit nicht Schritt hielt. Ja, es wird da und dort die Erkenntnis laut, daß eine eindeutige theoretische Definition der Krankheit als Lebensprozeß und individueller Lebensvollzug gar nicht möglich ist. Ihre Stelle besetzen Schulauffassungen, ein Image oder eine Idee, die hier mehr naturwissenschaftlich von den physisch-chemischen Abläufen, dort mehr ganzheitlich psychosomatisch von sozialen Zwängen und Reaktionen geprägt sind. Ihnen allen ist gemeinsam ein vorgegebenes Leitbild, an dem sie sich orientieren. Ihre Uneinheitlichkeit und ihre Variationsbreite beeinflussen auch die Vorstellungen, die vor- oder außerwissenschaftlich in unserer Zeit und Gesellschaft im Schwange sind.

Drittens muß man sich klarmachen, daß Krankheiten von Lebensverhältnissen abhängig sind, daß sie wie alle menschlichen Dinge ihre Geschichte haben. Krankheiten entstehen, breiten sich aus, setzen sich fest, sterben ab. Es gibt alte und junge Krankheiten. Nicht alle modernen Leiden gab es schon im Altertum. Und umgekehrt: Nicht alle Krankheiten, vor allem wohl Seuchen, der Antike gibt es auch heute noch.

Viertens ist wie bei aller historischen Bemühung zu beachten, daß – und das bringt die vorher genannten Punkte auf einen Nenner – der geschichtliche Abstand zu den Sprechern der biblischen Tradition und die sprachlichen, mentalen, sozialen Unterschiede den unmittelbaren Zugang zu den Krankheitsaussagen, -berichten, -deutungen, zu den medizinischen Texten erschweren, wenn nicht der Aussage selbst schon wegen ihrer Vagheit oder Unklarheit die Eindeutigkeit mangelt. So kann – um ein Beispiel aus dem alttestamentlichen Teil zu wählen – das hebräische *ḥalā, ḥolī* nicht unbesehen mit ›krank werden, krank sein‹ bzw. ›Krankheit‹ übersetzt werden. Denn sein Bedeutungsumfang ist größer als der des deutschen Wortes. Er umfaßt überhaupt körperliche Schwächezustände – wie man am Beispiel Simson erkennen kann, der erst, als man ihm die Haare abschnitt, seine übermenschlichen Kräfte verlor und »schwach wurde wie ein gewöhnlicher Mensch« (Ri 16,7.11.13). Oder: Die Schwierigkeiten, die die Wiedergabe des hebräischen *ṣaraʿat* macht, sind erheblich und zugleich auf ihre Weise paradigmatisch für das Terrain, das einen hier erwartet. Das Wort heißt ›Wespenstich‹ und wurde zur symptomatischen Bezeichnung für eine Reihe schwer definierbarer Hauterkrankungen, z.T. sehr harmloser Art (für uns; die Antike hatte andere Wertmaßstäbe!), kaum unter Einschluß der Krankheit, die man heute Lepra nennt. Die Übersetzungen dieses Begriffs wurden selbst pathogen und haben eine Leidensgeschichte ohnegleichen ausgelöst. Griechisch sagte man *lepra*, deutsch »Aussatz«. Die mangelnde Unterscheidung und das vermeintlich biblisch sanktionierte Verdikt hat viele Leidende zu »Aussätzigen«, Ausgesetzten werden lassen. – Man muß also behutsam vorgehen und umgehen mit biblischen Krankheitsbezeichnungen, -berichten, -diagnosen. Der direkte Weg birgt viele Gefahren!

Darum – das scheint die Konsequenz zu sein – kann dieser Darstellung kein fest umrissener, fixierter Krankheitsbegriff welcher Art auch immer zugrunde gelegt werden. Vielmehr kann es nur darum gehen, eine vorläufige Begriffsdefinition, besser ein heuristisches Modell zu finden, dessen konstitutive Elemente phänomenologisch beschrieben werden können, dessen Suchapparat beweglich genug ist, sich den unterschiedlichen Erscheinungen anzupassen, und zugleich anzugeben vermag, inwiefern es sich hier und dort um das handelt, was wir Krankheit nennen. Ein solches heuristisches Modell würde etwa die folgenden Punkte erfassen müssen. Zur Phänomenologie der Krankheit[1] gehört

1. daß sie als physisch-psychische Realität vom einzelnen Menschen in Schmerz und Lebensminderung erfahren und beschrieben wird;
2. daß als Reaktion eine je unterschiedliche therapeutische Bemühung in Gang kommt, deren Apparat gegebenenfalls von der Medizin oder deren Vorformen bereitgestellt, dessen Ziel die Heilung als Wiederherstellung des vorherigen Zustandes ist. Der Kranke gerät in die Rolle des Patienten;
3. daß das Ende des Lebens, der Tod als Lebensgrenze in den Blick kommt, die Krankheit als Lebenskrise erscheint;
4. daß die Frage nach dem Sinn dieser Krise, dieser Situation, dieses Ereignisses aufkommt, die bei den jeweils direkt oder indirekt betroffenen Personen zu Diagnosen, Deutungen, Theorien und anderen Äußerungen zur Lage und Sache führt.

Diese Merkmalsbestimmung führt zu einer Abgrenzung gegenüber ähnlichen anthropologischen Gegebenheiten wie Leiden, Tod, Krankheitszuständen von Gesellschaften, auf die nicht alle Punkte zutreffen. Doch sind die Grenzen in manchen Fällen fließend. Die Definition führt zugleich zu einem charakteristischen Dimensionenmodell. K. E. Rothschuh[2] schlug vor, Krankheit im Beziehungsgefüge der beteiligten Personen bzw. Personenkreise zu definieren, denen sie unter je anderem Aspekt erscheint. So ergibt sich ein umrahmendes Dreiecks-Verhältnis, das zum Ausdruck bringt, daß Krankheit sich für den betroffenen Kranken als Befindlichkeit und Hilfsbedürftigkeit (aegritudo), als Sich-krank-Fühlen, für den Arzt als klinischer Befund, Krankheitssubstrat und Krankheitsbild (nosos, pathos), für die in Mitleidenschaft gezogene Gesellschaft als soziale Notlage (infirmitas) darstellt, der Abhilfe geschaffen werden muß. »Krankheit tritt also trotz grundsätzlicher Identität in jeweils anderen Bezügen (Relationen, Anwendungsbereichen, Kontexten) auf. Die verschiedenen Blickrichtungen lassen jeweils andere Seiten von Krankheit in den Vordergrund treten. Das bedingt, daß unter ›Krankheit‹ trotz Verwendung des gleichen Wortes etwas Verschiedenes verstanden werden kann und erklärt, daß verschiedene Krankheitsbegriffe möglich sind.«[3] Als begriffliche Definition formuliert Rothschuh:

»Krank ist der Mensch, der wegen Verlustes des abgestimmten Zusammenwirkens der physischen oder psychischen oder psycho-

physischen Funktionsglieder des Organismus subjektiv (oder – und), klinisch (oder – und) sozial hilfsbedürftig wird.«

»›Krankheit‹ ist dann der Zustand der subjektiven (oder – und) klinischen (oder – und) sozialen Hilfsbedürftigkeit eines Menschen infolge des Verlustes des abgestimmten Zusammenwirkens der physischen, psychischen oder psychophysischen Funktionsglieder des Organismus.« Das Schema läßt sich weiter verfeinern, das Dreiecksgefüge weiter ausbauen. Da wir hier aber ein heuristisches Modell mit einem groben Suchmuster brauchen, da wir der Fragestellung entsprechend das Modell auf antike (biblische) Textzeugnisse einstellen wollen, muß am Relationsmodell eine Modifikation vorgenommen werden.

Krankheit erscheint nämlich und insbesondere natürlich in der biblischen Tradition allen drei betroffenen Instanzen im Dreiecksgefüge (Kranker, Arzt, Gesellschaft) auch unter der Frage, wie das so und so gesehene Phänomen in den Gesamtrahmen des menschlichen Lebens und der Weltwirklichkeit eingeordnet werden kann, wie es sich in größere und größte Daseinszusammenhänge fügt und d. h., welcher Sinn ihm zukommt[4]. Da die biblische Tradition eine Dimension einbringt, die man die religiöse Seite der Sache oder die theologische Relation bezeichnen kann, scheint jenes Modell für unsere Zwecke ergänzt werden zu müssen, damit auch die vertikale Dimension der Krankheit in der Sicht der beteiligten Personen zum Zuge kommen kann.

Ein solches, nach individueller Befindlichkeit, sozialer Betroffenheit und religiöser Herausforderung aufgegliedertes Schema wird in dem weiteren Verlauf der Darstellung explizit und implizit in beiden Teilen eine leitende Funktion haben. Es ist zu hoffen, daß dadurch dem Wirklichkeitscharakter der Krankheit auf der einen und dem Aussagewillen der biblischen Zeugnisse auf der anderen Seite Rechnung zu tragen ist.

Der alttestamentliche Teil bietet zunächst eine Darstellung der Situation des Kranken im Verlauf der israelitischen Geschichte und im Horizont der vorderorientalischen Umwelt (I.). Es folgt dann die Erhebung des Befundes an Krankheitsaussagen in den einzelnen literarischen Schichten und Schriften (II.). Daran anschließend werden einige Krankheitsfälle gesondert behandelt (der »Aussatz« Saul, Ezechiel, der Gottesknecht, Hiob) (III.). Eine Zusammenfassung sucht das anthropologische Fazit der alttestamentlichen Entwicklung zu ziehen (IV.), wo in einem Ausblick die Linien in der Spätzeit und bis an den Rand des Neuen Testaments verfolgt werden[5].

A. Altes Testament

I. Die Situation des Kranken in Israel und seiner altorientalischen Umwelt – Rahmen und Hintergrund

Als Grundlage und Rahmen einer Darstellung der alttestamentlichen Aussagen über Krankheit und Heilung soll uns eine skizzenartige Beschreibung der Situation dienen, in der sich der altisraelitische Kranke befand. Da diese Situation am besten beleuchtet wird durch Benennungen, Bezeichnungen, Beschreibungen der Betroffenen selbst, stellen wir an den Anfang einige Beobachtungen zu den Sprachformen, in denen sie ihren Ausdruck findet.

1. Sprache

Wer im alten Israel jenseits der allgemein menschlichen, elementaren und spontanen Ausdrucksformen wie ach! und wehe! oder »mein Kopf, mein Kopf« (2 Kön 4,19) einen mit Schmerzen verbundenen Schwächezustand bezeichnen wollte, griff nach dem Wort ḥalā (Verbum), ›schwach, krank sein‹ und seinen Ableitungen. Gleiches gilt für das Gesundwerden. Hier lag das Wort rafaʾ (Verbum) ›heil machen‹ bereit, um die Wiederherstellung zu bezeichnen. Davon abgeleitet ist die im Alten Testament relativ seltene Bezeichnung für ›Arzt‹, besser ›Wundarzt, Feldscher‹ (rofeʾ, Partizip, eigentlich ›Heilmacher‹). Darum herum gruppieren sich eine begrenzte Anzahl anderer Ausdrücke, die einesteils mehr auf die Schmerzempfindung, andererseits mehr auf den äußeren Zustand abheben. Für das Unwohlsein der Frau gibt es ein besonderes Wort (dawäh), das allerdings gern auch auf das »Herz« (leb) übertragen wird. So auch außerhalb des Alten Testamentes auf einem Ostrakon aus Lachis 3,7 (6. Jh.)[6].
Bemerkenswert an diesem Sprachregister ist nun nicht so sehr die Unschärfe der Aussagen; sie kann in Umgangssprache und Volksdichtung nicht verwundern. Auffällig ist vielmehr die Nüchternheit und Klarheit, mit der hier – man möchte fast sagen technisch, distanziert, sachlich – mit der Krankheit umgegangen wird. Dies ist deutlich beim Gebrauch des Verbums ›heil machen‹, das eben auch das Heilmachen, das Reparieren etwa eines Tonkruges bezeichnen kann (Jer 19,11), wie bei dem ebenfalls technisch bestimmten

›schwach, krank sein‹. Denn während die ganze semitische Welt zur Bezeichnung des Krankheitszustandes ein Wort gemeinsamer Wurzel verwendet, welches das Alte Testament auch noch an einigen Stellen kennt (in hebr. Form *mrṣ*), wo ihm aber eine sehr viel dunklere, geradezu obskure Bedeutung ›schlimm, verderblich sein‹ anhaftet, hat sich in Israel – nach alttestamentlicher Bezeugung – eben jenes andere Wort durchgesetzt. Diesem Wort aber hängt nach seiner Herkunft und Geschichte wahrscheinlich die technische Bedeutung ›Rost‹, ›rosten‹ an[7]. Noch der Prediger scheint diesen Nachklang ausspielen zu wollen, wenn er von der bösen Krankheit spricht, die darin besteht, daß Gott dem Menschen den Genuß seiner Schätze und seines Reichtums – dem zerstörenden Rost gleich – verwehrt (6,1–2).

Im alten Israel gab es demnach Kräfte, die in der Lage waren, die mit Krankheit verbundenen bösen Assoziationen zugunsten einer sachlicheren Anschauung zurückzudrängen – soweit das auf der Basis der im Alten Testament ausgewählten Schriften gesagt werden kann. Da diese Kräfte nicht – wie zu zeigen sein wird – auf den im alten Israel nur sehr peripheren Einfluß der Heilkunde oder Medizin zurückgeführt werden können, auch nichts mit der ganzen vorderorientalischen weisheitlichen Aufklärung zu tun haben können – das Sonderverhalten würde dadurch nicht erklärt –, kommen nur religiöse Faktoren in Frage. Es scheint eine naheliegende Vermutung zu sein, daß dieses Sprachverhalten eine Wirkung des stringenten Zusammenhangs war, der theologisch zwischen Krankheit und Jahwewillen hergestellt war und die sachliche Betrachtung des Phänomens selbst freigab.

Bei den eigentlichen Krankheitsbezeichnungen und Krankheitsnamen fallen zwei Charakteristika ins Auge. Einmal die ziemliche Häufigkeit der mit Ausdrücken des Schlagens, des Schlags gebildeten Wörter, zum anderen der besondere Bildungstyp für Krankheitsnamen, nämlich eine fem. Nominalform (*qaṭṭalat*, z. B. ›die Schleichende‹, ›Glühende‹, ›Brennende‹ usw., darunter auch *ṣaraʿat* ›die Wespenstichige‹[8], was üblicherweise mit »Aussatz« wiedergegeben wird. Beide Besonderheiten deuten halbbewußte und schweifende Vorstellungen an. Die Schlagvorstellung weist auf äußere Ursachen hin (Analogie zu Verletzungen). In diesem Zusammenhang gehört die auch in Israel häufig gebrauchte Bildrede von der Hand Gottes, die schlägt oder schwer auf einem Menschen lastet[9]. Die typische Nominalform deckt alte dynamistische Anschauungen auf, die nur noch gelegentlich, und dann mehr bildlich-poetisch, in der alttestamentlichen Literatur eine Rolle spielen. Der Übergang zu speziell medizinischer Terminologie ist fließend.

Ein Versuch diagnostischer Differenzierung von Hauterkrankungen liegt nur in Lev 13 – 15 vor, bezeichnenderweise in sakralmedizinischen Weisungen zur Beurteilung der kultischen Reinheit für die Hand des Priesters. Interessant ist ansonsten, daß vor allem zwei Gebiete in den alttestamentlichen Schriften bevorzugt zur Sprache kommen: das Gebiet des Geschlechtlichen und des Alters. Einige Erscheinungen wie die Unfruchtbarkeit der Frau oder geschlechtliche Ausflüsse und auch Erscheinungen des Alterns werden als Krankheit im Sinne von körperlicher Schwäche gerechnet. Insgesamt kann man sagen, daß präzisere Beschreibungen eines Krankheitsbildes erst aus der späteren Zeit des Alten Testaments vorliegen, daß selbst aber dann noch die volksmedizinischen Anschauungen dominieren. Als Beispiel u. a. wie Ps 38; 107,17 – 20 sei die späte Syndrombeschreibung eines typischen Krankheitsfalles herausgegriffen, der auch sonst von allgemeiner Bedeutung ist: Hi 33,19 – 22:

> »Auch wird er gemahnt durch Schmerz auf seinem Lager,
> wenn der Kampf in seinem Gebein gewaltig tobt.
> Am Brot verspürt sein Hunger Ekel
> und seine Seele an der Lieblingsspeise.
> Es schwindet sein Fleisch, man siehts nicht mehr,
> abgemagert bis auf die Knochen, die man sonst nicht sieht.
> Dem Grabe nähert sich seine Seele . . .«

Wie gesagt: es ist ein typisches Bild. Es sucht keine Diagnose im Sinne genauer Symptombeschreibung, sondern es will die Situation des Kranken gegenüber anderen Lebenssituationen und Lebenskrisen (Ps 107!) abheben und kennzeichnen, um aus dieser Art Lageanalyse Konsequenzen für ein entsprechendes Verhalten zu finden. Die Situationsbeschreibung mündet hier ein in die Bestimmung der Rolle, die der Kranke zu übernehmen hat.

2. Rolle

Der Kranke sah sich auch im alten Israel in eine Rolle versetzt, die über die individuellen und konkreten Umstände hinaus seine Reaktion, sein Verhalten bestimmte. Zwei Beispiele, die ihrem Wesen nach allgemeine Bedeutung haben, können dies veranschaulichen. »Wenn sich bei jemandem auf der Haut eine Geschwulst oder ein Ausschlag oder ein heller Fleck zeigt und daraus auf seiner Haut ein Aussatzmal entsteht, so soll man ihn zu Aaron, dem Priester . . . führen; . . . der soll ihn für unrein erklären.« Dieser Auszug aus dem Anfang der sog. Aussatztora (die Weisung über ṣaraʿat) in Lev 13–14, überliefert in einer relativ späten Schicht der sog. Priesterschrift, zeigt, daß es eine »gesetzliche« Vorschrift gab, bei Verdacht auf »Aussatz« im Sinne der dort gegebenen Definition den Priester einzuschalten, der auf Grund schwer nachvollziehbarer diagnostischer Untersuchungen zu entscheiden hatte, ob »Aussatz« vorlag. Seine Entscheidung, die nicht im medizinischen Sinne Grundlage einer Therapie werden sollte, hatte zum Ziel, über rein bzw. unrein im kultischen Sinne zu befinden. Ihre Konsequenz war der Ausschluß aus der gottesdienstlichen Gemeinschaft und darüber hinaus aus der Lebensgemeinschaft überhaupt. Der »Aussatz«-Kranke wurde bis zur Heilung und Reinigung ausgesetzt. Die Tora sieht vor: »Es soll der ›Aussätzige‹, der die Krankheit an sich hat, zerrissene Kleider tragen, die Haare frei fliegen lassen und den Bart verhüllen, und er soll rufen: Unrein, unrein! Solange er die Krankheit an sich hat, bleibt er unrein; abgesondert soll er wohnen, seine Wohnstatt soll außerhalb des Lagers sein« (Lev 13,45 f.). Der Begriff des »Lagers« ist hier von priesterschriftlicher Theologie geprägt und gibt sakrale Vorstellungen von der Existenzform einer »reinen« Gemeinde wieder. Daß aber den »Aussätzigen« auch in praxi die Rolle der Ausgestoßenen zukam, belegen relativ alte und jüngere Zeugnisse wie Num 12; 2 Kön 5; 15; Dtn 24,8 und z. B. Lk 17,11–19 (B. III.). Hauterkrankungen galten wegen ihrer sichtbaren Stigmata im alten Orient als besonders schlimme Krankheiten. Die sozialen Auswirkungen waren entsprechend radikal.

Das zweite Beispiel ist Hiob. Sein Fall gilt in der Hiobdichtung als Paradigma eines Kranken. Zwar ist es nicht deutlich, ob sein Fall als »Aussatz« vorgestellt ist. Der Begriff ṣaraʿat jedenfalls kommt im ganzen Buch nicht vor. Mit Sicherheit geht es aber in allen Teilen des Werkes um das rechte Verhalten angesichts von Krankheit und darum zentral um die Rolle des Kranken. Es wird erzählt, Hiob habe sich zunächst den Anforderungen der Rolle unterworfen. Wie der »Aussätzige« mit den Buß- oder Selbstminderungsriten in seiner Erscheinung zeigen soll, daß er sich im Status des Getroffenen und Betroffenen weiß, so übernimmt auch Hiob die üblichen Reaktionsweisen: Er setzt sich als Büßer in die Asche. Seine Freunde verfallen in den üblichen Trauerritus: Weinen, Gewandzerreißen, Staub zum Himmel werfen und auf ihre Häupter streuen; dazu gehörte wohl endlich auch eine Phase des starren Schweigens, ehe die Klage losbricht[10].

Man erfährt aus dem Alten Testament sonst nicht sehr viel über den sozialen Status des Kranken. Das Beispiel Hiobs sowie die vielen (leider oft undurchsichtigen) Klagen kranker Menschen in den Psalmen über Feinde und Bedränger lassen vermuten, daß dies ein sehr dunkles Kapitel war im alten Israel, daß die materiellen (Arbeitsausfall) und auch religiösen Konsequenzen (Gottesstrafe) bisweilen schwer auf dem Betroffenen lasteten und das in Hi 19 gezeichnete »Genrebild« etwas von der sozialen Misere wiedergibt, in der der Kranke sich befand. Es ist das Bild sozialer Perversion; alle normalen Gemeinschaftsbeziehungen sind auf den Kopf gestellt und in das glatte Gegenteil verkehrt:

> »Meine Brüder haben sich von mir getan,
>> und fremd sind mir geworden meine Bekannten.
> Meine Verwandten kennen mich nicht mehr,
>> vergessen haben mich die Gäste meines Hauses.
> Meine Mägde halten mich für einen Fremdling,
>> als Unbekannter gelte ich ihnen.
> Ich rufe meinem Knechte – er gibt nicht Antwort,
>> mit meinem Munde muß ich ihn anflehen.
> Mein Atem ist zuwider meiner Frau
>> und mein Geruch den Kindern meines Leibes.
> Ja, die Buben verachten mich;
>> will ich aufstehen, verhöhnen sie mich.
> Mich verabscheuen alle meine Verwandten,
>> und die ich liebhatte, kehren sich wider mich.
> In meiner Haut verfault mein Fleisch,
>> nur Haut um meine Zähne bleibt mir übrig.
> Erbarmt, erbarmt euch mein, ihr meine Freunde,
>> denn die Hand Gottes hat mich getroffen!
> Warum verfolgt ihr mich wie Gott
>> und werdet nicht satt, mich zu zerfleischen?«
>>> (Hi 19,13 – 22, s. u. II. 2.).

3. Institutionen

Der »aussätzige« König Usija wohnte nach 2 Kön 15,5 in einem *bêt haḥåfšît* genannten besonderen Hause, während sein Sohn die Regierungsgeschäfte führte. Wenn es zutrifft, daß die Bezeichnung mit »Bettenhaus, Spital« (bzw. »Haus der Freiheit«, euphemistisch = Unfreiheit) zu übersetzen ist – im Ugaritischen wird eine entsprechende Bezeichnung auf die Unterwelt bezogen –, hätte man hier einen, allerdings singulären Beleg für die Existenz einer Art ›Krankenhaus‹ in Israel. Doch muß zugleich hinzugefügt werden: Es geht um ein Privileg des Königs; dieses Haus war sicher keine Einrichtung für die Öffentlichkeit. Von anderen öffentlichen Einrichtungen für das Gesundheitswesen erfahren wir aus dem Alten Testament nichts. Sehr wahrscheinlich hat es solche im alten Israel nicht gegeben. Auch was an eisenzeitlichen Funden des täglichen Lebens im palästinischen Bereich bisher zutage gekommen ist, erlaubt nicht, von allgemeinen hygienischen Einrichtungen zu sprechen[11]. Ärzte spielen erst in der Spätzeit eine Rolle; andere Institutionen übernahmen die Versorgung, wenn von einer solchen überhaupt die Rede sein kann.

Um Auskunft wandte man sich an die Orakelinstanzen, die Heiligtümer, die Propheten – wiederum vorzugsweise von Königen bekannt –, gelegentlich an ausländische Autoritäten, wie den Baal Sebub im philistäischen Ekron (2 Kön 1), zumeist – wie den Erzählungen zu entnehmen ist – mit der Alternativfrage: Tod oder Leben.

Hilfe konnte man alsdann auf dem weiten grauen Markt der Heilangebote suchen, der mit den Stichworten Beschwörung, Magie zu beschreiben ist und der uns alttestamentlich vor allem im Negativbild der Polemik zu Gesicht kommt, wenn man sich nicht von dem Jahweglauben und seinen Forderungen leiten ließ, und alle Hoffnung auf den göttlichen Arzt allein setzte. Daß zumindest jene Angebote eine ständige Versuchung für Israel darstellten, geht nicht zuletzt aus der Schärfe der Auseinandersetzungen hervor, die sich an dieser Frage entzündeten, z. B. aus Ez 13,17−23, in der Anklage gegen falsche Prophetinnen, denen Manipulationen an Sterbenden oder Kranken vorgeworfen werden, die sie mit Hilfe von »genähten Binden« und »Kopfhüllen« durchführen – Handlungen, die den Beschwörungspraktiken babylonischer Provenienz sehr ähnlich sind[12]. Auf der anderen Seite war man sich aber auch bewußt, daß man sich auf diesem Feld abzugrenzen hatte von den anderswo üblichen Praktiken. In der Erzählung von Naeman 2 Kön 5 kommt wie selten im Alten Testament zur Sprache, welche Versuchungen und Zumutungen von außerhalb auf Israel zukamen: »Da hatte ich nun gedacht, er würde auf jeden Fall zu mir herauskommen und herantreten, den Namen Jahwes seines Gottes, anrufen und seine Hand über die Stelle schwingen und so den Aussatz hinwegnehmen« (V. 11).

Nur eine Möglichkeit ließ Israels Glaube dem Kranken: das Gebet als Confessio und als Bitte um Heilung, verbunden mit den für solche Fälle üblichen Bußtrauerriten, zuweilen wohl unter Beistand eines Priesters (Hi 33,23 f.). Für den Geheilten gab es die Möglichkeit, am Heiligtum durch Reinigungs- und Sühnriten, durch die gemeinschaftsbildenden Feiern kultisch und sozial restituiert zu werden, gleichsam eine auf die antike Krankheitsauffassung zugeschnittene Rehabilitation zu erlangen[13].

4. Heilkunde

Von einer altisraelitischen Medizin ist so gut wie nichts bekannt. Die trepanierten Schädel, die man in Lachis gefunden hat, besagen trotz und wegen ihrer Singularität nichts weniger als etwas über »den fortgeschrittenen Stand der ärztlichen Kunst in Juda zur Zeit des Propheten Jesaja«[14]; denn Trepanation ist eine steinzeitliche Errungenschaft, zudem könnte sie in diesem Fall von den assyrischen Feldscheren praktiziert worden sein. Was das Alte Testament beiläufig an fachmedizinischen Termini (oder was man dafür hält) und über Heilverfahren preisgibt, reicht nicht aus, um sich ein Bild zu machen. Aus dem Feigenpflaster von Jes 38,21 oder dem Spezialausdruck »Krankenkost« in 2 Sam 13,5.7.10 (vielleicht auch Ps 69,22) jedenfalls läßt sich, wenn überhaupt, nur schließen, daß mehr als volksmedizinische Kenntnisse nicht erwartet werden dürfen. Mag sein, das alttestamentliche Bild ist einseitig und im Sinne der Abwertung ärztlicher Heilkunst verzeichnet. Dennoch ist es mehr als auffällig, daß in Israel auch nicht eine Spur jener sowohl im Zweistromland wie in Ägypten zum Teil hochentwickelten und spezialisierten Medizin zu finden ist. Sollte das, da sich alle Bemühungen auf diesem Gebiet zur Sakraldiagnose hin bewegen (Lev 13–15), Wirkung der gegenüber alle Heilkunde kritischen Jahwe-Religion sein? Der spätformulierte Vorwurf, sich bei einer Fußerkrankung nicht an Jahwe, sondern an die Ärzte gewandt zu haben (2 Chr 16,12), und die weitausholende Argumentation, mit der noch Sir 38 die ärztliche Kunst rechtfertigen muß: »Schätze den Arzt, weil man ihn braucht, denn auch ihn hat Gott erschaffen. Von Gott hat der Arzt die Weisheit, vom König empfängt er Geschenke« (V. 1f.), beweisen, daß dies ein Problem war und blieb. Die mit aller antiken Heilkunde verbundenen religiösen Ansprüche waren wohl Grund und Anlaß für den Jahweglauben, dagegen prinzipiell Front zu machen.

Von der Heilkunst konnte der altisraelitische Kranke also Hilfe nicht erwarten. Entsprechend waren die physiologischen Kenntnisse im allgemeinen auf einem vergleichsweise niederen Stand. Stellt man zusammen, was die vielfältigen und disparaten Zeugnisse des Alten Testaments insgesamt hierzu wissen, ergibt sich ein sehr typisches Gesamtbild[15]. Zwar gibt es Bezeichnungen für die äußeren Körperteile; über »das Innere des Leibes« aber herrschen nur sehr blasse und ungenaue Vorstellungen. Man spricht vom Rumpf, Herz, Leib, Eingeweide, mehr bildlich und metaphorisch von den »Kammern des Bauches« (Spr 20,27) als von den Geschlechtsteilen, kennt aus besonderen Gründen die Leber (Leberschau bei Tieren), die Nieren (Ort des Gewissens?) und – nur bei Hiob – die Gallenblase (16,13), weiß aber über ihre organischen Funktionen offenbar nichts. Für Lunge, Magen, Darm fehlen alttestamentlich die Bezeichnungen. Es gibt kein eindeutiges Beispiel dafür, daß Krankheiten mit einem der Organe oder auch nur mit Teilen des Leibesinneren in Zusammenhang gebracht würden. Erkrankungen wurden als Schläge oder Anfälle von höherer Gewalt in Analogie zu körperlichen Verletzungen angesehen. Andere Ätiologien haben sich im Alten Testament nicht niedergeschlagen.

Die Situation des Kranken war – so könnte man das Vorstehende zusammenfassen – gekennzeichnet durch Undurchsichtigkeit, Hilflosigkeit, Unsicherheit; es war die Situation einer tiefen und schweren Lebenskrise. So kommt es, daß die Klagelieder des Psalters den Kranken der Unterwelt sehr nahe sehen: an den Pforten der Scheol, schon im Bereich des Todes. Wird er wieder gesund, spricht man von lebendig werden, von Rückkehr in das Licht des Lebens. Sie galt als Gottestat, als Wunder[16].

Wenn wir jetzt einen Blick in den altvorderorientalischen Umkreis Israels werfen, so geschieht es aus zwei Gründen. Einmal, um die Situation des Kranken in Israel durch außeralttestamentliche Zeugnisse aus vergleichbaren, weil historisch zusammenhängenden Kulturepochen zu veranschaulichen, insbesondere nach den Seiten, die im Alten Testament bei der kanonischen Auswahl der Überlieferung zu kurz gekommen oder unterdrückt worden sind; dies betrifft in erster Linie die Alltagssituation des Kranken mit ihrer religiösen und halbreligiösen Substruktur. Zum anderen soll die Darstellung des altorientalischen Hintergrundes dem Vergleich dienen, um im Lichte des Umweltmaterials schärfer die Besonderheit der israelitischen Szene sehen und die Funktion bestimmen zu können, die den alttestamentlichen Zeugnissen in diesem Bereich zukommt. Es versteht sich von selbst, daß das Folgende nur eine sehr fragmentarische Skizze sein kann, nicht zuletzt auch deshalb, weil nicht genügend Quellen zur Verfügung stehen oder die vorhandenen Quellen noch nicht eigens zum Zwecke der Darstellung der Situation des Kranken ausgewertet worden sind.

5. Der kanaanäische Umkreis

Eine Rekonstruktion der Krankheitsverhältnisse im vorisraelitischen oder außerisraelitischen kanaanäischen Kulturkreis, unter Einschluß der philistäischen und phönizischen Städte erweist sich als gänzlich undurchführbar. Die wenigen sporadischen Hinweise und Funde ergeben kein zusammenhängendes Bild. Es gibt z. B. Amulette mit vielfach noch rätselhaften Beschwörungen gegen Nachtdämonen und gegen den bösen Blick aus dem nordsyrischen Arslan Tasch (Chadattu) (7. Jh.), die in einem phönizisch-aramäischen Dialekt abgefaßt sind. Auf diesem Amulett wird u. a. eine Beschwörung des Chawron genannt, eines kanaanäischen Gottes, der auch in einem ugaritischen Text angerufen wird und dessen Name noch im Namen der Stadt Bet-Horon *(bēt 'ur)*[17], wo er wohl sein Heiligtum hatte, erhalten ist[18]. Dann ist da die akkadische Beschwörung gegen den Fieberdämon Lamaschtu aus Ugarit[19]. Amulette mit Bildsymbolen ohne Beschriftung gibt es in großer Zahl, dazu sind Hinweise im Alten Testament zu vergleichen wie 1 Sam 6,4. Nach 2 Kön 1 scheint der Gott der Philisterstadt Ekron, Baal Sebub, eine über die Grenzen der Stadt hinaus bekannte »medizinische« Autorität im Sinne der Orakelauskunft gewesen zu sein. Reschef, der Gott der Unterwelt, der Seuche und des Krieges im ugaritischen Pantheon, scheint im ganzen phönizisch-kanaanäischen Raum eine Rolle gespielt zu haben. Reminiszenzen an den Pestgott haben sich noch im Alten Testament erhalten (Ps 78,48, auch Hab 3,5 und Hi 5,7)[20]. Auch der alte Ortsname Rašpunna, griech. Apollonia (arab. *'arsūf* bei Herzlija) erinnert noch an diesen Gott[21].

Im übrigen wird das später zu zeichnende mesopotamisch-ägyptische Bild von den äußeren Verhältnissen des Kranken im allgemeinen auch der Realität des altkanaanäischen Alltagslebens entsprochen haben. Vielleicht darf man einem Passus des ugaritischen KRT-Epos allgemeinere Bedeutung zuerkennen, wenngleich es hier um die Krankheit eines Königs geht, dem ja – wie König Ahasja von Israel (2 Kön 1) – mehr Möglichkeiten zu Gebote standen als dem gemeinen Mann. Als König KRT krank wurde, als »die Schwester (seines) Bettes der Schmerz, die Frau (seines Bettes) Krankheit« geworden war (nach VI 50), weiß El, der höchste und mächtigste aller Götter, nachdem er siebenmal die versammelten Götter vergebens zur Hilfeleistung aufgefordert hat, keinen anderen Rat, als zur Magie und Beschwörung Zuflucht zu nehmen. Sie gelingt und KRT wird wiederhergestellt[22].

Illustrativ für den kanaanäischen Alltag ist auch jenes Momentbild, das auf einer Tontafel aus Ugarit festgehalten ist[24]. Anläßlich der Erkrankung eines Kindes wird ein Orakel eingeholt. Das Orakel ergeht von dem »Herrn der großen Götter« an einen Vermittler namens *Dtn*. Es gibt Anweisung zu magischen Handlungen. U. a. soll eine Figur wohl des kranken Knaben oder des Krankheitsdämons (?) angefertigt, in den Tempel gebracht und dort zu Pulver zerstampft werden, denn: »das ist seine Krankheit« (*ḫlḫ.w*). Ferner soll ein Bote das wohl schriftlich niedergelegte Orakel bei *Dtn* abholen. Dieses Orakel erscheint gleichsam als protokollarischer Vermerk *Dtn*s auch auf der Tontafel. Es lautet:

> »Die Figur zerschlage,
> nicht Fisch und nicht Brot
> und nachher keine Bitterkeit!«

Vielleicht darf man es so deuten, daß die erste Zeile sich auf den magischen Ritus an dem Figürchen bezieht, die zweite auf ärztliche Ratschläge zur Diät, und daß die dritte die, wenn auch vage, Prognose erteilt, daß erst nach solcher Behandlung ein Ende des Leidens (*mr*) absehbar sei. Ein in seiner Verflechtung kultisch-magischer und praktisch-medizinischer Aspekte typischer Vorgang.

Aus der Amarnazeit gibt es einen Brief Rib-Addis von Byblos an den Pharao, geschrieben bei einem Aufenthalt in Berut, währenddem in Byblos ein Aufstand losbrach. Der Absender klagt, daß ihn zu allen Schwierigkeiten hin Alter und Krankheit belasten, letztere mit den offenbar auch dort üblichen Implikationen eines Bußbekenntnisses, das in seiner Position durchaus politische Auswirkungen haben konnte. Er schreibt: »Ich bin greis, und einen schweren Schmerz (*murzu dannu*) hat mein Körper. Und es wisse der König, mein Herr, daß die Götter von Gubla (Byblos) *erzürnt* sind, und der Schmerz (*infolgedessen*) *sehr schwer ist,* und ich meine Sünde (*ḫieti*) den Göttern bekannt habe. Unter diesen Umständen bin ich nicht eingetreten vor den König, meinen Herrn.«[23]

Dann gibt es einen anderen Brief des Königs Niqmad an den Pharao Amenophis IV., der ein bezeichnendes Licht auf die Situation des Kranken selbst in der reichen Stadt Ugarit wirft: »Mein Herr möge mir zwei nubische Hofpagen geben, und einen Palastarzt gib mir! Hier ist kein Arzt vorhanden!«[25] Dem entspricht eine ägyptische Grabdarstellung (15. Jh.) aus dem Leben des Arztes Neb-Amon, die einen vornehmen Syrer als Patienten zeigt, der zu Schiff und mit Ochsenkarren sich aufgemacht hat – einem Naeman gleich (2 Kön 5), um bei der berühmten ägyptischen Kapazität Heilung zu finden[26].

6. Der mesopotamische Bereich

Die Situation des Kranken im Zweistromland scheint durch zwei Faktoren gekennzeichnet zu sein, die nach A. L. Oppenheim auf die Entwicklung zweier medizinischer Traditionen, einer theoretischen und einer praktischen, zurückzuführen sind. Beide Richtungen sammelten ihr Wissen in Tafelserien, den Omentexten und den medizinischen Texten; beide hatten ihre Zentren und beide waren getragen von Experten, dem Beschwörungspriester *(āšipu)* und dem praktischen Arzt *(asû)*. Beide Institutionen scheinen für die Allgemeinheit in größerem Maße zugänglich gewesen zu sein, wobei der letzteren die schwächere Position zukam, so daß die praktische Heilkunde und Medizin im Laufe der Zeit zurückging.

Die Krankenbehandlung durch den praktischen Arzt war, zumindest am Hofe und in den städtischen Zentren, möglich. Sie erfolgte aller Wahrscheinlichkeit nach nicht bloß auf die von Herodot beschriebene Weise, daß die Babylonier ihre Kranken zum Markt getragen und dort den Passanten zur Begutachtung vorgelegt hätten (Babiloniaca III, 1). Vielleicht identifizierte der praktische Arzt anhand seiner Symptomlisten (»Wenn jemand krank ist an . . ., bzw. leidet an . . .«) und ordnete nach der betreffenden Vorschrift die Behandlung an. Die vielfach gerühmten chirurgischen Fähigkeiten (Staroperation, Kaiserschnitt) erweisen sich bei näherem Zusehen als volksmedizinische Maßnahmen, die auch sonst bekannt sind: Die Augenoperationen nach dem Kodex Hammurabi (§ 218) sind nur Linderungsschnitte; der häufig angezogene und gerühmte Kaiserschnitt wurde an der Mutter vorgenommen, als sie schon tot war. Klage und Lob über Ärzte werden in vielen Briefzeugnissen laut.

Die Manipulationen des Beschwörungspriesters sind oft beschrieben worden und weithin bekannt[28]. Sie setzen ein religiöses Krankheitsverständnis voraus. Die Heilung beruht auf magischen Wirkungen des Exorzismus. Daß auch Gebete an die Gottheiten die Riten begleiten konnten, ist vielfach belegt. Ein großer Teil der akkadischen Gebetsliteratur entstammt einem solchen Sitz im Leben. Beispielhaft sei hier aus einer brieflichen Beschwörungsanweisung zitiert, die zugleich das bekannte Bild der Krankheitsbeschwörungsszene kommentiert, das auf einem als Amulett gebrauchten Bronzetäfelchen als Bild erscheint (Abb. S. 23).

»Inbezug auf die Zeremonien (bei) der Beschwörung ›Seist du der Böse‹, wovon mein Herr König mir geschrieben hat – (nämlich) um den bösen *alû* (= Krankheitsdämon) und Fieberanfall (?) zu vertreiben – soll man Riten veranstalten, wie (man sie macht, bei)

was (immer) den Körper gepackt hat; der Beschwörungspriester soll herbeikommen ... (ein Tier), ein Pflanzenschößling soll an dem Torbalken (?) aufgehängt werden, der Beschwörer soll sich mit einem roten Gewand bekleiden, ein ... soll gestellt werden, ... [ein Rabe], [in] seine Re[chte], ein Falke [in seine Linke], ... mit der Peitsche soll er schlagen ..., die Beschwörung ›Seist du der Böse‹ soll er rezitieren, ... soll das Räucherbecken, die Fackel zu ihren Seiten am (?) Bett des Kranken umgeben lassen, die Beschwörung ›ḫulduppū entweiche‹ soll er zum Tore hin rezitieren, das Tor beschwören, bis daß sie (die Dämonen) entweichen; am Morgen (und) am Abend soll er (so) handeln«.[29]
Wie eine solche Beschwörung lautet, zeigt z. B. die »Beschwörung gegen Zahnschmerz«:

»Nachdem Anu [den Himmel erschaffen],
  Der Himmel [die Erde] erschaffen,
Die Erde die Flüsse erschaffen,
  Die Flüsse die Gräben erschaffen,
Die Gräben den Morast erschaffen,
  Der Morast den Wurm erschaffen hatte,
Ging der Wurm weinend vor Schamasch (Sonnengott),
  Vor Ea (Wassergott) fließen seine Tränen.
›Was gibst du (mir) zu meiner Speise?
  Was gibst du (mir), damit ich es sauge?‹
›Ich werde dir geben eine reife Feige (?), einen
    Granatapfel (?) und einen Apfel!‹
›Was soll ich mit einer reifen Feige (?), einem
    Granatapfel (?) und einem Apfel?
Erhebe mich und laß mich zwischen den Zähnen und
    dem Zahnfleisch (?) wohnen!
Der Zähne Blut laß mich aussaugen!
  Und des Zahnfleisches (?) Zahnwurzeln (?) laß mich
    zerfressen!‹
Den Schloßpflock mache fest, den Fuß halt (an)!
Weil du solches gesagt hast, o Wurm,
Möge dich Ea schlagen mit seiner starken Hand!

Beschwörung gegen Zahnschmerz
Behandlung dafür: Schlechtes Mischbier und Öl vermische miteinander, sage dreimal die Beschwörung darüber her und lege (es) auf seinen (des Kranken) Zahn.«[31]

Die gemischte Behandlung entspricht der angenommenen komplexen Ätiologie der Krankheit.

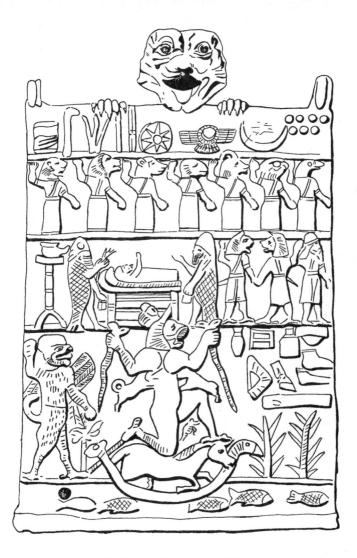

Assyrisches Bronzetäfelchen, Anfang 1. Jt., Höhe 13,5 cm (Sammlung Clercq, Paris). Vgl. AOB Nr. 387, ANEP Nr. 658. Nach O. Keel, Die Welt der altorientalischen Bildsymbolik und das AT, ²1977, S. 69, Nr. 91/92. Mit freundlicher Genehmigung des Benziger Verlags Zürich, Köln 2. Neuauflage 1977.

Besser als jede Beschreibung gibt das obige Beschwörungsrelief auf dem assyrischen Bronzetäfelchen, das man als Amulett umlegte, die geistige Situation des Kranken wieder. Der bärtige Kranke liegt auf seinem Lager (mittlerer Streifen), eine Hand im Gebet erhoben, wohl zu den großen Göttern, deren Symbole in der oberen Reihe dargestellt sind: von links Hörnermütze (Anu), Widderkopf auf einer Stange (Ea), Blitzbündel (Adad), Grabstock (Marduk), Schreibzeug (Nabu), Achtstrahlenstern (Ischtar), Flügelsonne (Schamasch), Mondsichel (Schin) und Siebengestirn. Sie repräsentieren die obere Welt, den Himmel, das Licht. Rechts und links vom Krankenbett stehen zwei fischgewandete Beschwörungsprie-ster *(ašipu)* mit Gefäßen für Reinigungswasser, aus denen sie dem Kranken mit Pflanzenbüscheln (?) (»Reinige mich mit Ysop . . .«, Ps 51,9 ist zu vergleichen) besprengen. Auch das ganz rechts befindliche Gestell mit Lampe scheint zur Zeremonie zu gehören, die offenbar in vollem Gange ist. Was sich eigentlich abspielt, ist in den Szenen rund um die Beschwörungsszene bildlich-symbolisch dargestellt: Der bedrohliche Fieberdämon, wahrscheinlich Labartu oder Lamaschtu, mit Löwenhaupt, doppelköpfige Schlangen in jeder Hand, dämonische Tiere (Schwein, Hund) an jeder Brust wird mit Hilfe eines anderen geflügelten Dämons (ganz links) – dieselbe Gestalt, die die Rückseite des Täfelchens füllt und über den oberen Rand schaut – mit erhobenem Arm bedroht, so daß sie auf einem Pferd oder Esel (?) kniend, der seinerseits in einem Schiff trabt, sich in das Sumpf- und Schilfgebiet zurückzieht, wo sie zuhause ist. Ähnlich stellt denselben Vorgang auch die Szene rechts vom Krankenbett dar, wo offenbar die Krankheitsdämonen durch andere dämonartige und göttliche Wesen bekämpft, überwältigt und abgeführt werden. Diese Vertreibung geschieht auf der Ritual-ebene (Feld über der Krankenszene) dadurch, daß sieben Priester mit Tiermasken und erhobener Rechten auftreten. Die Gegen-stände rechts in der unteren Abteilung sind vielleicht als Opferga-ben für die Krankheitsdämonen gedacht.

Interessant ist – auch im Blick auf die Psalmen (41, 51, 88 u.a.) – vor allem der kosmische Aspekt der Darstellung. Der Fall des Kranken zieht weite Kreise auf Erden, in zwei unteren und einem oberen Weltbereich (früher wurde vom »Hadesrelief« gesprochen), setzt Bewegungen in Gang, die im Sozialen, im Kultisch-Rituellen beginnen und die ganze belebte Welt berühren, Götter, Dämonen, löst Kämpfe im Zwischenbereich aus, wo die Geister um den Kranken streiten, und erst der Einsatz der oberen Weltkräfte durch die Ea-Priester vermag ihn zu retten.

Charakteristisch für die soziale Situation des Kranken und des

Arztes scheinen zwei ganz unterschiedliche Texte zu sein. Einmal der Passus im sumerischen Mythos Enki und Ninmah, der von der Erschaffung der Kranken und Krüppel spricht. Im Rausch eines Festes – so wird erzählt – trugen die beiden Götter einen Wettstreit aus. Ninmah machte aus Ton menschliche Figuren, Enki sollte ihr Schicksal bestimmen und ihnen Brot und Lebensunterhalt schaffen. Sie schuf sechs Gestalten, darunter eine unfruchtbare Frau und einen Eunuchen, und alsbald wird ihnen von Enki ihr Platz in der sozialen Ordnung bestimmt, im »Frauenhaus«, im Hofdienst. Dann wurden die Rollen getauscht. Enki schuf und brachte einen solchen Krüppel zuwege, daß Ninmah sich trotz aller Bemühungen als unfähig bekennen mußte, einem solchen Wesen einen Platz in der Gesellschaft zuzuweisen[32].

Kranke und Krüppel sind eine Laune der Götter, lehrt dieser Mythos; zum Teil sind sie sozial integrierbar, zum Teil aber erscheint ihre Existenz so sinn- und nutzlos zu sein, daß selbst ihre Schöpfer vergebens eine Einordnung versuchen. Ein Dokument der Resignation vor dem Leiden der Menschheit!

Der andere Text, eine Posse über den falschen Arzt, genannt »Die Erzählung vom armen Mann von Nippur«, gefunden in Sultantepe in Kleinasien, entstand wahrscheinlich in altbabylonischer Zeit, gibt einen einzigartigen Einblick in das Alltagsleben jener Zeit[33]. Die zweite der drei Episoden, die die Streiche eines armen Mannes schildern, die er aus Rache dem Bürgermeister der Stadt Nippur spielt, zeigt ihn als Arzt verkleidet, mit glattrasiertem Kopf, Lendenschurz, mit Libationsgefäß und Rauchfaß, wie er dem leidenden Reichen durch nicht gerade bescheidene Selbstempfehlungen weiszumachen sucht, er sei eine medizinische Kapazität, und wie er den Betrogenen mit allerlei Methoden traktiert. Der Streich gelingt, offenbar weil die Rolle des Arztes und ihr Stil fest geprägt und eingeschliffen waren, so daß die Erwartungen befriedigt erschienen, die ein Kranker zunächst an die Tätigkeit des Arztes heftete. Immerhin gehörte der Arzt *asû* in das Bild der städtischen Gesellschaft schon der altbabylonischen Zeit, mochte ihn auch Spott und Kritik der Zeitgenossen von früh an begleiten. –

Kein wesentlich anderes Bild ergibt sich aus den medizinischen Zeugnissen der Hethiter[34] und der Perser[35], die beide unter dem Einfluß des Zweistromlandes zu stehen scheinen. Im Hethitischen wurde das Wort Arzt ([LU]A.ZU) als sumerisches Fremdwort geschrieben. Er war sowohl »Therapeut als auch Magier«. Krankheiten wurden der allgemein orientalischen Auffassung entsprechend sowohl magisch wie medizinisch behandelt. In diesem Rahmen scheinen auch die »Priesterärzte und Heilkunst im alten Persien«

einzuordnen zu sein. Direkte Einflüsse auf das antike Israel sind in diesem Bereich bisher nicht nachgewiesen.

7. Der ägyptische Bereich

Ägypten galt schon in der Antike als Zentrum und Hochburg der medizinischen Wissenschaft. »Dort ist jeder ein Arzt und übertrifft an Erfahrung alle Menschen«, sagt Homer (Od. IV 220–32). Der Ruhm gründete sich vor allem auf sehr frühe Sammlungen medizinischer Erfahrungen, z. B. dem berühmten 20 m langen Papyrus Ebers aus dem alten Reich, »der 877 Verordnungen für 250 Krankheiten zusammenstellt«[36], oder dem Papyrus Smith, dem ältesten chirurgischen Lehrbuch, »der mit strenger Systematik Untersuchungsmethode, Diagnose, Therapie bzw. Verordnung und Prognose trennt«[37]. Der sagenhafte Arzt und Weise Imhotep verkörperte Heilkunst und Heilkraft in sich. Aus Ägypten stammen auch die einzigartigen bildlichen Krankendarstellungen, wie die Stele eines an spinaler Kinderlähmung Erkrankten, das Relief der an Adipositas leidenden Fürsten von Punt, die Abbildungen blinder Harfner usw. Die Mumienuntersuchungen waren im Blick auf die Geschichte der Krankheiten besonders aufschlußreich.

Heilkundige Hilfe scheint dem ägyptischen Kranken in höherem Maße zur Verfügung gestanden zu haben[38]. Inwieweit aber tatsächlich der einzelne Zugang dazu hatte, ist natürlich schwer zu sagen. Vielleicht tritt durch die medizinischen Spitzenleistungen das allgemeine Gesundheitswesen etwas in den Schatten; dennoch gewinnt man den Eindruck, als sei es damit jedenfalls zuzeiten besser bestellt gewesen als anderswo. Kam es zu ärztlicher Betreuung, ging es sehr sachlich zu mit Diagnose, Therapie, Prognose. Der Arzt entschied, ob es eine Krankheit war, die er behandeln wollte (1), oder eine Krankheit, mit der er zu kämpfen versuchen wollte (2), oder aber eine Krankheit, die man nicht behandeln konnte (3)[39]. Im letzten Falle vor allem hat auch der Ägypter Zuflucht zu Zauber und Magie genommen, wohl zuweilen zugleich auch verwaltet von dem heilkundigen Arzt. Das Beispiel des Papyrus Edwin Smith ist informativ. Auf der Vorderseite dieses »Wundenbuches« aus dem alten Reich stehen 48 chirurgische Fälle, beschrieben und behandelt auf hohem wissenschaftlichem Niveau. Auf der Rückseite desselben Papyrus hingegen befinden sich u. a. allerlei Beschwörungen und Zaubersprüche gegen Seuchen. So ergibt sich ein ähnliches Bild wie im Zweistromland: »Zwar war die Medizin durch Beobachtung, Erfahrung, Experiment und Kombination schon früh von den magischen Vorstellungen der Prähistorie zu sauberer Wissenschaftlichkeit gelangt, aber die Zauberei begleitete sie weiterhin wie ein Schatten, und in der Zeit des kulturellen Niedergangs am Ende der ägyptischen Geschichte hat sie die Medizin wieder überwuchert. In der Spätzeit konzentrierte sich das Vertrauen mehr und mehr auf Amulette . . . und Zauberstelen . . . und beschwörende Formeln.«[40]

Auch in Ägypten ist die Rollenverteilung bezeugt, die wir aus dem Zweistromland kennen. Den praktischen Arzt gibt es hier wie dort, der mit Heilmitteln arbeitet, den Puls fühlt, Schnitte macht u. dgl.; dem Beschwörungspriester *āšipu* dort entspricht hier der sog. »Vorlesepriester«, eigentlich »Träger der Festrolle«, der Exorzist, der »das kranke Antlitz bezaubert und den (üblen) Geruch beschwört« – wie er sich selbst charakterisiert[41].

Bewegend und anschaulich zugleich sind außer den noch zu besprechenden Zeugnissen aus der thebanischen Gräberstadt private Dokumente von Leidenden, wie z. B. der Brief eines Erblindeten an seinen Sohn:

»Wende dich nicht von mir. Mir geht es gar nicht gut. Höre nicht auf, für mich zu weinen, denn ich bin in der Finsternis. Mein Herr Amun hat sich von mir entfernt. Bring mir doch bitte ein wenig Honig für meine Augen und außerdem Fett von . . . und echten Bleiglanz. Tu es, tu es wirklich. Bin ich denn nicht dein Vater? Ich bin ja so elend, denn wenn ich meine Augen gebrauchen will, sind sie nicht da«.[42]

8. Spätzeiteinflüsse

Es scheint, als ob das Israel des Alten Testaments erst in hellenistischer Zeit mit der Medizin in Berührung gekommen wäre. Die griechische Medizin, die sich mit dem Namen Hippokrates verbindet, blieb wohl zunächst wie die ägyptische Medizin »als Wissenschaft und Handwerk«[43] ohne erkennbaren Einfluß auf das Alltagsleben des palästinischen Israel. Platos Beispiel im »Staat«: »Wenn ein Zimmermann krank ist, erwartet er, daß sein Arzt ihm eine Arznei geben wird, die als Brechmittel auf die Krankheit wirkt, oder daß er sie durch Purgieren oder durch Ausbrennen oder durch das Messer los wird« (III 15, 406 D), ist vor Sirach 38 (um 190) im judäischen Raum kaum denkbar, wenngleich eine häufigere Nennung der »Ärzte« in den späteren Schriften zu registrieren ist.

Auf der anderen Seite fällt die zunehmende Buntheit exorzistischer Praktiken ins Auge, die in Israels alttestamentlichen Schriften Platz greifen und jetzt weniger streng und scharf abgelehnt werden. Der vorderorientalische Einfluß war hier wohl spätestens mit dem Exil nicht mehr aufzuhalten und kontrollierbar[44]. Die Legende von Tobit (um 200) gestattet dem frommen Israeliten den Gebrauch von Arznei- und magischen Heilmitteln, ja führt sie sogar auf eine Empfehlung des Engels Gottes selbst zurück: Tobit wird eben dadurch von seiner Blindheit geheilt (s. B. I.).

In vier Punkten – so kann man abschließend ein Fazit aus dem Überblick ziehen – unterscheidet sich nach alttestamentlichem Zeugnis die Situation des Kranken im alten Israel von der in Israels Umwelt:

(1) Es standen dem Kranken im allgemeinen so gut wie *keine nennenswerten Hilfsmittel,* keine Ärzte im eigentlichen Sinne, kein medizinisches Wissen zur Verfügung.

(2) Im allgemeinen standen ihm *keine,* jedenfalls keine anerkannten oder geduldeten Heilverfahren und *Heilpraktiken,* auch nicht rituelle Beschwörung und exorzistische Manipulation zu Gebote.

(3) Dem altisraelitischen Kranken waren, bis in die Spätzeit, in beiden Richtungen *Grenzen* gesetzt, die seine Möglichkeiten generell und prinzipiell einschränkten. Was dem blinden Vater aus Amarna oder dem Bürgermeister von Nippur, oder dem Zimmermann aus Syrakus, oder dem unbekannten Amulettträger aus Chadattu freistand, war dem altisraelitischen Kranken nicht ohne weiteres möglich. Für ihn gab es auf diesem Gebiet Schranken und Hemmnisse.

(4) Nur *ein Weg* stand, jedenfalls nach alttestamentlichem Zeugnis, in Israel dem Kranken unbehelligt und unbedingt offen, seine Krankheit religiös zu begreifen, nämlich sich in Anfrage und Gebet an seinen Gott zu wenden.

II. Die Krankheitsaussagen in der alttestamentlichen Literatur – Textbefunde

Der weiten Streuung des Materials wegen empfiehlt es sich, zunächst ein ordnendes Prinzip zu suchen. Dafür ist nun die chronologisch-historische Abfolge nicht geeignet. Denn bei den meisten Zeugnissen ist eine zeitliche Einordnung nicht oder nur sehr bedingt möglich (etwa bei den Psalmen). Auch würde ein konstruiertes chronologisches Gerüst den Eindruck erwecken, als seien zwischen den Texten und Textstellen durchlaufende Linien herstellbar. Dies kann nur ansatzweise gelingen und wird in einem synthetischen Teil abschließend versucht (IV). Nicht geeignet, die Fülle disparater Stoffe adäquat zu fassen, scheint auch das systematisch-theologische Schema zu sein, das die Aussagen nach ihren Lehrinhalten ordnen soll (etwa Krankheit als Strafe, als Prüfung, Erziehung usw.). Denn dieses Gliederungsschema setzt voraus, daß die alttestamentlichen Krankheitsaussagen eine textübergreifende Einheit bilden, sei es im Sinne einer historischen Entfaltung oder einer sukzessiven Anreicherung, was aber eben erst zu beweisen wäre. Am besten wählt man hier einen dritten, den literaturgeschichtlichen Weg, sucht zusammen, was jeweils in verschiedenen Grundredeformen oder literarischen Großgattungen über Krankheit und kranke Menschen gesagt wird, und gewinnt dadurch sowohl ein internes historisches wie systematisches Gliederungsprinzip als auch den direkten Anschluß an die skizzierten situativen Zusammenhänge.

1. Erzählende Literatur

An vielen Stellen des Alten Testaments wird mehr oder weniger ausführlich von Krankheiten und kranken Menschen erzählt. Denn Krankheit und Heilung sind ein Geschehen, ein Prozeß, eine »Geschichte«, die dann am ehesten zu begreifen ist, wenn von ihr erzählt wird. Erzählung sucht zu verstehen und gibt etwas wieder, sucht mitzuteilen und »wiederholt« darum das Geschehene, sucht zu übersetzen und zu deuten. Sie setzt Distanz voraus und Nähe, ergreift das Ungewöhnliche im Gewöhnlichen, schafft aus sich heraus neu eine vergangene Welt und ihre Werte und stellt sie in die Gegenwart ihrer Adressaten. Sie ist, und in besonderer Weise in ihrer biblischen Form, ein hervorragendes Mittel, Realitäten wie Krankheit umfassend darzustellen. »Übrigens« – schreibt K. H. Miskotte, indem er F. Rosenzweig zitiert – »in dem Formgeheimnis der biblischen Erzählung selbst liegt schon Lehre. Diese wird in der Pointe, in den Stichworten, in dem Gefälle des Geschehens, in den Akzenten und Wendungen offenbar, vor allem in einem dialogischen Element, das die Erzählung auf ein Gerüst von Frage und Antwort, Spruch und Widerspruch, Satz und Zusatz aufspannt.«[45] Um diese »Lehre« geht es hier.

In den alten Erzählungen der Genesis, deren Wurzeln bis zu den Familienclans der Patriarchen zurückreichen, spielt eine wichtige Rolle das Motiv der Unfruchtbarkeit der Ahnfrau, das in scharfem

Kontrast steht zu dem Motiv der Sohn- und Nachkommenverheißung, z. B. Gen 15. Nun könnte man natürlich fragen, ob Kinderlosigkeit im Sinne der Vätergeschichten als Krankheit $(h^o l\hat{i})$ gilt. Die Frage ist wahrscheinlich zu bejahen. In der (jahwistischen) Version der Erzählung von der Gefährdung der Ahnfrau in Gen 12 wird der Pharao dafür, daß er Sara, die Frau Abrahams, sich zur Frau genommen hat, mit »großen Plagen« von Jahwe bestraft (12,17). Nach der anderen (elohistischen) Fassung (Gen 20) besteht die Strafe in der Kinderlosigkeit. Dort ist auch, in einem Schlußsatz, etwas über die Verursachung der Kinderlosigkeit gesagt: »Jahwe hatte tatsächlich jeden Mutterschoß im Hause Abimelechs verschlossen« (20,18). Die Direktheit der Einwirkung und die Abhängigkeit des leiblichen Lebens der Menschen von Jahwe könnte nicht drastischer ausgedrückt werden. In gleicher Weise redet dann 21,1 von einem »Heimsuchen« und »Tun« Jahwes an Sara, daß sie einen Sohn gebären konnte.

Ähnlich äußert sich die Erzählung vom Jakobskampf am Jabbok (Gen 32,23 ff.). Der Schlag auf die Hüftpfanne, der eine Verrenkung und ein Hinken Jakobs zur Folge hat, beruht zumindest in den späteren Stadien der Überlieferung auf denselben Vorstellungen von einer direkten Einwirkung der Gottheit. Auf der anderen Seite erzählen die Vätersagen ohne besondere Hervorhebung und Deutung mehr beiläufig und ohne religiösen Anspruch von Altersblindheit (Gen 27,1; 48,1.10 und später öfters) und Wundschmerz, etwa anläßlich der Beschneidung (Gen 34,25). Auf beiderlei Weise konnte man je nach Blickpunkt und Gefälle der Erzählung von diesen Dingen reden.

Der Horizont einiger weiterer Pentateucherzählungen scheint gegenüber den auf familiäre Probleme konzentrierten Vätergeschichten erweitert: Ex 15; Num 12; 21; 25. Waren es dort Unfruchtbarkeit, Altersschwäche, Wundschmerz, so sind es hier (wie Gen 12) Plagen und Seuchen und ṣara'at, der Aussatzausschlag, also Erkrankungen kollektiver Art oder von kollektivem Interesse. Der soziale Rahmen dieser Erzählungen ist wohl die Großgemeinschaft überfamiliärer Verbände, gruppiert um das »Zelt der Begegnung« und umgrenzt durch das »Lager«. In ihnen spiegelt sich vielleicht noch die nomadische Zeit und die Wüstenwanderung. Plagen und Seuchen gelten als Kollektivstrafe Jahwes; die Schlangen beißen auf sein Geheiß (Num 21,6); die Pest kommt von ihm gesandt (Num 14,12; 25,8 f.). Mirjams »Aussatz« ist nach Num 12 (Primärschicht) Bestrafung wegen eines Aufbegehrens gegen Moses Führungsanspruch:

»Und der Zorn Jahwes entbrannte wider sie, und er ging hinweg. Und als die Wolke von dem Zelte wich, siehe, da war Mirjam aussätzig wie Schnee.«

Die Erzählung ist in vieler Hinsicht sehr lehrreich. Sie bietet einige sehr alte Anschauungen und Gewohnheiten hinsichtlich des »Aussatzes«. Der Aussätzige wird mit einer Fehlgeburt verglichen, deren Fleisch schon halb verwest ist, d. h., er gilt bereits als Leiche. Aber dieser »Aussatz« ist heilbar. Die Heilung zieht eine Reinigung nach sich. »Denn: Wenn ihr Vater ihr ins Angesicht gespien hätte, müßte sie sich nicht sieben Tage schämen? Sie soll sieben Tage lang aus dem Lager ausgeschlossen sein und danach mag sie wieder aufgenommen werden.« Die Erzählung spiegelt ein theologisches Strukturmoment, das auch der Geschichte von der Gefährdung der Ahnfrau (Gen 20) und der Geschichte von der ehernen Schlange (Num 21) eignet, dessen Herkunft schwer bestimmbar ist, nämlich die Heilung durch Jahwe auf Grund von Schuldbekenntnis und Fürbitte. »Und Aaron sprach zu Mose: Ach, Herr, laß uns doch nicht dafür büßen, daß wir töricht gehandelt und uns versündigt haben . . . Da schrie Mose zu Jahwe und sprach: Ach, heile sie doch!« Gegen Schlangenbiß soll Mose eine eherne Schlangenfigur anfertigen und als heilkräftiges Symbol auf eine Stange stecken[46].
Beide Heilungsvorgänge spiegeln Vollzüge wider, die im ersten Fall in dem sakral-kultischen Bußritual, im zweiten in magischen Praktiken bestehen. Deutlich werden die Implikationen des Krankheitsgeschehens, sozialer, kultischer, magischer Art, aber auch die Integration in den Gesamtablauf des Geschehens zwischen Jahwe und seinem Volk.
Die Erzählungen aus der beginnenden Königszeit haben ihren eigenen Charakter. Der Horizont weitet sich unter dem Einfluß des Königshofs. Ausländische und archaische Religionsformen interessieren den Erzähler der Ladegeschichte (1 Sam 6) und der Geschichte von Davids Aufstieg (1 Sam 19). Physiologisches Interesse verrät die Nabalerzählung (1 Sam 25): »Am Morgen aber, als der Rausch von Nabal gewichen war, erzählte ihm seine Frau, was vorgefallen war. Da erstarb ihm das Herz im Leibe und er wurde wie ein Stein, und es währte noch etwa zehn Tage, dann schlug Jahwe den Nabal, daß er starb« (25,37f.). Psychische Reaktionen kommen in den Blick[47] (zu Saul III, 2). Seher und Propheten spielen eine Rolle. Die höfische Weisheit beleuchtet das Krankheitsverhalten. Zwei Erzählstrukturen seien herausgegriffen. 1 Sam 6 erzählt mit einer humorvollen Anzüglichkeit von der Hilflosigkeit der Philister gegenüber einer Beulenplage. Immerhin, ihre Priester und

Wahrsager erkennen die wahre Ursache und den wahren Urheber und geben den Rat, die Lade mit einer Entschädigung zurückzugeben, »dann werdet ihr gesund«. Sie sollen fünf goldene Beulen (?) und fünf goldene Mäuse als magische Bildfiguren mitgeben und werden an gewissen Zeichen erkennen (was offenbar auch in Israel selbst nicht immer ganz klar war?), ob der »Gott Israels« dieses große Unheil über sie gebracht oder nicht. »Wenn nicht seine Hand uns geschlagen; dann ist – eine ganz moderne Alternative – ein Zufall, was uns widerfahren ist« (vgl. V. 9). Die Hörer und Leser sollten das besser wissen!

Ernster und schwerer ist der Ton in 2 Sam 12. Das Kind Davids und Batsebas war krank, denn »Jahwe hatte es geschlagen« (vgl. V. 1). David fällt als Betroffener in die Haltung des Büßers, sucht Jahwe, fastet, trauert, schläft auf der Erde. Das war wohl üblich in solchen Fällen. Das Kind stirbt. Ganz wider Erwarten reagiert David auf die Nachricht. Er wäscht sich, salbt sich, zieht sich um, betet im Heiligtum, hört auf zu fasten. Gefragt nach seinem befremdlichen Tun, gibt er bittere Antwort. »Nun da das Kind tot ist, was soll ich da fasten? Kann ich es etwa noch zurückholen? Ich werde wohl zu ihm gehen, aber es kommt nicht wieder zu mir« (V. 23).

Der Erzähler deutet Davids Reaktion anders. Das Kind ist nach Nathans Wort für Davids eigene Schuld gestorben. Sein Tod macht die Vergebung gültig. Die Vorgänge sind sehr kompliziert. Doch diese Erzähler haben tiefen Einblick in die Umstände, durch die eine Krankheit zu einem deutbaren Zeichen werden kann, durch das Gott spricht, wie durch das Zeichen der »aussätzigen Hand« Moses (Ex 4,6).

In einer Reihe von Erzählungen aus der Königszeit werden Propheten als Verkünder und Vertreter Jahwes mit Krankheitshandlungen konfrontiert. Sie werden um Auskunft gebeten, vorwiegend von Königen, fungieren also als Orakelgeber, die Antwort auf die Frage wissen, ob der Betreffende von seiner Krankheit genesen wird. Diese Propheten-, oder besser: Wort-Jahwe-Legenden, haben ihre individuellen Züge. 2 Sam 24 droht Gad mit Jahwes Strafe, läßt aber David die Wahl. Der wählt die Pest als Königsstrafe, um sich in die Hand Jahwes zu geben. 2 Sam 12 kündet Nathan Vergebung für David; doch Krankheit und Tod des Kindes bleiben als (Ersatz-)Strafe. Der altersblinde Ahia von Silo hat in 1 Kön 14 nur einen »harten Spruch« für den von Jahwe verworfenen König. Elia vermag durch Gebet und Magie von Jahwe die Heilung des für die Sünde der Mutter gestraften Kindes zu erwirken (1 Kön 17, 17ff.); Elisa vermag Ähnliches (2 Kön 4,15ff.): Hinter verschlossener Tür betet er, legt sich über das Kind, tut Mund zu Mund, Auge zu Auge, Hand zu Hand, beugt sich über es, wärmt es, steht auf, steigt wieder hinauf, beugt sich über es, bis der Knabe siebenmal niest und die Augen aufschlägt. Der »aussätzige« Offizier (2 Kön 5) aber ist in seiner Erwartung enttäuscht, daß Elisa ihn sieben Mal im Jordan baden heißt. Er hatte gedacht, »er würde zu ihm herauskommen und herzutreten, den Namen Jahwes, seines Gottes, anrufen und seine Hand über die Stelle schwingen und so den Aussatz hinwegnehmen« (V. 11 f.)[48].

In 2 Kön 8,7 ff. löst Elisas verfälschtes Orakel zur Krankheit des syrischen Königs den Königsmord aus. Der Jesaja der Legende schließlich kommt beim ersten Mal als Unheilsbote zu dem kranken Hiskia, beim zweiten Mal jedoch als Überbringer von Jahwes Vergebung auf das bußfertige Gebet des Königs, der dazu noch das Heilmittel – einen Feigenumschlag – weiß und ein Zeichen anbieten kann (2 Kön 20; Jes 38 f.).

Für das, was diesen Legenden gemeinsames Anliegen ist, steht exemplarisch 2 Kön 1, Elias Frage an die Boten des verunglückten Königs Ahasja: »Ist denn kein Gott in Israel, daß ihr hingeht, den Baal Sebub, den Gott von Ekron, zu befragen?« (1,3). Krankheit, Krankheit des Königs zumal, auch des außerisraelitischen Königs und Hauptmanns, ist Jahwes, des Gottes Israels Angelegenheit. Nur an ihn kann man sich mit Aussicht auf Erfolg wenden, nur er bestimmt über den Ausgang, denn nur er verhängt Krankheit als Strafe für Schuld. Darum wird Krankheit ein Thema der Propheten, weil es eine interaktionelle Angelegenheit ist, aus der Gottesbeziehung entstanden. Darum gibt es aber auch Heilung als Vergebung, als Wunder, weil Jahwe allein ein Gott ist, der sterben und leben lassen kann – wie die Definition eines »Gottes« in 2 Kön 5,7 lautet. Darum gibt es selbst die Rückkehr auf dem Weg ohne Wiederkunft (2 Sam 12,23). Als interpersonelle Angelegenheit zwischen Gott und Mensch fordert Krankheit entsprechendes Verhalten, als Büßer wie David, wie Hiskia als Beter. Magischen und ärztlichen Mitteln kann dabei eine dem Gebet integrierte und durch den Propheten legitimierte Funktion zukommen. Heilung aber vollzieht sich, wie die Erkrankung, als Wirkung auf der Ebene des Jahwe-Wortes.

Die zum Sondergut des Chronisten gehörenden Erzählungen zeichnen sich durch ein stärkeres Interesse an den Krankheitserscheinungen und -folgen aus, das zweifellos einem höheren medizinischen Erkenntnisstand entspricht. Von König Asa erfahren wir 2 Chr 16,11 ff., daß er von einer schweren Fußkrankheit befallen wurde, daß er sich aber – der orthodoxe Erzähler tadelt den aufgeklärten König! – in seiner Krankheit nicht an Jahwe, sondern an die Ärzte wandte, was ihm offenbar aber nicht half: er starb zwei Jahre später. In einem legendären Brief 2 Chr 21, 12ff. kündigt der Prophet Elia König Joram die Heimsuchung durch »viele Krankheitserscheinungen« an, und in der Tat »schlug ihn Jahwe mit einer unheilbaren Krankheit«, so daß ihm nach Jahr und Tag »infolge der Krankheit die Eingeweide heraustraten und er unter furchtbaren Schmerzen starb«. In der Legende vom »Aussatz« König Usijas 2 Chr 26,16 schließlich, der ihm an der Stirn ausbrach, als er unbefugt Räucherwerk im Tempel darbrachte, ist die Rede von jenem »abgesonderten Haus«, in dem der König bis zu seinem Tode wohnte, »da er vom Tempel ausgeschlossen war«. Noch ist Krankheit selbstverständlich Jahwes Angelegenheit. Er schlägt, er ist für Heilung zuständig. Doch klingt in diesen Erzählungen auch mit, daß man – auch der Chronist, trotz seines Tadels – versucht, sich den objektiven Gegebenheiten zuzuwenden, sie zu beschreiben und zu erklären.

Es bleiben noch drei weisheitliche Lehrerzählungen[49] und erbauliche Legenden, die die Krankheitssituation jeweils in ein eigenes Licht tauchen: die Hioberzählung (1–2; 42), die Erzählung von Tobit (1–14) und das legendäre Edikt Nebukadnezars (Dan 3,31–4,34). Alle drei sind weisheitlich geprägt, zeichnen ein Vorbild und vertreten eine Lehre.

Die Prosaerzählung vom frommen Hiob[50] belehrt über das vorbildliche Verhalten im Unglücksfall, das sich in der Hinnahme und Ergebung bewährt: »Jahwe hat's gegeben, Jahwe hat's genommen. Der Name Jahwes sei gelobt« (1,21); auch dann, wenn ihn schwerste Krankheit in Form von bösem Geschwür befällt: »Das Gute nehmen wir an von Gott, und das Böse sollten wir nicht annehmen?« (2,10). Solche Bewährung macht den Weg frei zur entscheidenden Wende: »der Herr wandte Hiobs Geschick . . . und gab Hiob doppelt soviel als er gehabt hatte« (42,10). Zur völligen Rehabilitation bedarf es der Anerkennung der Mitmenschen. Sie kommen, nach erfolgter Heilung, nicht, ihr Beileid auszusprechen. Vielmehr zum Zeichen sozialer Restitution des Genesenen feiern sie mit ihm ein gemeinsames Mahl, trösten ihn und schenken ihm jeder ein Geldstück (»einen Taler«, Zürcher Bibel) und einen goldenen Ring.

Die Tobitlegende verfolgt u. a. das Ziel, ihren Lesern die fein gesponnenen Fäden zu zeigen, durch die die Menschenleben gelenkt werden, auch wenn Unglücksfälle, wie völlige Erblindung, eintreten. Dann sendet Gott Hilfe in Gestalt von Engeln, welche die Menschen belehren, wie sie mit dem Unglück fertig werden können. Dazu gehören sowohl geheimnisvolle Arzneimittel, wie Leber, Herz und Galle eines Fisches[51], als auch heilkräftige Riten magischer Art, welche Dämonen zu vertreiben in der Lage sind. Die Legende, die in der östlichen Diaspora entstanden ist, gibt solche Mittel frei als durch den Engel Rafael selbst vermittelt und öffnet damit exorzistischen und volksmedizinischen Praktiken ein bisher offiziell verschlossenes Einfallstor von Persien – wie der Name des Dämons Asmodi andeutet.

Das fiktive Edikt Nebukadnezars im Danielbuch ist seinem literarischen Charakter nach eine sog. Exhomologese[52], ein öffentliches Lobpreis-Bekenntnis zu dem Gott, der ihn mit Wahnsinn geschlagen und wieder geheilt hat, das auf je eigene Art von jedem erwartet werden kann, dem eine solche Krankheitsgeschichte widerfährt.

2. Psalmen

Die Situation des Kranken aus der Innensicht eigener Erfahrung kommt in der alttestamentlichen Gebetsliteratur zur Sprache. Seit H. Gunkel ordnet man die große Zahl der individuellen Psalmen, also der Psalmen, deren Ich-Subjekt ein einzelner Mensch ist, in zwei Gruppen, den sogenannten Klageliedern einerseits und den Dankliedern andererseits. Den Orientierungspunkt bildet jeweils der Handlungszusammenhang oder Sitz im Leben, dem der Gruppentypus, die Gattung zuzuordnen ist. Für Gunkel galt als Musterfall der kranke Beter, der sich in der Not klagend an seinen Gott wandte und der nach erfolgter Rettung dankend das Lobopfer darbrachte. Und in der Tat sind beide Lebenszusammenhänge, die Klage in Gestalt der Bußtrauer und der Dank in Gestalt der Sühnelobpreisfeier die konkreten wie ideellen Haftpunkte eines großen Teils der Psalmen, die nachweislich von Krankheit und Heilung sprechen und nicht nur von einem Leiden allgemeiner Art. Dahinter steht ein bestimmter Geschehensablauf, dessen Sequenzen sich wohl durch lang geübten Brauch sowohl in den Verhaltensweisen der Betroffenen, wie in den liturgisch-kultischen Bedürfnissen und Ritualangeboten gefestigt und gleichsam zu einem gangbaren Stationenweg ausgebildet hatten. An zwei alttestamentlichen Stellen ist dieser Weg, der übrigens auch in benachbarten Religions- und Kultformen aufzeigbar ist, explizit und jedenfalls zu Teilen aufgezeichnet, in Ps 107,17−22 und Hi 33,19−30, zwei sicherlich nicht frühe, wahrscheinlich nachexilische Texte.

Danach war der Psalm des einzelnen Kranken, je nachdem verwurzelt in der Klagephase, Gebet um Bewahrung und Heilung, zugleich diesem Zusammenhang entsprechend oftmals Schuldbekenntnis und Gnadenappell, war gesprochen im privaten Raum des Krankenlagers, kaum von ihm selbst am Wallfahrtsheiligtum – den Strapazen einer Reise war ein ernsthaft Kranker im allgemeinen nicht gewachsen, wohl unter Beistand eines Priesters. Oder er gehörte in die Dankphase als Lobpreisgebet und persönlicher (Opfer-) Beitrag im Rahmen eines Gemeinschaftsmahls, am Heiligtum gefeiert nach erfolgter Heilung und im Zuge der Versöhnung und Rehabilitation des Wiedergenesenen. Zwei-, dreimal mag das nach Hi 33,29 dem Menschen im Laufe seines Lebens widerfahren. Die eigentlichen, die individuellen und liturgisch geformten Krankenpsalmen sind auf diesem Wege entstanden.

Verfolgen wir nun diesen Weg anhand einiger Beispiele. »Ich aber hüllte mich in das Sackgewand, als sie krank waren, erniedrigte mich durch Fasten. Und mein Gebet stieg hoch von meinem Schoß (in gebückter Haltung). Wie um meinen Freund, meinen Bruder ging ich einher, wie um meine Mutter trug ich Leid in Trauer gebückt« (Ps 35,13f.). Der Psalmist spricht vom solidarischen Mitleiden mit dem Kranken, indem man mit ihnen und für sie die Trauerriten vollzieht und auch Gebete spricht.

Ein solches Gebet scheint etwa Ps 38 zu sein, der noch in den eigenen Worten den Zusammenhang mit den Bußriten erkennen läßt:

> »Jahwe, strafe mich nicht in deinem Zorn
>   und züchtige mich nicht in deinem Grimm.
> Ja, deine Pfeile haben mich getroffen,
>   und deine Hand hat sich auf mich gelegt.
> Nichts Gesundes ist an meinem Fleisch, ob deines Grolls,
>   nichts Heiles ist an meinen Gebeinen, ob meiner Sünde.
> Denn meine Verschuldungen sind über mein Haupt gegangen,
>   wie eine schwere Last, sie sind zu schwer für mich!
> Es stinken, eitern meine Wunden wegen meiner Torheit.
> Ich bin gekrümmt und tief gebeugt,
>   den ganzen Tag gehe ich trauernd einher.«

Die Krankheit dieses Beters ist nicht auszumachen; dazu reichen die Angaben nicht, obwohl er bisweilen sehr präzise beschreibt, z. B. bei der lautmalerischen Darstellung seines fliegenden Pulses (»mein Herz pocht«, *seharhar*). Ihm liegt nicht an medizinischer Diagnose, denn er sieht seinen Fall in anderem Zusammenhang. Diesen Zusammenhang deutet er z. T. begrifflich als Strafe für Schuld, die Jahwe über ihn im Zorn wegen einer »Torheit« verhängt hat, z. T. auch bildhaft metaphorisch in der Aussage von

»Jahwes Hand« und »Jahwes Pfeilen«, von denen er sich getroffen weiß. Darum reagiert er wie vorgezeichnet und nimmt die Rolle des Büßers an, geht in Sack und Asche, hält die Schweigephase ein, wacht und fastet und klagt Jahwe sein Leid, bekennt sich schuldig und appelliert an des Verursachers Gnade.

Gleiches gilt vom Beter des 39. Psalms, nur daß dessen Situation durch zusätzliche, selbstverschuldete Erschwerung (eine Verfluchung) noch verzweifelter ist. Der Beter des 88. Psalms identifiziert seine Lage mit der des schon Gestorbenen, und zwar des Toten in minderem Status: nur ein »Freigelassener«, den, wie die »Verstümmelten«, in der Unterwelt ein desolates Schattendasein erwartete. Ähnlich sprechen die Beter des 69. (wie 22.) Psalms im ersten Teil, oder die von Psalm 6 und 102.

In den meisten dieser Gebetsklagen und Bußtexte öffnet sich noch eine Dimension, die auf den ersten Blick ganz unverständlich erscheint. Die Umgebung wirkt feindlich auf den Kranken. Das Phänomen ist seltsam fremd. Doch greift man auf die Darstellung der Sozialbeziehungen zurück, die etwa Hi 19 gibt, werden die Dinge klarer. Man muß sich ja auch klarmachen, daß in einer Gesellschaft, in der der Kranke als Stigmatisierter, zumindest als von Schuld Gezeichneter gilt, in der für viele oder fast alle Krankheiten keine Gegenmittel bekannt waren, der Kranke also auf die Versorgung und Betreuung seiner Umgebung angewiesen war, die oft wohl für sich selbst kaum genug hatte, wenig Platz für solche Lebensfälle blieb. Dazu kamen noch Spekulanten, persönliche Feinde, Fanatiker . . .

Ein eindrückliches Bild vermittelt das in den Danklobpreispsalm des Genesenen als Zitat eingebrachte Bußgebet des Leidenden, Ps 41,5 − 10:

> »Ich sprach: ›Jahwe, sei mir gnädig, heile mich, denn an dir habe ich gesündigt!‹ Meine Feinde sagen Böses über mich: ›Wann stirbt er, daß sein Name vergeht?‹ Und wenn einer kommt zu Besuch, redet falsch sein Herz. Er sammelt Unheilvolles, geht hinaus und redet davon. Zusammen zischeln sie gegen mich, alle die mich hassen, planen Böses gegen mich: ›Teufelszeug ist über ihn hingegossen‹ und: ›Wer einmal liegt, steht nicht wieder auf!‹ Ja, auch mein Freund, auf den ich vertraute, der mein Brot aß, hat die Ferse wider mich erhoben!
> Du aber, Jahwe, sei mir gnädig und richte mich auf und ich will es ihnen vergelten!‹«

Drei feindliche Parteien sind wahrnehmbar. Der falsche Freund, der heuchlerische Besucher und Bekannte und die Feindgruppe »draußen«, von denen der Kranke die Reden und Pläne vernimmt. Alle spekulieren auf das Ableben des Beters; brutal, verlogen, zynisch klingen ihre Worte. Offenbar schmerzt dies (im nachhinein) den Psalmisten mehr als sein Leiden, von dem er eingangs redet und das er als gerecht hinzunehmen durchaus bereit war. Doch diese Behandlung geht nach seinem Empfinden über alles von Gottes Strafe gesetzte Maß.

Heilung gilt auch dem Psalmisten als direkter Eingriff Gottes in das Leben. Als Wunder gleichsam kann der Vorgang zwar bezeichnet (Verbum *rp'*) oder benannt werden. Als Faktum steht er aber so sehr außerhalb jeder eigenen Verfügung, daß kaum Vorstellungen darüber entwickelt werden. Insofern wird er zum Modell einer göttlichen Intervention überhaupt. Was verfügbar ist an dem Heilungsvorgang, sind die Implikationen und Konsequenzen religiöser und sozialer Art. Dafür nun standen institutionelle Hilfen bereit, den Genesenen kultisch zu rehabilitieren und dadurch sozial zu integrieren. Der Genesene machte sich wohl im allgemeinen auf, am Heiligtum seine offenbar im Schuld-Strafe-Denksystem gefährdete oder verlorene Integrität wieder zu gewinnen und öffentlich bestätigen zu lassen.

> »Er fleht zu Gott, und er hat Gefallen an ihm;
> Er sieht sein Angesicht im Jubel der Epiphanie, und er gibt
> dem Menschen seine Gerechtigkeit zurück.« (Hi 33,26)

»Gerechtigkeit« *(ṣedaqa)* meint »das Gemeinschaftsheil« als eine kultisch-vermittelte Gabe, die den Beschenkten befähigt, den sozialen Beziehungen, in denen er steht, gerecht zu werden. In jeder Hinsicht wieder integriert, wird er durch dieses Ereignis an den Anfang eines neuen Lebens gestellt, und evtl. Gemeinschaftsverletzungen im oben geschilderten Rahmen können nun beigelegt oder geschlichtet, auch gerichtlich verfolgt werden. Davon sprechen je aus ihrer Sicht die Dank- oder Lobpreispsalmen, denen selbst eine rechtliche Funktion dieser Art zukommt.

> »Er singt vor den Leuten und spricht: ›Ich habe gefehlt und
> das Rechte verkehrt, aber er hat mir das nicht vergolten. Er
> hat mein Leben bewahrt vor der Grube und meine Seele
> schaut das Licht.‹« (Hi 33,27 f.).

Aus Ps 32 und 103, aber auch aus anderen Hinweisen innerhalb und außerhalb des Psalters ergibt sich mit Wahrscheinlichkeit, daß zu den restituierenden Riten Sühne oder Sündenvergebung gehörte, die ihr Zentrum in einem freisprechenden Wort hatte. Der genaue Ablauf ist nur z. T. rekonstruierbar. Er mag sich im Anfang des 103. Psalms widerspiegeln:

>>Grüße, meine Seele, Jahwe
und alles in mir, seinen heiligen Namen!
Grüße, meine Seele, Jahwe
und vergiß nicht seine Wohltaten alle:
Der dir all deine Schuld vergibt,
der heilt alle deine Krankheiten;
Der dein Leben vor der Grube erlöst,
der dich krönt mit Gnade und Barmherzigkeit;
Der dich hinfort mit Gutem sattigt,
möge deine Jugend sich erneuern wie beim Adler!<<

(103,2 – 5)

Der Beter des 41. Psalms vermag das Sühnegeschehen als Folge des Heilungsprozesses gegen seine Feinde zu nützen. >>Daran, daß du dein Gefallen an mir gezeigt hast, erkenne ich, daß mein Feind nicht über mich triumphieren wird. Ich aber bin gesund und heil – du hast meine Hand festgefaßt und du stelltest mich vor dich hin für alle Zeit<< (41,12 f.). Freudige Hoffnung entsteht aus der kultischen Versöhnung, die den *tom,* die Heil-heit und Gesund-heit bestätigt. Da er im Bußgebet Schuld bekannt hatte, mußte diese inzwischen bewältigt worden sein.

Im letzten Vers des Psalms ist davon die Rede, daß Jahwe sich mit der Heilung selbst in Gestalt des Beters ein ewiges Denkmal vor seinem Angesicht gesetzt habe. Dieses Motiv läßt anklingen, daß die Genesenen die Verpflichtung fühlen, ihren Lobpreis- und Sühnedank in Form öffentlichen Bekenntnisses über den Psalmvortrag – vor den Leuten – hinaus zu verewigen. Dankpsalmen wie Ps 41, aber auch Ps 30 und das apokryphe Fragment eines alphabetischen Gedichts aus Qumran bestätigen dies dadurch, daß sie selbst sich als Votivgaben, schriftlich aufgezeichnet und dem Heiligtum dediziert, erweisen. Jes 38, der Hiskiapsalm, wird als Dankpsalm eines Königs redaktionell eine Inschrift genannt. Beispiele solcher Stelegraphien sind uns aus dem ägyptischen Amarna bekannt[53]. Sie stehen nach Form und Inhalt Ps 30 am nächsten. Hier wie dort aber wird dadurch Krankheit und Heilung zu einer Sache öffentlich-kultischen Interesses, die über das Leben des Betroffenen hinaus seine soziale Umwelt tangiert und verändert. – Beispielhaft und im einzelnen sehr erhellend ist der folgende Text, sowohl, was die innere Situation des Kranken im antiken Orient angeht, als auch dafür, wie in dieser Situation persönliche Frömmigkeit sich äußert. Der Text gehört zu der Gattung sumerischer Kultdichtung, die man nach ihrer Eigenart als »Gottesbrief« oder »Brief-Gebet« (letter-prayer) bezeichnet. Es sind Gebete in Briefform, die der Verfasser schreibt, damit sie am Kultort vorgetragen und niedergelegt werden sollen, weil er selbst nicht in der Lage ist, dort zu erscheinen. Sie bilden eine enge Parallele, möglicherweise sogar das Vorbild und Muster zu den alttestamentlichen Klagepsalmen. In vielen Zügen und Motiven gleicht der Text den Psalmgebeten (etwa Ps 22; 30; 41), geht aber auch insofern darüber hinaus, als er wichtige Details zur Abfassung und Entstehung solcher Texte bietet, die im Psalter weithin der Stilisierung und Typisierung zum Opfer gefallen sind. Nicht zuletzt darum sei er hier – das vorher Gesagte neu beleuchtend – im ganzen wiedergegeben[54].

Der kranke Schreiber Sin-šamuh schreibt an seinen Gott Enki:

> »Zu Enki, dem großen Herrn über Himmel und Erde, unvergleichlich in seinem Wesen, sage!
>
> Zu Nudimmud, den Fürsten weiten Wissens, der die Geschicke bestimmt zusammen mit An,
>
> der die göttlichen Zeichen unter den Anunnaki richtig verteilt, dessen Gang [unaufhaltsam] ist,
>
> der Allwissende, der Kenntnis hat über alles von Sonnenaufgang bis Sonnenuntergang,
>
> der Herr der Erkenntnis, der König der Süßwasser, der Gott, der mich erzeugte, sage weiterhin!
>
> (Dies ists) was Sin-šamuh, der Schreiber, Sohn des Ur-Nin . . ., dein Knecht sagt:
>
> Seit dem Tage, da du mich schufst, hast du mich erzogen.
>
> Ich war nie nachlässig gegenüber deinem Namen, mit dem du angerufen wirst, wie ein Vater . . . [. . .]
>
> Ich raubte nicht die Opfergaben an deinen Festen, zu denen ich regelmäßig gehe.
>
> (Doch) nun, was ich auch tue, die Strafe für meine Sünde ist nicht [. . .]
>
> Mein Geschick hat mich eingeholt, ich bin versetzt an den Ort der Zerstörung, ich kann kein Omen finden.
>
> Eine feindliche Gottheit hat die Sünde über mich gebracht, ich kann ihren Rand nicht finden (?).
>
> Am Tage, da mein starkes Haus vom Himmel bestimmt wurde (?) . . .
>
> Es gibt kein Schweigen über meine Sünde, ich muß dafür einstehen.

Ich liege darnieder auf dem Lager von Weh und Ach, ich stimme die Klage an.

Meine hübsche Gestalt ist zu Boden gebeugt, ich sitze auf meinen Füßen.

Mein [...] ist von (seinem) Platz gerückt, mein Gesicht ist verändert.

[...] Ruhelosigkeit hat meine Füße erfaßt, mein Leben verebbt.

Der helle Tag ist mir geworden wie ein »verdunkelter« Tag, ich gleite in mein Grab.

Ich bin ein Schreiber, (doch) was ich gelernt, ist mir zum Kotzen (?).

Meine Hand ist fürs Schreiben »dahin«, mein Mund unfähig zur Rede.

Ich bin nicht alt, (doch) mein Gehör ist schlecht, meine Augen schielen.

Wie ein Bierbrauer (?) ... bin ich meines Siegelrechts beraubt.

Wie ein Wagen, dessen Deichsel gebrochen, liege ich an der Straße.

Wie ein entlaufener Wahrsagerlehrling werde ich gemein verleumdet.

Meine Bekannten kommen nicht näher, sprechen kein Wort mehr mit mir.

Mein Freund bespricht sich nicht mit mir, will meinem Geist keine Ruhe geben.

Der Spötter hat mich in den Strang gebracht, mein Schicksal hat mich zum Fremden gemacht.

O mein Gott, ich vertraue auf dich, was habe ich mit Menschen zu tun?

Ich bin hochgewachsen, wie soll ich mich ausstrecken an einem engen Platz?

Mein Haus (ist) ein geflochtenes Nest, ich bin mit seinem Aussehen nicht zufrieden.

Meine gebauten Häuser sind nicht mit Backsteinen (?) eingefaßt.

Wie kleine (weibliche) Zedern, an einem schmutzigen Ort gepflanzt, trage ich (?) keine Frucht.

Wie eine junge Dattelpalme, neben ein Boot gepflanzt, bringe ich kein Laub hervor.

Ich bin (noch) jung, muß ich davon so vor der Zeit? Muß ich mich im Staube wälzen?

An einem Ort, wo weder Mutter noch Vater sind, bin ich festgehalten.

Wer wird mein Gebet dir vortragen?
An einem Ort, wo meine Angehörigen nicht zusammenkommen, bin ich festgesetzt.
Wer wird dir meine Opfergabe bringen?
Damgalnunna, deine geliebte erste Frau,
möge sie dir bringen wie meine Mutter, möge sie meine Klage dir vorlegen.
Asalalimnunna, Sohn des Abgrunds,
möge er sie dir bringen wie mein Vater, möge er meine Klage dir vorlegen.
Möge er meine Klage dir vortragen, möge er meine Klage dir vorbringen.
Wenn ich (meine) Sünde wahrhaft vor dich gebracht, reinige (?) mich vom Übel.
Wenn du auf mich geblickt am Ort, wo ich niedergeworfen bin, nähere dich meiner Kammer!
Wenn du den dunklen Ort in Tageslicht verwandelt,
werde ich gewiß in deinem Tor des Freigesprochenen bleiben,
werde ich gewiß dein Lob singen!
Werde ich gewiß meine Sünde abreißen wie einen Faden,
werde ich gewiß verkündigen deine Größe!
Sowie du kommst zum Ort der schweren Sünde, werde ich gewiß (dein) Lob (singen)!
Erlöse mich (noch) am Rand des Grabes, [rette] (noch) mich am Tor des Grabmals!
(Dann) werde ich gewiß vor den Leuten erscheinen, das ganze Volk wird es wahrhaftig erfahren!
O mein Gott, ich bin einer deiner Verehrer!
Sieh gnädig auf den Brief, den ich vor dir niedergelegt habe!
Möge das Herz meines Gottes wohlbehalten sein!«

Die Fülle der Erkenntnisse und Einsichten, die die Psalmbeter zum Ausdruck bringen, ist durch diese Skizze nur angedeutet[55]. Der strukturelle Rahmen kultischer Beziehung vermag nur eine Orientierung im Meer der Gedanken und Vorstellungen zu bieten. Jeder Psalmtext aber hat seinen eigenen Kosmos. Wenn z. B. Ps 102 die Lage des Beters mit einer Reihe von Natur- und Tiervergleichen beschreibt (»Ich wache und klage wie ein einsamer Vogel auf dem Dach«, 102,8), oder wenn Ps 69 sich fast unvermittelt zugleich als Psalm eines vor Gericht Angeklagten erweist, (»Was ich nicht geraubt habe, soll ich erstatten«, 69,5); wenn Ps 42/43 als das Gedicht eines zwangsweise – wegen gebrochener Glieder (42,11?) – im Ausland Festgehaltenen die Sehnsucht nach dem Zion zum

Thema macht oder wenn Ps 30 bekennt, wie ein Wasserbeutel aus der Brunnentiefe von Gott gezogen worden zu sein (30,2), und den Reigentanz im Festgewand ankündigt (30,12); wenn das: »Mein Gott, mein Gott, warum hast du mich verlassen?« von Ps 22 und das: »Dennoch bleibe ich stets bei dir« von Ps 73 noch hinzuzunehmen ist und vieles andere mehr, dann zeigt sich, wie unerschöpflich und unauslotbar für den systematisch-anthropologisch ordnenden Interpreten diese Fülle der Erfahrung ist.

Nur dort wird sie greifbar, wo die Verfasser selbst ihre Erfahrungen kultisch strukturiert und vor allem weisheitlich reflektiert und zu allgemeinen Aussagen über die Situation des Kranken erhoben haben. Dies aber liegt in erster Linie in der weisheitlich genannten Literatur vor.

Aus der Fülle der Vorstellungen sei noch ein Aspekt, nämlich die mit dem Krankheitsbild stereotyp verbundene Thematik des Todes abschließend herausgegriffen. Der Kranke fühlt sich dem Tod nahe, glaubt sich im Strom derer, die zur Grube hinabsteigen, ja er sieht sich bereits der Unterwelt, der Scheol, der Sammelstätte alles Lebendigen zustreben. »Seine Seele hat sich der Gruft genähert« (Hi 33,22); er stößt an die »Tore des Todes« (Ps 107,18). Krankheit begreift sich so – man denke an das Fehlen wirksamer Hilfe – in schweren Fällen als Vorform des Todes[56]. Die Psalmen geben diesem Gefühl beredten Ausdruck:

> »Im Mittag meines Lebens muß ich dahin gehen,
>   in den Toren des Totenreichs bin ich verwahrt für den Rest
>   meiner Jahre.
> Ich sprach: ›Ich werde Jah, Jah nicht mehr sehen im Lande
>   der Lebenden,
>   keinen Menschen mehr schauen bei den Bewohnern der
>   Welt.
> Meine Wohnung ist abgebrochen und fortgewandert von mir
>   wie ein Hirtenzelt.
> Ausgewoben habe ich mein Leben wie ein Weber,
>   vom Gestell schneidet er mich . . .«
>
> (Hiskiapsalm, Jes 38,10 ff.)

> »Ich bin versunken im tiefen Schlamm, wo kein Grund ist;
>   ich bin in Wassertiefen geraten und die Flut strömt über
>   mir.«   (Ps 69,3)

Aber – und das macht diese Texte so bemerkungswert – die Klage bleibt nicht bei den körperlichen Qualen und Leiden stehen. Vielmehr beklagt sie in dem Zustand des Krankseins die Gottverlassenheit, die Gottesferne, die sich für sie darin ausdrückt. So kehrt immer wieder als ein möglicher Beweggrund für Gottes Einschreiten der Hinweis, daß in der Unterwelt ja – nach allgemeiner Meinung – eine Beziehung zu Gott nicht mehr möglich ist und Gott nicht mehr daran liegen kann, einen Anbeter und Anhänger zu verlieren:

> »Denn nicht lobt dich die Unterwelt, der Tod preist dich nicht;
> die zur Grube hinunter fahren, harren nicht deiner Treue.
> Der Lebende, nur der Lebende, der lobt dich, wie ich heute! . . .«   (Hiskiapsalm, Jes 38,18 f.)

> »Was hast du von meinem Blut, wenn ich zur Grube fahre?
> Kann Staub dich preisen, kann er deine Treue verkünden?«   (Ps 30,10)

> »Denn im Tode gedenkt man deiner nicht;
> wer wird in der Unterwelt dich preisen?«   (Ps 6,6)

Darum kann das Wunder der Heilung auch als Errettung vor dem Tode und aus der Unterwelt verstanden werden.

> »Ich will dich erheben, Jahwe,
> denn du hast mich aus der Tiefe hochgezogen . . .
> du hast mein Leben aus dem Totenreich heraufgebracht
> und mich lebendig gemacht aus der Schar derer, die zur Grube
> fahren.«   (Ps 30,2.4)

Meist steht hinter solchen Aussagen die ganze Schwere des Erlebens und – obwohl befreit von der Qual – nimmt der Lobende in seinen Dank den Rückblick auf das Vergangene mit auf, zitiert gar bisweilen sein einst gesprochenes Bitt- und Klagegebet, um zu demonstrieren, was einst war und was jetzt.
In dem apokryphen Psalmfragment, das schon länger in syrischer Sprache bekannt war und nun neuerdings in dem Psalter von Qumran aus der 11. Höhle auch hebräisch gefunden wurde – genannt 11 Q Ps^a 155 (syr. Ps Nr. 3)[57] –, kommen die Stationen des Betens noch einmal zum Ausdruck. Wir übersetzen nach dem hebräischen Text des Fragments[58]. Es ist vielleicht der Psalm eines Aussatzkranken.
Zuerst wird das Bittgebet aus der Notzeit zitiert:

»Jahwe, ich rief dir zu: Höre mich doch an!,
breitete meine Hände zu deiner heiligen Wohnstatt:
Neige dein Ohr und gewähre mir meinen Wunsch
und meine Bitte schlage mir nicht ab!
Baue mein Leben auf und stürze es nicht um!
Gib es nicht preis vor den Augen der Übeltäter!
Die Taten der Bösen wende von mir, er der wahrhaftige
Richter.
Jahwe, richte mich nicht nach meinen Vergehen,
denn kein Lebender ist im Recht vor dir!
Gib mir Einsicht, Jahwe, in deine Weisung
und deine Rechtsentscheide erkläre mir,
und viele werden deine Taten hören,
und die Menge rühmt deine Herrlichkeit!
Denke an mich und vergiß mich nicht
und führe mich nicht in zu große Härten!
Die Vergehen meiner Jugend entferne von mir,
und meiner Verfehlung werde nicht mehr gedacht!
Reinige mich, Jahwe, von böser Plage
und laß sie nicht mehr zurück zu mir!
Laß abwelken ihre Wurzeln in mir
und ihre Blätter sollen nicht grünen an mir!«

Dann folgt, direkt daran anschließend, der dankende Lobpreis des
Geheilten:

»Dein ist die Herrlichkeit, Jahwe,
darum ist meine Bitte von deinem Angesicht her erfüllt!
Zu wem sollte ich rufen, daß er mir gäbe,
und die Menschen – was kann (ihre) Macht noch tun?
Von dir, Jahwe, ist meine Zuversicht:
Ich rief: Jahwe, und er antwortete mir.
(Er heilte) mein gebrochenes Herz.
Ich schlummerte und schlief, träumte (genas?),
auch (erwachte ich).
(Du stütztest mich, Jahwe, als mein Herz geschlagen ward:
Und ich nannte) Jahwe (meinen Retter.
Jetzt werde ich ihre Schande erleben.
Ich habe auf dich vertraut und werde nicht zuschanden . . .
Erlöse Israel, deine Getreuen, Jahwe,
und das Haus Jakob, deine Erwählten.)!«

Noch in spätisraelitischer Zeit hat sich die Tradition des Psalmge-
betes in seiner ganzen Tiefe und Höhe erhalten.

3. Weisheitliches Schrifttum[59]

Nur sporadisch kommt die ältere Spruchweisheit auf das Thema Krankheit zu sprechen. Zu sehr galt dies als eine Domäne von Religion und Magie, als daß sich die Lebensweisheit daran wagen wollte. Immerhin gibt es einige Beispiele von bemerkenswerter Einsicht in Zusammenhänge, die das anthropologische Problem berühren.

>»Der Geist des Menschen überwindet die Krankheit,
>   doch ein bedrücktes Gemüt, wer kann das aufrichten?«

(Spr 18,14)

Eine Erfahrung wird als These formuliert: Der Mensch kann seine Krankheit geistig bewältigen. Doch bleibt als offene Frage: Was ist, wenn der Geist des Menschen (durch die Krankheit) selbst in Mitleidenschaft gezogen wird? Den Leib-Geist-Zusammenhang bedenken auch andere Sprüche:

>»Hingehaltene Hoffnung macht das Herz krank,
>   befriedigtes Verlangen ist ein Lebensbaum« (13,12)

oder:

>»Ein fröhliches Herz tut dem Leib gut,
>   ein bedrücktes Gemüt läßt die Glieder verdorren« (17,22) –

eine Art Umkehrung zu der oben formulierten Frage (18,14). Erwähnenswert ist schließlich die psychologische Studie über den Betrunkenen in Spr 23,29−35 und einige Aspekte des Rauschzustandes:

>»Deine Augen sehen seltsame Dinge.
>   Dein Herz redet wirres Zeug.
> Du bist wie einer, der auf hoher See schläft,
>   der schläft über dem Steuer des Schiffes.«

Wenige Zeugnisse, doch genug, um Ansätze eines ganz andersartigen, empirischen Erforschens von psycho-physischen Zuständen und Abhängigkeiten aufzuzeigen, das offenbar auch in Israel Platz greifen konnte, wenngleich natürlich wohl auf bestimmte Kreise begrenzt.

Anders klingt der Spruch Spr 3,7f., der schon den Bogen zu einer religiösen Weisheit schlägt, die sich mit dem rechten Verhalten im Krankheitsfalle beschäftigt:

»Halte dich nicht selbst für weise,
fürchte Jahwe und meide das Böse.
Das ist heilsam für deine Gesundheit *(šr* nach Sir 30,15 f.)
und erfrischt deine Glieder.«

So scheint Gottesfurcht der Gesundheit dienlich – man könnte eine Platitüde darin sehen, wäre diese Konsequenz nicht auf dunklem Hintergrund schmerzlicher Erfahrungen gewachsen.

Die Weisheit hielt Einzug in den Kultus und prägte eine besondere Frömmigkeit, die in den sog. Weisheitspsalmen ihren Ausdruck fand. In unserem Zusammenhang sind zwei Texte von besonderer Wichtigkeit: der Bußlehrpsalm 32 und der Problempsalm 73. Psalm 32 belehrt über den Sinn der Buße im Krankheitsfall aus eigener Erfahrung. Er erkennt im Leiden die Zucht Jahwes, der den Menschen *('adam)* zur Gewissenserforschung, zum Schuldbekenntnis und zum Gebet anleiten will. »Ich will dich lehren und dir weisen den Weg, den du gehen sollst« (32,8). Unterläßt man jene Schritte, wenn Jahwes Hand schwer auf einem liegt, wird alles noch viel ärger. Man muß Jahwe suchen, so lange er zu finden ist. »Sei nicht wie das Roß und das Maultier, die keinen Verstand haben, mit Zügel und Halfter, seinem Schmuck, nur ist es zu bändigen, sonst kommt es nicht zu dir heran« (32,9). Dann ist Heilung möglich und Vergebung: »Wohl dem Menschen, dem Jahwe Schuld nicht (mehr) zurechnet« (32,2). So ist der Weg genau vorgezeichnet: es ist der Stationenweg des Büßers durch die Phasen rituell-institutionellen Rollenverhaltens.

Anders Ps 73. Ihm ist die Selbstverständlichkeit solcher Logik, Krankheit als Strafe, also Buße, dann Heilung, daran zerbrochen, daß er sieht, wie es dem Gottlosen gutgeht, während er selbst »alle Tage geplagt und jeden Morgen gezüchtigt« wurde (73,14). Ob er von Krankheit spricht, ist nicht sicher, ist aber auch nicht wesentlich. Das Problem der Gerechtigkeit Gottes löste sich ihm, als er eintrat »in Gottes Heiligtum« und in Gottes Gegenwart zur Ruhe kam:

»Ich aber bleibe immer bei dir« (73,23). Denn diese Nähe garantiert gerechten Ausgleich auch über den Tod hinaus.

Damit stehen wir unmittelbar vor der Hiobdichtung, die um das alte Weisheitsproblem des »leidenden Gerechten« ringt. Dieses Problem ist das Thema der Prosaerzählung, wie der Dialogdichtung und ihren Ergänzungen. Über die Leitgedanken der Erzählung vom frommen, kranken und genesenen Hiob war oben schon kurz die Rede. Die Dichtung ihrerseits setzt den Fall voraus und läßt ihn nach allen Regeln weisheitlicher Kunst durchdiskutieren. Nach Hiobs Klage (3) folgen drei Redegänge. Die drei Freunde Eliphas von Teman, Bildad von Schuach und Zophar von Naama folgen nacheinander, wobei Hiob jedem einzeln antwortet. Der letzte Redegang ist unvollständig. Auf Hiobs Schlußrede (29−31) hätte eigentlich die Antwort Gottes (38−41) folgen müssen. Der Zusammenhang ist jetzt unterbrochen durch die später eingeführten Reden Elihus (32−37). Die behandelten Themen im einzelnen sind vielfältig und oft ohne erkennbare Ordnung. Im ganzen ist ein dramatischer Ablauf nach dem Klage- und Erhörungsparadigma erkennbar[69]. Durch die Redebeiträge werden drei Positionen markiert.

(1) Die Freunde nehmen die traditionelle weisheitliche Position ein, die etwa auch Ps 32 vertritt. Angemessenes Verhalten als Reaktion in diesem Fall wäre die Umkehr und Buße:

> »Ich aber, ich würde Gott befragen,
>   und Gott meine Sache vorlegen . . .
> Denn er verwundet und verbindet,
>   er schlägt, doch seine Hände heilen auch . . .
> Ja, wohl dem Mann, den Gott zurecht weist!
>   Die Zucht des Allmächtigen verschmähe nicht!« (5,8.17 f.)

Eliphas und alle Freunde bis hin zu Elihu, sie raten im Grunde immer dasselbe Rollenschema: Buße, Unterwerfung unter den strafenden Gott!

(2) Hiob aber ist dazu nicht fähig und bereit, denn er ist sich keiner willentlichen Verfehlung gegen Gott bewußt. Er vermag den Rückschluß: Krankheit ist Strafe, also liegt Schuld vor – common sense altisraelitischer wie altorientalischer Schicksalsdeutung – nicht nachzuvollziehen, und fordert in den Sprachformen der Rechtsklage eine gerichtsanaloge Behandlung seines Falles.

(3) Dem Hiobdichter zuletzt bleibt nur die Lösung von Ps 73. Die Erscheinung Gottes im Wettersturm, die epiphane Realität Gottes selbst läßt in seiner Offenbarung die menschlichen Vorstellungen, Theorien und Projektionen verblassen, ja als Verletzungen der Heiligkeit Gottes erkennen. Krankheit kann Prüfung, kann Zurechtweisung, kann Strafe, kann Erziehungsmaßnahme sein. Ob sie es im konkreten Falle ist, kann generell und kann subjektiv nicht gesagt werden. Hier kommen allgemeine Regeln und persönliche Ansprüche an eine objektive Grenze. –

Der Fall Hiob wird unter anderen Aspekten und im einzelnen noch einmal aufzugreifen sein (III. 5.).

Der Prediger berührt in seinen Sentenzen über Armut und Reichtum auch und wohl im übertragenen Sinne das Phänomen der Krankheit 5,12−6,5. Es besteht für ihn, der Krankheit und Heilung alter Tradition gemäß auf Gottes Wirken zurückführt (3,3), in der Lebensstörung, die wie der Rost über das Eisen über den Menschen kommt. »Es gibt etwas Schlimmes, etwas wie eine Krankheit, . . . wenn Reichtum, der ängstlich gehütet wird, seinem Besitzer Schlimmes bringt« (5,12). »Das ist Dunst und eine schlimme Krankheit« (6,2). Die Ausweitung des Phänomens ist hier sehr weit vollzogen und erinnert an die Propheten, die gleichfalls Krankheit als metaphorisches Prädikat verwenden für andere schwer greifbare Realitäten menschlichen Lebens.

Sehr viel praktischer und der Lebenshilfe zugewandter sind die Mahnungen Jesus Sirachs zum Thema Krankheit, in denen die ältere Spruchweisheit eine Fortsetzung findet. Diese Mahnungen zur maßvollen Nahrungsaufnahme unter der Überschrift »Tischsitten« (31,19 ff.), zum Krankenbesuch als heiliger Pflicht (7,35), zur Krankheit des Königs (10,10) münden ein in die große Spruchsammlung zum Thema Krankheit und Tod (37,27−38,23). Die veränderte geistige Situation springt ins Auge. Nach der Mahnung zum gesunden Essen (37,30) kommt die Rede auf den Arzt.

> »Schätze den Arzt, weil man ihn braucht (erste
>   Begründung!) –
>   denn (zweite Begründung!) auch ihn hat Gott erschaffen.
> Von Gott hat der Arzt die Weisheit,
>   vom König empfängt er Geschenke . . .
> Gott bringt aus der Erde Heilmittel hervor,
>   der Einsichtige verschmähe sie nicht . . .
> Durch Mittel beruhigt der Arzt den Schmerz,
>   ebenso bereitet der Salbenmischer die Arznei . . .«

Das Sowohl-Als-auch, anstatt des Entweder-Oder noch des Chronisten, setzt sich fort im Ratschlag an den Kranken:

> »Mein Sohn, bei Krankheit säume nicht,
>   bete zu Gott, denn er macht gesund!
> Laß ab vom Bösen, mach deine Hände rechtschaffen,
>   reinige dein Herz von allen Sünden!
> Bring den beruhigenden Duft eines Gedenkopfers dar,
>   mach die Gabe fett, wenn dein Vermögen es erlaubt.«

Soweit wie ein Schüler Eliphas! Und dann:

»Doch auch dem Arzt gewähre Zutritt!
    Er soll nicht fernbleiben; denn auch er ist nötig.
Zu gegebener Zeit liegt in seiner Hand der Erfolg,
    denn auch er betet zu Gott,
daß er ihm die Untersuchung gelingen lassen
    und die Heilung zur Erhaltung des Lebens.«

Zum Schluß wieder ganz traditionell, eine Variation der ehernen
logischen Kette, nicht ohne spöttischen Unterton:

»Wer gegen seinen Schöpfer sündigt,
    fällt dem Arzt in die Hände.« (Einheitsübersetzung der
    Heiligen Schrift)[61].

Weisheitliche Reflexion versucht hier jene Synthese, die – damals
schon gängige Praxis – weithin als das Nonplusultra theologischer
Krankheitsdeutung beherrschend werden sollte.

4. Prophetie

Nach den schon kurz besprochenen Prophetenerzählungen aus den
Königsbüchern waren die Propheten in erster Linie als Adressaten
von Orakelanfragen in den Blick gekommen, wobei ihre Antworten jeweils weit über die erwartete Ja-Nein-Auskunft hinaus An-
kündigungen machten. Der besondere Fall geriet dadurch in einen
größeren Horizont. Das kranke Kind Davids und der Batseba (2
Sam 12), das der Witwe von Sarepta (1 Kön 17), das der Frau von
Sunem (2 Kön 4) oder der kranke König Hiskia (2 Kön 20 par Jes
38) bekamen symbolische Bedeutung für den Stand der in Frage
stehenden Jahwebeziehung und deren Zuspitzung in der Konfrontation mit dem prophetischen Wort. Krankheit und Heilung erwie-
sen sich als Handlungsweise Jahwes, die der vorklassische Prophet
noch zu beeinflussen autorisiert war. Schon aber die Prophetenle-
genden lassen drei Linien erkennen, auf denen Krankheit und
Heilung für die klassischen Propheten bedeutsam wird: (1) als
Verhaltensweise in der Reaktion auf Krankheit (Selbsthilfe); (2) als
Modell der Vorstellung von göttlichem Handeln an Gruppen und
einzelnen Menschen; (3) als Zeichen einer schuldhaften Welt und
darum via negationis als ein eschatologischer Topos.
Für den ersten Aspekt gibt es nur wenige Zeugnisse. Von Elia wird
eine Intervention berichtet, als der nordisraelitische König verun-
glückt war und Auskunft im philistäischen Ekron suchte. »Ist denn
kein Gott in Israel, daß ihr hingeht, den Baal Sebub, den Gott von

Ekron, zu befragen?«« Dann ergeht ungefragt das Orakel und lautet wie ein Urteil: »Darum hat Jahwe folgendermaßen gesprochen: ›Von dem Lager, auf das du dich gelegt hast, wirst du nicht mehr aufstehen, sondern du mußt sterben‹.«« Der Grund für dieses Urteil verbirgt sich in der Frage nach der Zuständigkeit, die der König entgegen der in Israel geltenden Glaubensnorm beantwortet und damit im Unglück Israels Gott verleugnet (2 Kön 1).

Die Alleinzuständigkeit Jahwes im Krankheitsfall als Axiom des Glaubens schlägt auch durch an der zweiten, hier beispielhaft zu nennenden Stelle (Ez 13,17ff.), wo der Prophet Ezechiel die Herstellung und Anwendung von Zaubermitteln aufs Korn nimmt, die von Frauen – sie werden auch »Prophetinnen« genannt – höchstwahrscheinlich zum Zwecke von Beschwörungspraktiken angeboten wurden. Ezechiel greift zum Weheruf:

»Wehe denen, die Binden nähen für alle Handgelenke und Kopfüberwürfe machen für Leute jeden Wuchses, um Seelen zu jagen!«« Denn dies ist ein Eingriff in Gottes Privilegien. »Ihr habt mich bei meinem Volke entweiht, um einige Handvoll Gerste und etlicher Bissen Brot willen, um Seelen sterben zu lassen, die nicht sterben sollen, und um Seelen am Leben zu erhalten, die nicht leben sollen.«« Das folgende Drohwort kündigt Jahwes Intervention an. »Darum spricht der Herr Jahwe so: »Siehe, ich will an eure Binden, mit denen ihr Seelen jagt; ich will sie euch von den Armen reißen und die Seelen, die ihr jagt, frei lassen wie Vögel. Auch eure Überwürfe will ich zerreißen und mein Volk aus eurer Hand retten; sie sollen nicht mehr als Fangnetz dienen in eurer Hand und ihr sollt erkennen, daß ich Jahwe bin.«« Anders als bei weisheitlicher Diskussion um den rechten Weg aus der Krankheit wird hier der bereits beschrittene Weg als »Gottesbeleidigung« (13,19) verurteilt und bedroht.

Unter den zweiten, den Aspekt übertragener, bildhaft prophetischer Verwendung fallen eine ganze Reihe von Stellen verschiedenen Gehalts. Daß prophetische Unheilsweissagungen mit der Vorstellung gottgesandter Seuchen und Plagen arbeiten, ist wohl darin begründet, daß dies ein altes und in gewisser Weise offizielles Motiv sakral-rechtlicher Sanktionen und Fluchandrohungen ist (Dtn 32; 2 Sam 24; Am 4,10; Hos 5,12; 13,14). Offenbar gab es auch auf kollektiver Ebene und vielleicht dort primär jenes feste Handlungsschema: Seuchen sind Strafen Gottes – Buße führt zu Befreiung und Heilung. Jedenfalls wird dieses dogmatische Schema von den Propheten als unbrauchbar hingestellt, als der Lage in keiner Weise mehr angemessen, wiewohl es ihren Zeitgenossen als gültig erschien. Dieser »billige« Weg ist nunmehr ausgeschlossen, den Hosea zitiert: »Kommt, laßt uns zu Jahwe umkehren; denn er hat zerrissen, er wird uns heilen; er hat geschlagen, er wird uns verbinden. Nach zwei Tagen wird er uns neu beleben, am dritten Tag wieder aufrichten, daß wir leben vor ihm . . .!« (Hos 6,1) und den Jesaja meint: »daß es (das Volk) umkehre und man es wieder heile« (Jes 6,10).

Häufiger ist die Übertragung der Krankenerscheinung auf die gegenwärtige Situation des Volksganzen (Jes 1,5f.; 10,18; Jer 30,12ff.) oder das zukünftige Unheil (z. B. Ez 30,21ff.). Wieder ist es Jahwes persönlicher Schlag, der diese Verletzungen herbeiführt. Singulär dagegen ist die Übertragung auf die Situation des Propheten selbst in Jer 17, 14 und wohl auch Jes 52,13ff.

Krankheitslosigkeit als dritter Aspekt gehört im allgemeinen zur späten Prophetie, wie z. B. an der nichtjesajanischen Stelle Jes 33,24, die als Schluß einer Zukunftsweissagung sich zu dem Satz erhebt: »Und kein Einwohner (Zions) wird sagen: ›Ich bin krank!‹ Dem Volk, das da wohnt, ist die Schuld vergeben« (vgl. 19,22). –

Man wird also sagen können: Gemeinsam ist den Propheten die Verwendung des Bildes vom kranken Menschen als ein Paradigma zur Beschreibung des Gotteshandelns, gleichsam als ein Folgezusammenhang, also als ein Modell, das etwa folgende Punkte umfaßt: Jahwe greift direkt in das Menschenleben ein; sein Handeln hat strafenden oder heilenden Charakter; der Mensch ist versetzt an einen Ort, wo ihm Schuld zur Strafe wird und Heilung zugleich Heil.

Dieses Assoziationengefüge beruht natürlich auf dem den Propheten vorgegebenen Krankheitsparadigma, wie es die kultisch-rechtliche Theologie und die theologische Ethik der Weisheit ausgeformt haben. Doch wird es von ihnen beim Aufgreifen zerschlagen, je nachdem in einem Detailaspekt als Teilstück verwendet und durch den Zusammenhang ihrer Scheltwort-Drohwort-Heilswort-Verkündigung neu beleuchtet. So entwickelt etwa Jeremia und seine Tradition den Topos von der durch Jahwe zugefügten »unheilbaren Wunde« (z. B. 30,12f.) als Zeichen für das unentrinnbare Unheilsgeschick. Damit aber wird die Vorstellung von der realen Situation des Kranken gelöst. Diese wird zum Gleichnis göttlichen Handelns und dient zur Konkretion der Erkenntnis, daß die Beziehung Jahwes zu seinem Volk und dessen Gliedern in eine Krise gekommen ist.

5. Theologische Aussagen

Das Gottesverhältnis des Kranken suchen einige Bekenntnisaussagen zu bestimmen, die zwar nicht nur im Krankheitszusammenhang belegt sind, die aber vorwiegend sich auf Krankheitsfälle beziehen und insofern wohl aus der theologischen Reflexion über die typische Situation und Lebenskrise des kranken Menschen entstanden sind. Es handelt sich um jene zumeist zweiteilige Formel, die Leben und Sterben, Schlagen und Heilen als Gotteshandeln zusammenbindet und darin wohl – wie ihre Streuung nahelegt – den Propheten das Vorbild einer Bekenntnisaussage gewesen ist.

In je eigener Ausprägung erscheint diese Bekenntnisformel, die sog. Souveränitätsformel, in ungefährer chronologischer Reihenfolge, in 2 Kön 5,7: Der israelitische König reagiert auf die Zumutung einer Aussatzheilung mit dem entrüsteten Ausruf: »Bin ich denn (ein) Gott, der sterben lassen und leben lassen kann« (Hifilformen); in Hos 6,1 im von Hosea kritisch zitierten Diktum der zur Buße bereiten Gemeinde: »Kommt, laßt uns umkehren zu Jahwe; denn er hat uns zerrissen, er wird uns heilen; er hat geschlagen, er wird uns verbinden . . .«; in Dtn 32,39f., im sog. Moselied, einem prophetischen Text: »Seht nun, daß ich, ich es bin und kein Gott ist bei mir! Ich bins, der sterben läßt (Hif.) und lebendig macht (Piel). Ich habe zerschlagen und ich werde auch heilen, und niemand errettet aus meiner Hand«; in 1 Sam 2,6, dem Dankpsalm der Hanna: »Jahwe läßt sterben (Hif.) und macht lebendig (Piel), läßt zur Unterwelt niedersteigen und führt herauf (Hif.). Jahwe läßt arm und reich werden, er erniedrigt (Hif.) und erhöht auch (Piel)«; in Hi 5,18f., im Rat des Eliphas an Hiob: »Denn er tut weh und er verbindet, schlägt Wunden, doch seine Hand heilt. Aus sechs Nöten errettet er dich, in der siebten trifft dich nichts Böses . . .«; schließlich als der wohl wichtigste Bekenntnissatz in unserem Zusammenhang aus einer redaktionellen (dtr) Ergänzung in Ex 15,26 (der Erzählung vom »Bitterquell« Mara): »Ich bin es, Jahwe, der dich heilt«. Mißverständlich ist die übliche Übersetzung der letzten Stelle: »Jahwe, dein Arzt«, weil es in Israel Ärzte im heutigen Sinne, und nicht nur Wundärzte und »Flicker« erst in der alttestamentlichen Spätzeit gab. Dabei ist von größter Bedeutung, daß im kanaanäischen Umkreis das ugaritische Äquivalent (rapi'u »Arzt, Heiler, Heiland«) ein Ehrentitel lebender Könige wie Epitheton des Gottes Baal war[62], ein Titel, den Ex 15 eben jener Gottheit entreißt und für Jahwe allein in Beschlag nimmt[63].

Dieses Bekenntnis, dessen formelhafter Stil (partizipialer Hymnenstil, Polarität, Ich-Aussagen, Negationen) seine Verbreitung und Bedeutung signalisiert, bringt folgende wichtige theologischen Aspekte einer Krankheitsdeutung zum Ausdruck:

(1) Die exklusive Zuständigkeit Jahwes.
Gegenüber allen anderen magischen, dämonistischen und auch medizinischen Vorstellungen über Krankheitsentstehung vertritt diese Formel das Solus Jahwe, sowohl, was die Verursachung, wie, was die Heilung von Krankheit betrifft, und das ohne Einschränkung. Man vergleiche nur das stark betonte und herausgestellte Ich (Ich, ich allein bin es!) in Dtn 32,39 und Ex 15,26. Es ist anzunehmen, daß dieses Axiom auf der Basis des ersten Gebots (Ex 20,2f. Par) entstanden ist.

(2) Die Totalität der Macht Jahwes über das Leben.
Die zweiteilige Formel umfaßt nach dem Stilgesetz des Merismus die Gesamtheit der Phänomene zwischen »Leben« und »Sterben« und führt insofern alles Krankheitsgeschehen direkt auf Jahwes Wirken zurück: der »Aussatz« des Damasceners, die Kinderlosigkeit Hannas, Hiobs Krankheit, die ägyptischen Plagen, die Pest – »seine Hand hat uns getroffen, nicht Zufall war es, was uns geschah« (nach 1 Sam 6,9).

(3) Die allzeitige Abhängigkeit alles Lebens von Jahwe.
Ist Leben in der Balance zwischen Gottes Wirken zum Leben und Gottes Wirken zum Tod, Krankheit demnach eine Gleichgewichtskrise, die nur durch jahweeigene Gegenkräfte aufgefangen werden kann, bleibt die Existenz des Menschen ständig in der Schwebe, über dem Abgrund gehalten, oder mit den Worten der Souveränitätsformel: in Jahwes Hand (Dtn, Hos, Hi). Der schwebende, zeitlose hymnische Stil drückt die Unverbrüchlichkeit dieses Zustandes aus. So ist es, so wird es immer sein!

Dieses Bekenntnis, das als Selbstoffenbarung Jahwes, als hymnische Prädikation und als Doxologie, als theoretische Definition der Gottheit ('elohîm 2 Kön 5,7), als polemische These auftritt, ist in jedem Fall ein letzter theologischer Satz über die Krankheit. In ihm gipfelt gleichsam die Reflexion über dieses Thema im Alten Testament. In ihm wissen sich die hier skizzierten alttestamentlichen Krankheitsaussagen einig und finden sie ihren gemeinsamen Nenner. Die theologische Spannkraft dieser Spitzenformel tritt in grelles Licht, wenn man abschließend zum Vergleich eine Abbildung auf einem Rollsiegel aus Ur (um 2200 v. Chr.) betrachtet (S. 55)[64]. Zwei Szenen stehen nebeneinander. Auf der ersten hält ein geflügelter Dämon zwei hilflose Menschenwesen nieder und trampelt mit Raubvogelfüßen auf einem dritten herum. Ein Krankheitsdämon tyrannisiert die Menschen. Die zweite Szene zeigt den Son-

Abdruck eines Rollsiegels aus Ur, 3. Jt. Nach O. Keel, Die Welt der altorientalischen Bildsymbolik und das AT, S. 68, Nr. 90 a. Mit freundlicher Genehmigung des Benziger Verlags Zürich, Köln 2. Neuauflage 1977.

nengott, kenntlich an seinen Lichtstrahlen, dem ein Helfer jenes Krankheitsdämons gewaltsam vorgeführt wird. Krankheit und Heilung fallen demnach in verschiedene Zuständigkeiten, sind abhängig vom Spiel und Kampf göttlicher Mächte widereinander. Alttestamentlich gibt es nur eine Zuständigkeit: Krankheit und Heilung sind auf eigene Weise personalisiert als Handlungsweisen und Ereignisformen der Präsenz Jahwes bei seinem Volk.

III. Besondere Krankheitsfälle – Konkretionen

1. »Aussatz«
Das Problem des traditionell sogenannten Aussatzes, also der Krankheit, die in den biblischen Schriften hebräisch ṣaraʿat, griechisch *lepra* genannt wird und in beiden Kanonteilen eine zentrale Rolle spielt, kann nach einigen neueren medizin-historischen Untersuchungen – vor allem von E. V. Hulse[65] – als weithin geklärt gelten. Danach kann als gesichert angesehen werden, daß (1) der biblische Aussatz (*ṣaraʿat, lepra*) mit der von der modernen Medizin Lepra genannten, von dem Arzt G. H. A. Hansen 1868 entdeckten Krankheit nichts zu tun hat. Diese Krankheit war in der Antike in Indien bekannt und ist wahrscheinlich erst von den

Truppen Alexanders des Großen in den vorderen Orient eingeschleppt worden. Frühere Zeugnisse sind für den alten vorderen Orient trotz umfassender Untersuchungen von Schädeln, an denen Lepra Spuren hinterläßt, nicht nachweisbar. Die eingeschleppte Krankheit hieß bei den Griechen *elephas* (Elephantiasis). Erst im Mittelalter kam es zu einer Gleichsetzung von *lepra* (bisher etwa: »schuppiger, weißer Ausschlag«) mit *elephantiasis,* zuerst bei dem arabischen Arzt Johannes von Damaskus (777–857) belegt, und beide Begriffe wurden synonym, was bis heute verheerende Wirkungen dadurch auslöste, daß unter christlichem Einfluß die biblische Ächtung des Aussätzigen auf den Leprakranken übertragen wurde. So sah sich die World Health Organisation – wie manche Staaten – genötigt, der Verwendung des Begriffes Lepra, Aussatz entgegenzuwirken, um die inhumanen Folgeerscheinungen der an Lepra Leidenden zu unterbinden[66]. Es kann auch als gesichert gelten (2) daß, die alttestamentliche ṣaraʿat – etymologisch und diagnostisch scharf und zutreffend beobachtet – »Wespenstich« genannte Krankheit[67] an allen Stellen des Alten Testaments, gleichwie die neutestamentlich *lepra* genannte Krankheit eine Reihe von Hauterkrankungen umfaßte, die nach den sehr brauchbaren und keineswegs obsoleten Beschreibungen und Differenzierungen von der heutigen Medizin als Psoriasis (Schuppenflechte) und gelegentlich, neben weniger eindeutigen, in einigen Symptomen verwandten Hautkrankheiten (Ekzemen, Rosen, Wucherungen, Ausschlägen), vor allem auch als Favus oder Vitilligo bestimmt werden können. Psoriasis ist eine chronische, nicht ansteckende Hautkrankheit, die sich durch gutmarkierte, leicht erhöhte rötliche Flecken unterschiedlicher Größe auszeichnet, die mit trockenen gräulich-weißen oder silbrigen Schuppen bedeckt sind. Die entzündeten Stellen jucken, und wenn sie abgekratzt werden, gehen die Schuppen in Flocken ab und lassen eine feuchte, rötlich-scheinende Fläche mit winzigen blutenden Punkten – wie Insektenstiche – zum Vorschein kommen[68]. Vitilligo oder Favus ist eine medizinisch gesehen weit gefährlichere Erkrankung der Kopfhaut und des Haares mit gelber Verkrustung rund um einzelne Haare, die die tiefer liegenden Gewebe der Haut erfaßt, Haarausfall bewirkt und einen glatten, glänzenden, dünnen, weißen Fleck hinterläßt. Favus wird vor allem nach Lev 13,29–37 als Form von ṣaraʿat bestimmt, wiewohl noch durchscheint, daß hier eine besondere Krankheit vorliegt (hebräisch *neteq*).

Die Symptome von Psoriasis – ṣaraʿat gibt das Alte Testament wieder durch den üblichen Vergleich »(flockig, nicht weiß) wie Schnee« (Ex 4,6; Num 12,10b; 2 Kön 5,27) – bezogen auf die flockigen Schuppen, durch den einmaligen, aber nach Hulse genau zutreffenden Vergleich der kranken Hautstellen mit einer Totgeburt (Num 12,12) und in den Differentialdiagnosen von Lev 13, die den Priester in den Stand setzten, ṣaraʿat von ähnlichen, aber nicht kultisch verunreinigenden Krankheiten zu unterscheiden. Die Kriterien sind hauptsächlich silbrige Schuppen, fleischfarbener Untergrund, weiß gepuderte, nicht verfärbte Behaarung an den entzündeten Stellen. Ṣaraʿat wird von der Septuaginta und dem Neuen Testament darum zu Recht mit *lepra* (die »Weißschuppige)« wiedergegeben: *lepis*, ›Schuppe‹, *lepo*, ›schälen‹ – trifft die Charakteristika von Psoriasis (s. B. III. 2).

Die alttestamentlichen Zeugnisse geben trotz ihrer historisch unterschiedlichen Einordnung insgesamt ein recht genaues Bild von der Situation des Aussätzigen, d. i. des hautkranken Menschen.

Num 12 erzählt von Mirjams plötzlicher Erkrankung. Sie wurde aussätzig »wie Schnee«. Ihr Anblick veranlaßt die Bitte an Mose, für sie zu beten, daß sie nicht mehr sei »wie das Tote, wie eine Fehlgeburt beim Austritt aus dem Mutterschoß, deren Fleisch schon halb verwest ist«. Mose schrie zu Jahwe und erhielt die Antwort, es verhalte sich bei der aussätzigen Mirjam wie bei einem vom Vater angespieenen, dadurch gestraften und öffentlich angeprangerten Mädchen: Es muß sich sieben Tage »schämen« und »aus dem Lager« ausgeschlossen bleiben und kann erst dann – die Heilung ist vorausgesetzt – wieder in die Gemeinschaft des »Lagers« aufgenommen werden.

Die sehr archaisch anmutenden Züge, vor allem die sonst alttestamentlich nicht bekannten Vorstellungen und Verhaltensformen, lassen erkennen, wie man im alten Israel diesen Fall ansah und wie man verfuhr. Psoriasis – Aussatz galt als Strafe und Schande, wohl auch als Todesdrohung, wie der Vergleich mit der Totgeburt zeigt, jedenfalls als Unreinheit höchsten Grades. Eine durch Fürbitte vermittelte Heilung zog vor allem Wiederaufnahmeriten nach sich. Aussatz war in erster Linie ein kultisch-religiöses und d. h. soziales Problem.

Num 5,1ff. und Dtn 24,8 machen in ihrem Mahncharakter deutlich, daß Neigung bestand, einen Aussatzfall wegen seiner ernsten Folgen geheim zu halten oder jedenfalls zögernd zu behandeln. Die Umwelt stand ja auch vor einem Gewissenskonflikt.

Wann und wodurch diese Hauterkrankung in Israel zu jener Bedeutung kam, die die Überlieferung ihr zuschrieb, ist schwer zu sagen. Es kann auch an der Zufälligkeit der erhaltenen priesterschriftlichen Stoffe in Lev 12–15 zur Reinheitsgesetzgebung liegen, daß ihr dieses Gewicht zuwuchs. Lev 13–14 jedenfalls bietet die Priesterlehre dar, die zur Unterscheidung der Haut- und Oberflächensach-Beschädigungen nötig waren, um den ṣaraʿat-Fall als kultisch verunreinigend zu erkennen und zu beurteilen. Die sieben Abschnitte in Lev 13,1—44 geben die verschiedenen Untersuchungen, Differenzierungskriterien, Tests und Fallbeschreibungen wieder, die dazu nötig erschienen.

»Allerdings ist auch der ... Grundbestand kaum von Anfang an ein völlig einheitliches Gebilde gewesen, sondern, wie es sich an Einzelheiten zeigt, das Ergebnis eines Wachstumsprozesses, in dessen Verlauf zu dem Thema der Verunreinigung durch Hautkrankheiten und den danach erforderlichen Reinigungsmaßnahmen das wichtig Erscheinende niedergeschrieben und dann durch weitere Einzelheiten ergänzt worden ist« (M. Noth)[69]. Vor allem das große Reinigungskapitel Lev 14 zeigt eine Zug um Zug hinzuaddierte, zu großer Fülle angewachsene Zahl von Ritualien für den Fall der Heilung, die kaum alle praktiziert wurden. Es hatte wohl nur eine Kumulation von Stoffen zum Thema dargestellt, ehe es in das priesterschriftliche Reinigungskonzept einbezogen wurde[70].

Lev 13 ist so aufgebaut, daß zunächst in einem ersten Abschnitt V. 2—4 Weisungen für den Normalfall gegeben werden. Bei Verdacht auf ṣaraʿat-Aussatz – wenn sich Schwellungen, Ausschläge und Flecken auf der Haut zeigen – ist der Betreffende von dem Priester zu untersuchen. Dabei ist auf zwei Symptome zu achten: (1) ob sich die Haarfarbe an dem Mal in Weiß verwandelt hat (infolge der Schorfabsonderung) und (2) ob die Stelle (wohl nach dem Abkratzen der Kruste) tiefer erscheint als die umgebende Haut. Trifft beides zu, ist es ein ṣaraʿat-Mal. Der Priester hat den Betreffenden für kultisch unrein zu erklären, indem er die dafür üblichen Formeln spricht.

Einen 1. Unterfall behandelt V. 5—8: Die beiden Symptome sind nur zum Teil oder gar nicht erkennbar. Die Weißfärbung der Haare und die Vertiefung sind nicht festzustellen. Dann muß der Aussatz-»Fall« abgesondert und nach sieben Tagen wieder vorgeführt werden. Ist der Befund unverändert, ist dasselbe Verfahren zu wiederholen. Ist das Mal verblaßt und hat sich nicht weiter ausgebreitet, kann der Kranke für rein erklärt werden. Er hat sich zu waschen und ist wieder rein. Sollte sich dennoch zeigen, daß sich das Mal weiter ausbreitet, muß er wieder neu untersucht werden.

Ein 2. Unterfall wird in V. 9—17 beschrieben, der in gewisser Weise mit dem Normalfall konkurriert (neue Einleitung). Statt des oben genannten (2) Symptoms (Hautvertiefung) wird ein anderes, nämlich die fleischfarbene Wucherung an der Schwellung genannt.

Es handelt sich um die Sonderform des »veralteten«[71] oder »schlafenden«[72] Aussatzes. Dieser Befund entspricht normaler *ṣaraʿat*, nicht aber, wenn dieser Befund am ganzen Körper festzustellen ist (also etwa bei Dermatitis oder Scharlach). Dann nämlich liegt nicht biblisches *ṣaraʿat* vor. Der Kranke ist kultisch rein.

Der 3. Unterfall (V. 18—25) behandelt *ṣaraʿat* als Folge von (abgeheilten) Geschwüren. Die Narbe ist nach den beiden Hauptmerkmalen zu untersuchen.

Einen Sonderfall (4.) bilden Brandwunden (V. 24—28). Auch hier ist nach den Hauptsymptomen zu entscheiden.

In V. 29—37 wird ein (5.) neuer Fall angeführt. Hier geht es um eine Hauterkrankung am Kopfhaar- oder Bartbereich, die von dem Normalfall unterschieden wird. Die Symptome sind Hautvertiefung und goldgelbe Verfärbung des (dünnen) Haares. Es handelt sich um *neteq* (eigener Terminus) = Favus (Krätze o. ä.). Sie gilt als Parallelfall zu *ṣaraʿat* (vgl. Lev 15,54, beide Termini nebeneinander aufgeführt).

Von der *ṣaraʿat*-Gruppe zu unterscheiden ist der (6.) Fall (V. 38/39) eines bloß weißen Ausschlages (wahrscheinlich Leukoderma).

Ein letzter (7.) Sonderfall ergibt sich (V. 40—44) durch die Unterscheidung von normaler Kopfkahlheit und Kopfaussatz, der sich auf der Glatze als weiß-rötlicher Fleck zeigt und wie Körperaussatz aussieht. Es ist entsprechend zu verfahren[73].

Die komplizierten Reinigungsverfahren bei *ṣaraʿat*-Aussatz, die Lev 14 zusammenstellt, können hier nur aufgezählt werden: Nach erfolgter Heilung hat sich der Patient einer Untersuchung durch den Priester zu unterziehen. Dann folgen 1. Reinigungsriten und 2. Opferhandlungen (V. 2—3). Zum ersteren gehörte: der Zweivögelritus, zweimaliges Waschen der Kleider, Scheren der Haare, Waschungen des Körpers im Siebentage-Abstand (V. 4—9).

Letztere bestanden aus dem Schuldopfer, dem Blut- und Ölritus sowie der Opfertrias Sünd-, Speis- und Brandopfer (V. 10—20). Bei Armut war ein Nachlaß möglich (V. 21—31).

Ein merkwürdiges Phänomen ist, daß ein *ṣaraʿat*-Befall auch an Stoffen (13,47—59) und Häusern (14,34—53) auftreten konnte. In der Übertragung zeigt sich jene tiefverwurzelte Vorstellung, daß Oberflächenverletzungen bei Menschen und Gegenständen das Numinose einer Erkrankung besonders drastisch vor Augen führte, sozusagen als der Einschlagstelle gefährlich-übernatürlicher Mächte. Nicht umsonst galten Hautkrankheiten als besonders brisante Fälle in kultischer und religiöser Hinsicht. Der medizinische Aspekt spielte nur eine untergeordnete Rolle[74].

Von der sozialen Situation des *ṣaraʿat*-Kranken war schon die Rede

(I.2). Sie ist in Lev 13,45 f., aber auch in Num 12; 2 Kön 5; 7; 15 und im Neuen Testament plastisch geschildert. Da man sich unter dem Eindruck des Lepra-Kranken gewöhnlich ein falsches Bild macht, sei hier aus einer modernen Krankheitsbeschreibung von Psoriasis zitiert:

». . . unfähig sein, die Ärmel hochzukrempeln und sich öffentlich zu waschen; die Schule meiden, keinen Sport treiben, keine Ferienfreude an Küste und auf See; eine Spur silbriger Schuppen im Haus und Blutflecken auf Papier hinterlassen und den öffentlichen Blickfang fürchten müssen – das ist ein grausames Schicksal« (nach J. T. Ingram)[75].

In gemäßigten Zonen hat Psoriasis eine Häufigkeitsquote von 1–2%. Auf das alte Israel angewandt, ergäbe das bei einer geschätzten Gesamtbevölkerungszahl der beiden Staaten in der Königszeit (mehr konnte Palästina wohl nicht ernähren) von ungefähr 1 Million, etwa 10–20000 Fälle. Das hieße, daß etwa in Samaria kurz vor der Zerstörung durch Sargon II. 721 bei ungefähr 30000 Einwohnern ca. 300 Menschen davon betroffen waren (nach R. de Vaux)[76]. Es gab also in jeder größeren Ortschaft mindestens einige Aussätzige. Die Zahl macht die relative Häufigkeit in den alttestamentlichen Zeugnissen plausibel. Doch ist diese Berechnung nicht unproblematisch. Denn es ist wahrscheinlich, daß die Krankheit in wärmeren Zonen weniger häufig vorkommt. Schließlich ist auch zu bedenken, daß ṣaraʿat-Favus weit gefährlicher für Leben und Gesundheit sein konnte. Die priesterschriftliche Reinheitstheorie mit ihrem Denken in sakralen Räumen weist ebenfalls diesen Hauterkrankungen insgesamt (negaʾ ṣaraʿat) einen Ort zu, der näher beim Tod als beim Leben lag (B. III. 2).

2. König Saul

König Saul litt nach herkömmlicher Auffassung an Schwermut oder Melancholie, jedenfalls an einer seelischen Krankheit[77]. Und in der Tat, nach den von ihm ausgesagten Reaktionen zu urteilen, scheint es sich um eine Art Depression gehandelt zu haben. Wenn der böse Geist (1 Sam 16,16; 18,10; 19,9) von Jahwe her (16,14) über ihn kam, nachdem – wie 1 Sam 16,14 es deutet – der gute Geist Jahwes von ihm gewichen war, wurde er dadurch in Schrecken und Angst versetzt, gebärdete sich auch gelegentlich wie ein Prophet und tobte »in seinem Haus« (18,10). Nur wenn ihm David auf der Leier vorspielte, schien die Musik ihn zu beruhigen. Es ging ihm wieder besser; er fühlte sich erleichtert und befreit (16,23): Der

Erzähler sagt: der böse Geist war von ihm gewichen. Konkreteres geben die Texte nicht her. Interessant ist der Versuch einer Musiktherapie, die offenbar ihre Wirkung zeitweise nicht verfehlte. Das Bild des schwermütigen Königs aber hat sich dem Gedächtnis der Nachwelt eingeprägt.

Es ist hier Anlaß und Gelegenheit, ein Weniges über die Situation eines kranken Königs im alten vorderen Orient zu sagen. Denn die Krankheit eines Herrschers mußte, in welchem Kulturkreis auch immer, den sozialen und sakralen Status tangieren und hatte demgemäß Konsequenzen, die weit ins Politische hineinragen. Ja, der Wohlstand des ganzen Volkes, nicht nur der Dynastie, stand auf dem Spiel, wenn sein Repräsentant von Krankheit gezeichnet war. Im Alten Testament fehlen uns explizite Beispiele dafür, sieht man einmal von Davids Kind (2 Sam 12) und dem aussätzigen Usija (mit Sonderstatus! 2 Kön 15) ab. Jedoch das in Ugarit gefundene KRT-Epos hat eben jenes Problem mit allen seinen Konsequenzen für ein altkanaanäisches Königtum zum Thema gemacht, insofern steht es in einer fernen Analogie zu der Hiobdichtung, wo ein ähnliches Problem debattiert wird, doch unter anderen Aspekten, wie sich von selbst versteht. Auch das späte, in Qumran gefundene Fragment mit dem »Gebet Nabonids« (4QOrNab) kann im Zusammenhang mit der Legende und sog. Epistel Nebukadnezars in Dan 3,31 − 4,34 hierzu beitragen. Im ganzen ist dieses Gebiet noch zu wenig erforscht, als daß sich Konkreteres abzeichnen würde.

3. Ezechiel

Die Merkwürdigkeiten, die die Tradition aus dem Leben des Propheten Ezechiel zu berichten weiß, haben zu der Frage Anlaß gegeben, ob nicht die auffallende Erscheinung dieses Propheten die Grenze der Normalität so weit überschreitet, daß pathologische Ursachen gesucht werden müssen. An dieser Untersuchung hat sich unter namhaften Gelehrten auch K. Jaspers mit einem Beitrag beteiligt: »Der Prophet Ezechiel. Eine pathographische Studie« (1947)[78]. War die an dieser Frage interessierte Forschung bestimmt von A. Klostermanns 1877[79] publizierter Erkenntnis, Ez 3 − 24 sei das Tagebuch eines Kranken, der an Lähmungen leide; ja, dieses sein Leiden sei auf Grund der wiederholten Redeunfähigkeit und Gelähmtheit je einer Körperseite (Ez 4,4 ff.) als Zeichen von »Hemiplegie« im ganzen als Katalepsie einzuordnen, entstanden aus seelischen Ursachen, so suchte Jaspers seinerseits im Prophetenbuch – als Krankheitsbericht verstanden –, wie andere vor ihm[80], den typischen Verlauf einer Schizophrenie zu erkennen.

Auf die Fragwürdigkeit solcher Textbetrachtung und -auswertung hat W. Zimmerli mit Recht hingewiesen und zugleich aufgezeigt, wie schwer es ist, die Gestalt des »historischen« Ezechiel im Schichtenkomplex des überlieferten Buches zu finden, und daß es geradezu unmöglich ist, aus dem tradierten Gesamtbestand ein einheitliches, profiliertes Krankheitsbild zu gewinnen[81].

Dazu kommt, daß gerade die als Krankheitssymptome ausgewerteten Erscheinungen jeweils in Partien stehen, die ausgesprochenen Verkündigungs- bzw. Demonstrationscharakter haben: Symbolhandlungen (390 Tage Liegen auf der linken, 40 Tage auf der rechten Seite – um Israels 390jährige und Judas 40jährige Schuld »abzutragen«, 4,4 ff.) und Ritualhandlungen (Schweigen ist eine Phase des Trauerrituals, 24,15 ff.)[82]. »All diese Züge körperlicher Schwachheit, die sich mit der Sensibilität eines Mannes, der von Bildern und Gesichten überfallen und bis ins Körperliche hinein zum Miterleben genötigt wird, reichen schwerlich aus, mit einem in der Medizin am ›normalen Kranken‹ gewonnenen Schlüssel dem Propheten eine bestimmte Krankheitsdiagnose zu stellen.« So bleibt nur die Möglichkeit krankhafter oder krankheitsähnlicher Zustände, die hinter der anhaltenden »Gebundenheit« von 4,4 ff. stehen mag – zu wenig, um zu einem deutlichen und konkreten Bild zu kommen[83].

4. Der Gottesknecht (Jesaja Kap. 53)

Die Leidensbeschreibungen des Gottesknechts (*'ebed* Jahwe) bei Deuterojesaja, jener Gestalt, die in den sog. Gottesknechtsliedern (Jes 42,1–4; 49,1–6; 50,4–9; 52,13–53,12) im Mittelpunkt steht und in der zunehmend deutlicher Züge dieses anonymen Exilspropheten selbst erkennbar werden[84], schildern ihn als einen von Krankheit geschlagenen »Mann der Schmerzen« (53,3), dessen abstoßendes Äußeres die Mißachtung, ja Verachtung seiner Mitmenschen hervorgerufen hat (53,2 f.). Daß er »aussätzig« gewesen wäre – wie B. Duhm gemeint hat, auf den die Ausgliederung der oben genannten Texte zurückgeht –, ist dem Wortlaut nicht zu entnehmen. Die dafür übliche Bezeichnung (*ṣaraʿat*) fehlt in Jes 53. Wohl aber ist zu erwägen, ob er nicht von früh an körperbehindert war, wodurch sich die Betonung seiner nicht mehr menschlichen, also anormalen Erscheinung erklären ließe: »Entstellt, nicht mehr menschlich war sein Aussehen und seine Gestalt nicht wie die der

Menschen!« (52,14) und: »Er wuchs auf vor uns wie ein Schoß, wie eine Wurzel aus dürrem Erdreich; er hatte weder Gestalt, Schönheit, daß wir nach ihm geschaut, kein Ansehen, daß er uns gefallen hätte« (53,2). Dies war der Grund für die fromm motivierte Mißachtung: »Wir aber glaubten, er sei gestraft, von Gott geschlagen und geplagt«, »wie einer, vor dem man das Antlitz verhüllt, so verachtet, daß er uns nichts galt« (53,4.3). Diese Verachtung durch seine Glaubensgenossen brachte ihm – wenn man die Andeutungen so verstehen darf – weiteres zusätzliches Leiden ein. Er wird von den babylonischen Behörden (?) in Haft genommen, verurteilt und hingerichtet und als ein Verbrecher verscharrt (53,7 ff.). Die Kette seiner Leiden endet im Tod.

Der Gemeinschaft, die in Jes 53 zu Worte kommt, ist post mortem aufgegangen, was es mit diesem Schicksal auf sich hat. Ihr bekenntnisartiger Zeugenbericht vor dem himmlischen Gericht – und Jes 52,12 – 53,13 gibt eine himmlische Gerichtsversammlung wieder[85] – beschreibt den Lebensgang des prophetischen Knechtes mit Elementen des Bußklageparadigmas[86] wie auch seine ganz unerhörte und einmalige Erhöhung mit metaphorisch verwendeten Vorstellungen der Heilungsrestitution (53,10, falls der schwierige Text so zu verstehen ist[87]). Darum sind manche Züge ihrer Darstellung typisiert, und der Knecht wird so zum Urbild des leidenden Menschen überhaupt. Insofern ist es müßig, nach etwaigen Krankheitssymptomen zu suchen. Wohl aber vereinen sich in jenem Passionsgemälde Aspekte menschlichen Leidens und verdichten sich zu einem Bild, das in der Verflechtung von Schuld–Strafe–Leiden–Tod einen Sinn erkennen läßt, der alle Vorstellungskraft übersteigt: »Fürwahr, unsere Krankheiten hat er getragen und unsere Schmerzen auf sich geladen; die Strafe lag auf ihm zu unserem Heil, und durch seine Wunden sind wir geheilt« (53,4)[88].

5. Der Fall Hiob

Sowohl für die Lehrerzählung in Prosa (1 – 2; 42) wie für die Dialogdichtung ist Hiob ein fiktiver Fall, Lehrbeispiel und Modell, so daß es eigentlich müßig ist, eine Diagnose seiner Krankheit zu versuchen. Man kann das nur in der eingeschränkten Weise tun, daß man danach fragt, wie sich Erzähler und Dichter das schwere körperliche Leiden Hiobs vorgestellt haben. Die Diskussion über diese Frage leidet an der allzu großen Naivität, in der man den weisheitlichen Verfassern fest umrissene und diagnostizierbare Krankheitsbilder unterschob. Die Frage, die allein interessant schien: Aussatz oder nicht, war zudem mit der ganzen Schwere des ṣaraʿat-Problems belastet. Darf man (nach III. 1) diese Überbürdung im Sinne von Aussatz = Lepra aufgeben, bleibt nicht sehr viel an konkreter Anschauung, doch jedenfalls offensichtlich genug, um die Situation als die eines von schwerer Krankheit heimgesuchten Menschen zu charakterisieren, die jedermann aus eigener Erfahrung unmittelbar zugänglich war und die deshalb zum Gegenstand der Lehre und zum Anlaß weitreichender Reflexionen werden konnte.

Nach der Erzählung vom frommen Dulder Hiob (3,1) bestand die ex definitione nicht lebensgefährliche Erkrankung – »nur seines Lebens schone!« (2,6) – darin, daß er über und über, »von der Fußsohle bis zum Scheitel«, mit »bösem Geschwür« bedeckt war (šᵉhin), eine Angabe, die nach Lev 13,18–23 nur als Voraussetzung und Disposition für eine daraus möglicherweise erwachsende Aussatzerkrankung anzusprechen wäre. Dieselbe Bezeichnung dient bei der Beschreibung der Krankheit Hiskias (2 Kön 20,7; Jes 38,21) und auch für die hinter Dan 4 stehende, in dem außerkanonischen Qumranfragment überlieferte Erkrankung Nabonids: »niedergeschlagen von bösartigem Geschwür auf Befehl des höchsten Gottes«[89]. Es wird erzählt, Hiob habe sich mit einer Scherbe in die Asche gesetzt. Die griechische Übersetzung erklärt ergänzend, es handele sich hier um den Müllhaufen »außerhalb der Stadt« (sie denkt sich Hiob in einer Stadt wohnend), der *mezbele* der syrisch-palästinischen Ortschaften – dazu A. Musil: »Dauert die Krankheit länger, so tragen ihn seine Verwandten in der trockenen Jahreszeit hinaus auf die hohen wallförmigen Kehrichthaufen vor den Ortschaften, richten über ihm ein Schattendach, indem sie auf vier Stangen eine Decke befestigen, und hier liegt er oft ganze Tage und Nächte. Von da sieht er auf die umliegenden Felder, auf das Dorf, sein Auge streift in die weite offene Steppe und Wüste . . .« (Arabia Petraea III)[90]. Wie gesagt, es ist die Vorstellung der Septuaginta. Der hebräische Text will nur zum Ausdruck bringen, daß Hiob sich vor den Schlägen, die ihn getroffen haben, beugt in »Staub und Asche« (42,6).

Der Erzähler führt die Erkrankung auf einen Schlag des himmlischen Anklägers und Satans zurück, den dieser unter höchstinstanzlicher Zulassung zur Überprüfung der Frömmigkeit Hiobs führt. Der Ankläger ist der Meinung, für Hiob seien Gesundheit und Leben die höchsten Güter, die er mittels seiner Frömmigkeit zu erhalten trachte. »Haut um Haut! Alles was ein Mensch hat, gibt er um sein Leben. Aber strecke deine Hand aus und rühre sein Gebein an und sein Fleisch!« (2,4 f.). Hiob besteht diese Prüfung.

Er hält unbeirrt an seinem Glauben fest: »Das Gute nehmen wir an von Gott, und das Böse sollten wir nicht annehmen?« (2,10). Er reagiert, wie es Jahwe von ihm gesagt hat, und wird so zum Vorbild der Weisheits-, Glaubens- und Lebenslehre, dem sie ein gutes Ende hinzufügen kann.

Hiob findet Heilung, Schadenserstattung und Rehabilitation. Das erste wird nur beiläufig erwähnt, eben zusammen mit der Restitution nach dem altisraelitischen Ersatzrechtsprinzip des Doppelten – Hiob erscheint als der von Gott Geschädigte[91] – und unter Verwendung der politisch vorgeprägten Wendung: das Geschick wenden (*šûb šᵉbût*). Denn Hiobs Fall gilt als Theopolitikum, an dem sich Gottes Rechtlichkeit erweist. Der dritte Aspekt seiner Wiederherstellung gewinnt besondere Bedeutung. »Da kamen zu ihm alle seine Brüder und Schwestern und alle seine alten Bekannten, und sie aßen mit ihm in seinem Haus und bezeigten ihm Beileid und trösteten ihn wegen all des Unglücks, das Jahwe über ihn gebracht hatte, und sie gaben ihm ein jeder eine Qesita (Geldstück) und einen goldenen Ring« (42,11). Das viel verspottete Verhalten der verspäteten Verwandtschaft mag Anlaß zu literarkritischen Operationen sein[92]. Dennoch scheint es besser in den Handlungsablauf zu passen, als man gedacht hat. Es geht ja nicht mehr um einen nachgeholten Kondolenzbesuch (im Sinne modern-bürgerlicher Gewohnheit), vielmehr um die durch den Besuch vollzogene Wiederaufnahme in die Gemeinschaft, um die Rehabilitation des Genesenen, die in der Regel durch kultische Ritualformen, insbesondere die kultische Mahlfeier realisiert wird. Da ein Opfer bereits vorausging (42,7), ist hier an den zweiten Teil des Restitutionsvorganges zu denken, der in diesem Fall sich als gemeinsames Mahl in häuslichem Kreise vollzieht. Damit kehrt der Kranke in das Leben zurück. Er stirbt alt und lebenssatt.

Ein ganz anderer Hiob begegnet uns in den Dialogen (3–42). Der Dichter deckt hier die Innenseite des Leidens auf und thematisiert in dramatischer Ausgestaltung der Situation ein Problem. Dieses Problem ist zugleich Thema der altorientalischen Literaturgattung vom »leidenden Gerechten«. Drei Hauptwerke sind zu nennen: Ludlul bēl nēmeqi (»Ich will preisen den Herrn der Weisheit«), die berichtende Version der leidenden Gerechten (Louvre-Version) und die sumerische Hiobdichtung (»Man and his God«). Doch geht es im Hiobdialog letztlich um Tiefendimensionen des Jahweglaubens. Was hier in »dramatisierter Klage« (C. Westermann[93]) in verschiedenen Redeformen und Rederichtungen als Fluchklage, Bußklage, Feindklage, Anklage von seiten Hiobs und als Lehre, Ratschlag, Mahn- und Scheltrede von seiten der Freunde laut wird, was in den Worten Hiobs von Anfang an und mit wachsender Dringlichkeit zur Anrede und Herausforderung Gottes wird, was auf diesen unendlich langen Reflexionsgängen zur Debatte steht, ist die anläßlich einer Krankheit aufgebrochene Frage, wie man sich denn in solcher Lage zu verhalten habe[94]. Es ist ein praktisches Problem, die Frage nach dem Weg *(derek)*, dem Ausweg aus dem Dilemma, aus dem Labyrinth des Leidens. Diese Lebensfrage ließe sich nach unseren Denkvoraussetzungen aufteilen in die theoretische Frage nach dem Verstehen des Geschehenen, dem Einordnen und Einschätzen der Leidenserfahrung im hergebrachten Ordnungssystem, und zwar mit Hilfe der vertrauten Kategorien und Vorstellungen, so daß ein einsehbarer Zusammenhang entsteht und ein Verständnis möglich wird. Auf diesem Felde vertreten die Freunde jenes traditionelle Denkraster, das die logische Linie nach festeingefahrenen Rechtsanalogien von Krankheit zu Schuld führt, also an Strafe denkt, die wiederum als Gottesstrafe unter dem Formalgesetz unfehlbarer Richtigkeit steht. Alle Äußerungen der Freunde in allen Phasen der Auseinandersetzung sind von dieser Grundlinie bestimmt bis hin zu Unterstellungen, die sich als Konsequenz und Postulat aus dieser Denkstruktur ergeben.

Der Hiob des Dialogs vermag dieses Denkmodell für seinen Fall nicht einfach zu übernehmen. Zwar kennt und billigt er grundsätzlich die erste dem Schema zugrundeliegende Prämisse: Gott ist der Urheber des Leidens. Doch die andere: Leiden ist gerechte Strafe für Schuld oder: Gott straft gerecht vermag er in seinem Fall nicht anzuerkennen, weil er Schuld nicht willentlich und bewußt auf sich geladen hat. Die Dimensionen einer Leidenserfahrung lassen sich mit der Elle des dogmatischen Schemas nicht messen. Darum entsteht auch der Dissens bei dem anderen, dem praktischen Aspekt des Problems, der Frage nach dem entsprechenden Verhalten angesichts der Krankheitssituation. Welche Möglichkeiten und Chancen sich in solcher Lage grundsätzlich ergaben, ist früher schon zur Sprache gekommen. Das übliche, von Kult und Seelsorge des Jahweglaubens immer schon angebotene und auch von den Freunden angeratene Verhalten bestand in dem, was wir mangels eines hebräisch adäquaten Begriffs Bußtrauer nennen, was F. Horst mit der »sakralen Beichte« meint und was praktisch in einem öffentlichen Sündenbekenntnis und einer Anerkennung des Leidens als Strafe bedeutet. »Die aus Confessio und Doxologie bestehende Exhomologese bereitet dem Menschen, der sich ihr unterzogen hat, die Möglichkeit, eine Restitutio von Gott erfahren zu dürfen.«[95] Und eben dazu kann sich Hiob nicht bereit finden, weil er seines Wissens keine Schuld zu bekennen hat. Die Freunde werden nicht müde, bis hin zu Elihus Einrede (33), jenen in ihren Augen durch die Tradition sanktionierten klaren Weg zu propagieren, ohne sich dazu zu äußern, daß dieser vorgebahnte Weg u. U. unter Zwang zur Heuchelei angetreten wird, daß dieser Rückweg (*šûb*) u. U. eine ungeheuerliche Zumutung an Gott in sich birgt – wie die Propheten wissen (z. B. Hos 6,1 – 3), – und vor allem, ohne zu bemerken, daß Hiob längst andere Wege zu gehen sucht. So drängt sich der Eindruck auf, die Freunde blieben je länger je mehr zurück, während sich Hiob – nur noch von Elihu kurz aufgehalten – anschickt, auf andere Weise sich Gott zu nähern.

Immer dringender versucht Hiob den Ausweg in direkter Konfrontation mit Gott. Hierin ganz traditionell, am sog. »Heilungsmonopol Gottes« (J. Hempel) festhaltend, geht er jedoch auf für seinen Fall ganz neuen Wegen.

Er sucht den Kontakt nicht auf dem Wege der Bußklage, sondern, in kultischen Vorstellungen gesprochen, auf dem Wege der Rechtssuche. Er will das sakrale Gerichtsverfahren, um auf diese Weise ein Gottesurteil in seinem Fall zu erlangen. Er fühlt sich seines Rechtes beraubt, seines Grundrechtes auf Leben, und das durch Gott, und zwar ohne Grund, ungerechtfertigt. Darum sucht er, Gott vor die Schranken eines Gerichts zu fordern, wohl wissend und schier verzweifelnd, was für ein ungeheuerliches und nahezu wahnsinniges Begehren das ist. So aber sind jene Passagen seiner Reden zu verstehen, in denen er die Herausforderung eines Gottesurteils über Gott hinausruft. Was zuerst Wunsch ist:

> »Schon jetzt . . . hab' ich im Himmel meinen Zeugen
> und meinen Eideshelfer in der Höhe.
> Wird der mein Partner, der mein Fürsprech ist,
> bleibt hin zu Gott mein Auge schlaflos offen.
> Er bring' des Mannes Streit mit Gott zurecht,
> was zwischen Mensch und seinem Partner steht.«

und: (16,19 – 21)

> »Geschähe es doch nur, daß meine Worte
> in einer Inschrift . . . aufgeschrieben würden,
> geformt mit Eisengriffel und mit Blei,
> für immer eingehauen in den Fels!
> Ich aber weiß, mein Löser ist am Leben . . .«

(19,23 f.) (Übersetzung F. Horst)[96]

wird am Ende des als erste Phase des Gottesgerichtsverfahrens bereits übernommenen Reinigungseides (29 – 31) zum direkten Appell:

>Ach, daß ich einen hätte, der auf mich hörte!
Hier meine Unterschrift! Der Allmächtige gebe Antwort mir!
Hätte ich die Klageschrift, die mein Widersacher schrieb!
Wahrlich, auf meine Schulter wollte ich sie heben,
als Kranz um das Haupt mir winden!
Die Zahl meiner Schritte wollte ich ihm mitteilen,
wie ein Fürst würde ich ihm nahen!« (31,35—37).

Wunsch und Appell haben Erfolg. Jahwe antwortete Hiob aus dem Wetter. Sein Kommen rückt die Positionen zurecht. Hiob geht an seinen Ort zurück (39,33 ff.; 42,1 ff.). Das Schloß wird von außen geöffnet. Hiob geht gerechtfertigt und geheilt davon. –

Auf diesen ungeheuerlichen Reflexionsgängen,[97] die der Dichter Hiob gehen läßt, hat er vielfach Gelegenheit, weisheitliche Krankheitserfahrung, und zwar sowohl überkommenes Bildungsgut wie eigene Leidenserfahrungen, darzulegen, von dem nun noch einiges wenige – unser Thema betreffend – zur Sprache kommen soll. Von der Sozialstudie Kap 19 war schon oben die Rede, wie auch von dem Verhaltensparadigma in Kap 33. Hier ließe sich die in das Einst-Jetzt-Schema des Reinigungseides eingebrachte Skizze einer »Elendsschilderung« anschließen, die nicht wenig Aufschluß auch für entsprechende Schilderung in den Psalmen gibt. Feinde erstehen dem Kranken:

>Weil er meine Sehne gelöst und mich gedemütigt,
lassen sie vor mir die Zügel schießen.
Zur Rechten erhebt sich die Brut
und bahnt wider mich den Weg des Verderbens . . .« (30,11)

Dazu kommen Schmerzen:

>Die Nacht bohrt an meinem Gebein . . .« (30,17).

Sie lassen ihn sich aufbäumen gegen Gott:

>Er hat mich in den Kot geworfen
wie Staub und Asche bin ich geworden« (30,19).

>Du hast dich mir zum grausamen Feind gewandelt,
mit gewaltiger Hand befehdest du mich . . . Ja, ich weiß:
dem Tode willst du mich zuführen,
dem Haus, wo alles Lebendige sich einstellt« (30,23).

Am Schluß der schmerzlich-bittere Hinweis auf seine – nun doch übernommene, oder aus Konvention ihm zugeschriebene – Bußhaltung (vgl. 16,15 ff.):

»Geschwärzt gehe ich einher, nicht von der Sonne,
  ich stand auf in der Gemeinde und schrie.
Ein Bruder der Schakale bin ich geworden und
  ein Genosse der Strauße.
Meine Haut fällt schwarz von mir
  und mein Gebein ist verbrannt vor Hitze.
Zum Trauerlied ward mir die Leier
  zum lauten Weinen mein Flötenspiel« (30,28 ff.).

Das ganze Klageparadigma ist hier versammelt.

Kap 18 bietet in der Typosdarlegung des Gottlosen die Schilderung
der Wirkung einer Seuche, genannt der »Erstgeborene des Todes«.
Wie eine versteckte Falle erfaßt sie den Menschen, hetzt ihn wie ein
Raubtier, ist »bereit zu seinem Sturz« (18,12). Haut und Glieder
zerfressen muß er vor den »König des Schreckens«, den Tod. Aber
nicht genug damit! Name und Gedächtnis wird gestrichen, sein
Zelt ausgeschwefelt, wird er endlich in die Finsternis verstoßen.
»Nicht Sproß noch Schoß in seinem Volk« stirbt er den letzten
Tod, der Gott-lose.

Da und dort finden sich Passagen, die über die Totenwelt handeln,
das Land ohne Wiederkehr, das alle gleich macht (3,17 ff.; 21,23 ff.)
und bewegte Klagen über die Todesnähe des Kranken (z. B. 17,
11 ff. II. 2).

Medizingeschichtlich interessant ist die in Kap 10 gebotene Vorstellung über die Entstehung des Kindes im Mutterleib, die doch im
Rahmen allgemeiner Unkenntnis physiologischer Vorgänge über-
rascht:

»Mich formten und schufen deine Hände,
  'drauf wandtest du dich', mich zu zerstör'n!
Gedenke, daß du 'aus' Ton mich schufest,
  und willst mich wieder zu Staube führ'n?
Hast nicht wie Milch du mich hingegossen,
  gerinnen mich lassen wie den Quark,
Mit Haut und Fleisch mich überkleidet,
  mit Knochen und Sehnen durchflochten mich?
'Gabst mir' Leben und 'Lebensodem',
  und deine Obhut erhielt meinen Geist, –«
                (10,8 – 12, Übersetzung G. Hölscher)[98]

Das Meer der Gedanken ist kaum ausschöpfbar. Doch bleibt als
letztes Resultat dieses gigantischen Ringens der Durchbruch eines
neuen Weges aus der Krankheitsnot, der hinausführt, weil er von
außen her gebahnt und »Bresche um Bresche« (16,14) gebrochen
wird.

IV. Ansätze zu einer alttestamentlichen Krankheitsdeutung – Zusammenfassung

Eine nach Epochen gegliederte Darstellung des alttestamentlichen Krankheitsverständnisses erweist sich als unmöglich. Die Quellenlage läßt dies nicht zu. Aber selbst, wenn ausreichende Quellen zur Verfügung stünden, wäre zu fragen, ob es denn wahrscheinlich ist, daß im alten Israel zu einer Zeit nur eine oder wenige oder auch nur überhaupt klar identifizierbare Krankheitsdeutungen geherrscht haben. Sicher muß man in Rechnung stellen, daß in sich abgeschlossene Lebensgemeinschaften und in umgrenzten Kulturkreisen einheitliche Lebens- und Weltanschauungen das Denken und Handeln bestimmten, so daß zuzeiten die eine oder andere Auffassung von Kranksein und Heilung die vorherrschende war. Aber um hier entsprechende Grenzen ziehen und Epochen und Gesellschaften adäquat unterscheiden zu können, fehlen eben die Grundlagen. Man kann auf der gegebenen Basis keine Darstellung der Krankheitsauffassung, etwa der Väterzeit geben oder des Jerusalemer Königshofes in assyrischer Zeit oder der Landheiligtümer vor Josias Reform. Denn wiederum: Auch wenn es in den genannten Kreisen eine einheitliche, dominierende, gleichsam offizielle und anerkannte Theologie gegeben hat, ist es kein gangbarer Weg, aus dem rekonstruierten Rahmenschema solcher Gesamtdeutungen auch eine Theologie der Krankheit zu gewinnen, dadurch, daß man die Linien der Konzeption anthropologisch auszieht und sich so ein Bild zu machen sucht. Vielleicht muß eine solche Synthese ins Auge gefaßt werden. Für das hier zu bearbeitende Thema kann sie nicht in Frage kommen.

Was eine Zusammenfassung aber leisten kann, ist dies: Die einzelnen als solche markierten und ausgewiesenen Resultate der geistigen Bemühung um das Phänomen der Krankheit, wie sie in Israel zu verschiedenen Zeiten und unter verschiedenen Umständen zustande gekommen sind, sollen gesammelt, zeitlich geordnet und zusammengestellt werden. Dieses Verfahren hat den Vorteil, daß die Erkenntnisse als Ergebnis je einer zurückliegenden Erfahrung dargestellt werden können, an dem die relevanten geistigen und religiösen Faktoren beteiligt sind; daß allenfalls vorgenommene Verbindungslinien zwischen den Einzeldaten als historische Entwicklungen oder synoptische Erwägungen kenntlich werden; daß schließlich die Impulse und Motive des gesamten Erkenntnisprozesses zum Phänomen Krankheit, wie ihn das Alte Testament zumindest in Spuren erkennen läßt, transparent werden.

1. Der Vätergottglaube

Aus der Väterzeit stammen mutmaßlich die ältesten Aussagen. Zwar handelt es sich nicht um Krankheit im eigentlichen Sinne. Es geht im einen Fall um eine Verletzung (Verrenkung der Hüfte, Gen 32), im anderen um die Unfruchtbarkeit der Frau. Beide Fälle passen in das Milieu der Väterzeit. Die Wurzeln der Geschichte vom Kampf Jakobs am Jabbok reichen wohl in die Patriarchenzeit zurück, in deren nomadischer Sippengesellschaft auch die Frage des Sohnes und Erben, des Nachwuchses eine zentrale Rolle spielte. Beide Fälle gaben Anlaß zu grundlegenden Erkenntnisaussagen. Gen 32 spiegelt einen Lernprozeß, in dem der Ahnvater Jakob dazu geführt wird, den numinosen Überfall und Angriff auf seine Existenz als Wirkungsweise einer von ihm zu verehrenden El-Gottheit zu begreifen, die im Laufe der Zeit – ohne daß es im einzelnen verrechenbar wäre – nach den weiteren Sinnschichten der Erzählung mit seinem bisherigen Gott, dann mit Jahwe identifiziert wurde.

Die noch deutlich sichtbaren Stufen des Erkenntnisprozesses zeigen, daß die Erfahrung einer körpernahen, das leibliche Leben bedrohenden und segnenden Präsenz eines (dieses) Gottes im Clinch mit dem Menschen neu und auch schmerzlich war. Was hier erzählend verarbeitet und gelehrt wird, findet an den anderen Stellen eine Bestätigung. In den verschiedenen Schichten, in denen das Unfruchtbarkeitsmotiv in den Vätersagen vorkommt, ist es implizit oder explizit mit der Erkenntnis verbunden, daß es der persönlich erfahrene Gott ist, der als Sippengott für Schutz und Segen zuständig ist, der im Hause Abimelechs den »Mutterschoß verschlossen« und eingreifend auch wieder »geheilt« hat (Gen 20,17f.; 16,2), den Jakob meint, wenn er sagt: »Bin ich denn an Gottes statt, der dir Leibesfrucht versagt hat?« (Gen 30,2), der »den Pharao schlug« (Gen 12,17) und jedenfalls hier Subjekt des Handelns ist, wenngleich in warnend-strafender Absicht. In beiden Fällen geschieht das Krankheits- und Heilungshandeln an repräsentativen Personen, Exponenten ihrer Familien, Sippen, Völker. Daß dann die auf eine persönliche Partnerschaft zwischen dem Ahnherrn und seinem Gott angelegte Väterreligion[99] auch – charakteristischerweise über das Heiligtum vermittelt – zu einer direkten Beziehung zu einzelnen und persönlich betroffenen Menschen, den Frauen, werden konnte, zeigen die Erzählungen von den Ahnfrauen (beispielhaft die Namenausdeutung Gen 29,31f.) wie auch die Hanna-Erzählung von 1 Sam 1f.

2. Das Grundbekenntnis: »Jahwe, dein Heiland«

In den frühisraelitischen Texten, die man mutmaßlich nach ihrer Herkunft der Epoche der Landnahme und der Richter zuordnen kann, weitet sich die Perspektive auf das Volk Israel, und Krankheit kommt vor allem unter kollektiven Aspekten als Seuche oder Plage in den Blick.

Für eine theologische Anthropologie sind dabei zwei Gesichtspunkte von Bedeutung. Einmal erscheinen die Krankheitsphänomene als von der Gottheit gewollte und gesandte Strafe für Verletzungen des Treueverhältnisses, das zwischen Jahwe und seinem Volk vorausgesetzt wird. Als Strafmaßnahme für Fremdgötterabfall gilt die Seuche von Num 25, die Schlangenplage Num 21, auch der Aussatzbefall Mirjams Num 12, der eintritt, nachdem Jahwe sein Angesicht entzogen hat und der mit der Anprangerung der Tochter durch den Vater als einer öffentlich relevanten Bestrafung verglichen wird. Krankheitserscheinungen sind darum Zeichen göttlichen Zorns, ultimative Warnung, sind göttliche Sanktionen und als solche Indizien für einen Stand der Gottesbeziehung und insofern in jedem besonders repräsentativen Fall von allgemeinem und öffentlichem Interesse, wie man am Fall Mirjam sehen kann. Umgekehrt wird von maßgeblichen, wohl vordeuteronomischen und vielleicht sehr alten Texten das Nichtvorhandensein von gesundheitlichen Schäden, Segen, Fruchtbarkeit, Gesundheit an ein unverletztes, heiles Gottesverhältnis gebunden: »Jahwe, eurem Gott sollt ihr dienen, so wird er dein Brot und dein Wasser segnen: und ich werde Krankheiten aus deiner Mitte hinwegnehmen. Keine Frau wird fehlgebären oder unfruchtbar sein in deinem Lande; ich werde die Zahl deiner Tage voll machen« (Ex 23,25f.). Die Präsenz Jahwes bei dem zu ihm haltenden Volk bedeutet Leben, Gesundheit, Heil – Schalom – während dieselbe Präsenz im anderen Fall Fluchwirkungen auslösen kann (vgl. den alten Fluchtext Dtn 28,16ff., dazu die Ladeerzählung 1 Sam 5; 6).

Zum anderen scheint die Situation der Krankheit theologisch immer stärkeren Konflikten ausgesetzt zu sein, die daraus entstanden, daß in Israels unmittelbarer Nachbarschaft andere Anschauungen über Krankheiten herrschten und andere und wohl eindrucksvollere Praktiken der Krankheitsbehandlung im Schwange waren. Die Heilungspraxis wird früh zum Status confessionis des Jahweglaubens angesichts des kanaanäischen Alltagslebens. Daß hier eine Grenze verlaufen muß, wird alsbald klar, wenngleich es wohl nie gelungen sein wird, Grenzüberschreitungen auf diesem Gebiet auszuschließen. Der Weg zur Heilung ist für Num 12 und 21 selbstverständlich der Weg zurück zu Jahwe über das Bekenntnis: »Wir haben gesündigt.« Aber schon Num 21,4 ff. taucht das heilkräftige Schlangensymbol auf, noch ganz unverfänglich als Jahwes heilsame Gabe, als Mittel gegen Schlangenbiß, das dann im Kontext landsässiger Fruchtbarkeitskulte erst Ende des 8. Jh. zur Zeit Hiskias als gefährlich abgeschafft wird (2 Kön 18,4). Niederschlag der doch wohl langwierigen Auseinandersetzungen auf diesem Gebiet ist der Bekenntnissatz Ex 15,26, dem man den mühsam errungenen Sieg anmerkt, der in polemischem Sinn Jahwe allein das Prädikat eines »Heilandes«, Heilgottes, *rofe’* (als Partizip: »der dich Heilende«) zuerkennt, ein Prädikat, das nach kanaanäisch-ugaritischen Zeugnissen in Form des auch hebräisch gebrauchten Wortes *rapi’u* dem Gott Baal zustand (als altkanaanäischer Königstitel[100]). Unvergleichlich ist die Souveränität, mit der die Ladeerzählung mit dieser Glaubenserkenntnis spielt, indem sie die naiven Philister selbst zur Anerkennung des Solus Jahwe in der Frage ihres Leidens gelangen läßt. Der Satz scheint gesichert, daß Krankheiten auf Gottes Hand zurückzuführen sind und daß es kein Zufall ist, »was uns widerfahren ist« (1 Sam 6,9).

3. Erkenntnisse zu Krankheit und Heilung des Volkes und des einzelnen

Eine Übersicht über die einschlägigen Texte aus der Königszeit führt zu der Beobachtung, daß das Problem Krankheit auf den betroffenen Gebieten und von den damit befaßten Instanzen konvergent behandelt wird, insofern als zunehmend der einzelne Mensch mit seinem Leiden ins Blickfeld tritt. Dabei sind die bisher gewonnenen und vertretenen Erkenntnisse von der Gottbezogenheit und dem Gemeinschaftscharakter des Krankseins nicht aufgehoben. Im Gegenteil, die Propheten nehmen sich dieser Themen mit Vehemenz an. Doch zunehmend fällt das Interesse der Zeugnisse auf die individuellen Aspekte der Krankheitssituation, und zwar die typischen, charakteristischen Merkmale der Zusammenhänge, nicht jedoch auf individuelle Krankheiten und Krankheitsgeschichten.

Als erster Bereich der Krankheitsdeutung ist die Weisheit zu nennen. Die auf Lebenserfahrung beruhende und Erfahrungszusammenhänge reflektierende geistige Bemühung, die man »Weisheit« nennt, beschäftigte sich zentral mit Wesen und Herkunft des Menschen. Auf sie wird die grundlegende Bestimmung des Menschen zurückgeführt, die Gen 2 im Rahmen der Urgeschichte überliefert ist: »Jahwe-Gott bildete den Menschen aus Erde vom Ackerboden und blies ihm Odem in die Nase: so ward der Mensch ein lebendes Wesen« (2,7). Diese Modell-Vorstellung würde kaum noch Raum für physiologische Krankheitsursachen lassen – es seien denn: das irdische Baumaterial (»Staub, Erde«), Verletzungen von außen (das immer dominierende Krankheitsbild), vor allem aber: der Entzug des Lebensatems –, wenn nicht durch den Fortgang der Menschheitsgeschichte Gott zu Korrekturen am ursprünglichen Modell genötigt gewesen wäre. Zwar ist im Zusammenhang der Schuld-Strafe-Erzählung vom sogenannten Sündenfall nicht von Krankheit die Rede; wohl aber von fluchähnlichen Belastungen und Erschwernissen, die fortan die menschliche Existenz kennzeichnen: Geburtsschmerzen für die Frau, mühselige Quälereien bei der Beschaffung des Lebensunterhalts für den Mann, gottgewollte Lebensminderung. Eben da finden die Alltagsleiden ihre Begründung.

Darf man die jahwistische Urgeschichte an den Anfang, so die Hioberzählung wohl ans Ende der Königszeit stellen. Auch dort ist es ein Fall, der zur Debatte steht, allerdings nicht der anonyme erste Mensch, vielmehr ein mit Namen genannter, jedoch als Vorbild gedachter, einzelner Mensch, an dem das Typische der Krankheitssituation demonstriert werden soll: Das »himmlische Heer« selbst lagert »unsichtbar um das Bett des Kranken, sein Leiden wird Schauspiel der Engel, Bewährung Gottes in seinem Geschöpf, auf das sich, wie zur Rechtfertigung seiner eignen Sache, prüfend sein Blick heftet« (J. G. von Herder)[101]. Zwei Modelle weisheitlicher Anthropologie der beginnenden und ausgehenden Königszeit, die den Prozeß der Individualisierung markieren.

Die Propheten – zweitens – stehen im allgemeinen als Vertreter und Gesandte ihres Gottes Israel als ganzem Gottesvolk gegenüber, wenngleich sie in der Ausführung ihrer Aufträge sich in der Frühzeit zunächst an die Könige, später an die verschiedensten Gruppen, Stände und Instanzen wenden. Das bringt mit sich, daß sie – von Ausnahmen abgesehen – auf dreifache Weise mit Krankheit und Heilung zu tun hatten: als Orakelinstanz für eine Diagnose, vorwiegend für Könige und repräsentative Personen; als Kritiker üblicher Behandlungspraktiken, etwa durch jaweferne baalistische Autoritäten wie den Baal von Ekron, und als Verkündiger des Gottesgerichts, das in Form von Plagen und Seuchen hereinbrechen soll. Alle drei Aspekte sind in der Eliaerzählung 2 Kön 1 vereint. Alle drei erfahren von den einzelnen Propheten eigenständige Ausgestaltungen (z. B. Hos 6; Am 4; Ez 13). Bemerkenswert ist, daß auch die Propheten im Rahmen ihres Auftrages und auf ihre Art den Einzelfall bemerken und bedenken. Der Fall des Kranken, d. i. des von Gott geschlagenen, gezüchtigten Menschen wird ihnen zum Gleichnis für die religiöse wie politische Misere des Jahwevolkes: »Worauf wollt ihr noch geschlagen werden, da ihr im Aufruhr verharrt? Das ganze Haupt ist krank, das ganze Herz ist siech. Von der Fußsohle bis zum Haupte ist nichts Gesundes an ihm: Beule und Strieme und Wunde, nicht ausgedrückt noch verbunden, und nicht mit Öl gelindert. Euer Land liegt wüste . . .«. So Jesaja im Jahre 701, als nur noch Jerusalem übrig war »wie ein Häuschen im Weinberg, eine Hütte im Gurkenfeld« (1,5ff.). Der Kranke merkt nicht, woran er leidet. Da er nicht reagiert, ist Heilung nicht möglich (6,10). Bemerkenswert ist auch, daß den Propheten ihr eigenes Leiden, sei es seelischer oder korperlicher Natur, zum Thema wird. So ruft Jeremia nach Heilung (17,14), Ezechiel erleidet merkwürdige Symbolhandlungen, Deuterojesajas Gottesknecht vollendet sein Leben im stellvertretenden Leiden (Jes 53). Auch hier wird individuelles Schicksal für die Deutung des Krankheitsphänomens transparent.

Heiligtümer und Priesterschaft – drittens – haben vielleicht schon in der Königszeit an einem Paradigma für das Verhalten im Krankheitsfall gearbeitet. Jedenfalls lassen darauf die in ihren unteren Schichten sicher vorexilischen Traditionen der Priesterschrift schließen, etwa die Aussatztora Lev 13 – 14 (zusammen mit der Mahnung Dtn 24,8f.; Num 5,1ff.), oder die Segen-Fluch-Schemata in Dtn 28 und Lev 26, vor allem aber das Tempeldokument 1 Kön 8 in dem Teil V 37 – 40, wo interessanterweise und für die hier zu beobachtende Entwicklung typisch der Einzelfall in das Gemeinschaftshandeln bei Pestausbrüchen o. ä. eingearbeitet ist: »Wenn Hungersnot ins Land kommt, wenn die Pest ausbricht, wenn Brand und Vergilben des Getreides, wenn Heuschrecken auftreten, wenn sein Feind es bedrängt in einer seiner Städte, wenn irgendeine Plage, irgendeine Krankheit auftritt, was immer dann ein Mensch erbittet und erfleht, weil sie den Schlag auf ihr Leben *(nega' lᵉbabo)* verspüren und die Hände ausbreiten nach diesem Hause, das wollest du im Himmel, der Stätte, da du thronst, hören und verzeihen und wollest eingreifen und einem jeden geben nach Verdienst . . .« Die Folge der Handlungen spiegelt den Weg wider, den der Kranke nach Auffassung dieses tempeltheologischen Dokuments zur Genesung zurückzulegen hat. Die Einzelphasen sind erst aus nachexilischen Texten bekannt (Ps 107; Hi 33).

Möglicherweise könnten einige Psalmen die Innenseite einer sich abzeichnenden Krankenliturgie aus der Sicht der Betroffenen beleuchten, doch sind die in Frage kommenden Texte zeitlich nicht festlegbar. Immerhin scheint es möglich, daß etwa Ps 6 oder 30; 41 und Jes 38 schon der vorexilischen Zeit angehören. Jedenfalls beweisen Jeremias Klagepsalmen und Jes 53, daß zu Beginn und am Ende der Exilszeit das Klageparadigma schon bestand.

Aus dem Umkreis deuteronomisch-deuteronomistischer Theologie liegen schließlich einige Belege vor, die zeigen, daß die Besinnung auf die Grundwerte der Vergangenheit an einigen Punkten auch die althergebrachte Krankheitsdeutung berührt hat. So expliziert Dtn 7,12 ff. das in Ex 15,22 ff. überlieferte Bekenntnis im Sinne der Bundestheologie und bezieht Krankheit ein in das konditionale Denken der Segen-Fluch-Alternative, die das Geschick des einzelnen wie dereinst des Volkes bestimmt. Über die etwa hinter der Aussatzparänese Dtn 24,8 f. oder den Integritätsvorschriften Dtn 23,2 stehenden Konflikte, vor allem über die Praktizierung des Exklusivitätsgebots im Alltag der Königszeit ist wenig bekannt. Im allgemeinen nur, was im Zusammenhang mit prophetischer Kritik angeleuchtet wurde.

4. Ausbau und Kritik des Paradigmas

Es ist anzunehmen, daß die noch erkennbare Fixierung und Ausgestaltung des Verhaltensparadigmas für den Kranken in der nachexilischen Zeit erfolgt ist. Darauf lassen die einigermaßen datierbaren, maßgeblichen Psalmtexte schließen (etwa Ps 107). In seiner ausgearbeiteten Form ist es dann in Hi 33 relativ spät belegt. Das Rollenparadigma bestimmt Einstellung und Haltung des einzelnen Kranken, wie eine Reihe von Psalmzeugnissen sowie die Ratschläge der Freundesreden im Buch Hiob belegen. »Siehe, dies alles tut Gott zweimal und dreimal mit dem Menschen« (Hi 33,29). In die nachexilische Zeit fällt aber auch der Beginn der Auseinandersetzung mit dem Rollenparadigma in Form der Frage, ob das Grundgesetz der Ethik im Tun-Ergehens-Zusammenhang, nämlich: Krankheit ist (Gottes-)Strafe und seine Umkehrung: Wer krank ist, muß gesündigt haben, angesichts der Lebensrealität zu halten sei. Ps 73 ringt sich noch einmal zu einer Anerkennung durch, freilich unter Einbeziehung der Zukunft (auch jenseits des Grabes) als der großen Ausgleichsmöglichkeit. Der Hiobdichter führt den groß angelegten Angriff auf das Paradigma und sein Grundgesetz, indem er darstellt, daß es Fälle gibt, die gleichsam theologisch objektiv – weil vom Himmel ausgehend – nicht zu dem Paradigma passen: Krankheit als Prüfung, Experiment Gottes. Ob die Sprengkraft dieser Dichtung stark genug war, um die festgefügte kultischethische Praxis aufzulockern oder gar zu sprengen, muß im Blick auf die Zufügung der Elihu-Reden (Hi 33) zu der Dialogdichtung bezweifelt werden. In jedem Fall ist durch Hiob ein kritisches Element in die vorherrschende Krankheitsideologie eingebracht, dessen explosive Kraft alttestamentlich nicht zur vollen Wirkung kam.

5. Der Konflikt mit Medizin und Exorzismus

Unter hellenistischem Einfluß wurde dem in der Krankheitsfrage seit alters dogmatisch festgelegten Jahweglauben die Auseinandersetzung mit der sich ausbreitenden Medizin aufgenötigt. Diese Auseinandersetzung war im alten Israel bisher nur in Form der Kritik und Polemik gegen allerlei subreligiöse, mit Zauber und Magie vermischte Heilungspraktiken geführt worden, wobei Kultgesetz und Prophetie zusammenwirkten (z. B. Dtn 18; Ez 13). Mit der Verbreitung einer auf Diagnose und Therapie aufgebauten, rationaleren Heilkunde durch den Stand der Ärzte auch im Bereich Israels, mußte die Auseinandersetzung auf höherer Ebene wieder aufgenommen und fortgeführt werden. Sind die Erzählungen der Chronik noch von dem konservativen Standpunkt im Sinne eines Entweder-Oder aus verfaßt, zeigt uns Jesus Sirach ein ganz anderes Bild. Heilkunde und Arzt scheinen fast problemlos dem Jahweglauben integriert. Nur noch der theologische Aufwand Sir 37f. zeigt, daß es vordem ein heiß umkämpftes Feld war, das jetzt offenliegt.

Aber auch nach der anderen Seite hin scheint eine Lockerung der vormals harten und rigorosen Position eingetreten zu sein. Jedenfalls vermag die Tobias-Erzählung auch für den frommen Juden die Anwendung exorzistischer Praktiken zu gestatten, wenn sie sich als göttlichen Ursprungs ausweisen können. Krankheit erscheint dort wie hier, wenngleich der göttlichen Zuständigkeit nie ganz entzogen, praktisch allmählich mehr und mehr zur Sache der Zwischeninstanzen zu werden, sowohl was ihre unmittelbare Verursachung, wie was ihre Behandlung angeht. Zunehmend umgeben auch im spätalttestamentlichen Israel Dämonen und Engel, Exorzisten und Ärzte das Lager des Kranken, der sich ihrer Macht ausgeliefert weiß.

6. Offene Fragen am Rande des Alten Testaments

1. Die soziale Situation des Kranken in alttestamentlicher Zeit war beklagenswert. Was hierzu aus Erzählungen und Psalmzeugnissen bekannt ist, läßt auf große menschliche Not schließen, die zu einem beträchtlichen Teil aus der Einstellung der Umwelt gegenüber dem Kranken resultiert. Diese wiederum war beeinflußt von der herrschenden religiösen Ideologie mit ihrem eisernen Tat-Folge-Gesetz. Wer krank ist, ist selber schuld. So ist das offensichtliche Nichtvorhandensein jeglicher Einrichtungen zur Krankenpflege oder Familienfürsorge bei Versorgungsausfall – wenn man einmal einen Blick auf das sehr viel besser eingerichtete und funktionierende Rechtswesen im alten Israel wirft – besonders auffällig und geht zumindest zum Teil auf jene Grundeinstellung zurück. Besonders gravierend war der Fall des sogenannten Aussätzigen. Kultische Reinheitsgesetze, alte Gebräuche und Elemente einer Sakralmedizin verbanden sich zu einem Rollenbild, das unheilvolle Folgen hatte. Zufälligkeiten in der Auswahl und Tradierung der Tora-Texte wirkten sich aus, die diesem Fall je länger je mehr ein Gewicht verliehen, das ihm im Verhältnis zu anderen Krankheitsfällen selbst im Sinne des Gesetzes nicht zukommen konnte. Kamen denn Solidaritätsgebote wie Lev 19,18, Erkenntnisse der späten Weisheit (Hiob), überhaupt der gemeinschaftsgebundene und -verpflichtete Jahweglaube auf diesem Gebiet nicht zum Zuge oder stand er sich in Gestalt des Theodizeedogmas am Ende selbst im Weg?

2. Die medizinischen Kenntnisse des alten Israel waren allem Anschein nach minimal, zuerst historisch-geographisch-kulturell, dann religiös bedingt. Die Heilkunde konnte offenbar in Israel nicht einmal in höfischen Kreisen (wie in Ägypten oder im Zweistromland) Fuß fassen. Bis zuletzt trat dem Jahweglauben Medizin immer als fremdreligiös gebundene, mit Zauber und Magie vermischte, heidnische Kunst ins Gesichtsfeld, dessen vieldeutige Praktiken er nur ablehnen konnte – mit Ausnahme einiger Technika der Wundbehandlung. Vielleicht sah es im Lebensalltag ganz anders aus. Aber die offizielle Theologie vermochte bis in die hellenistische Zeit kein positives Verhältnis zur Medizin zu gewinnen (vgl. aber Sir 38). Wäre dies möglich gewesen, wenn im alten Israel nicht bloß die Tätigkeit der Wahrsager und Zauberer, Dämonenglaube und Abwehrmechanismen wie Beschwörungen, Amulette, sondern eben auch etwas von dem medizinischen Wissen und Können bekannt gewesen wäre, das die ägyptischen medizinischen Papyri und die keilschriftlichen Zeugnisse an den Tag legen?

3. Eigentliche Hilfe wurde im alten Israel dem Kranken nur von kultischen Institutionen geboten. Dazu gehört das Buß- und Klageritual, gehört der Priesterbesuch (Hi 33), gehört das rehabilitierende Dank- und Sühneritual am Heiligtum – bekannt eben aus den Traditionen des Jerusalemer Zionheiligtums –, gehört schließlich das von der Weisheit aufgenommene und reflektierte Verhaltensparadigma. Was aber, wenn die institutionellen Grundlagen oder gar die theoretischen Voraussetzungen dafür nicht mehr gegeben waren; wenn das Paradigma nicht mehr anerkannter Gemeinbesitz aller Jahwegläubigen war? Manche Psalmen (Ps 39; 73) lassen wie Hiob erkennen, daß die Selbstverständlichkeit dahinfiel, mit der noch etwa die Freunde, auch Ps 32 u. a. rechnen. Wie sollte sich dann der kranke Mensch verhalten?

4. Alle »Theologie der Krankheit« im alten Israel ging von dem Grundsatz des Solus Jahwe aus, sah in der Lage des Kranken das Geschick Jahwes, von ihm gewollt, beschlossen, bewirkt, auf Grund einer wie immer zu definierenden Handlungsnorm, die außer in der Schuld-Strafe-Äquivalenz durchaus auch in Erziehungs-, Prüfungs-, Läuterungsabsichten bestehen konnte. Die Unmittelbarkeit der Einwirkung und die direkte Abhängigkeit war durch einige instrumentativ eingesetzte Instanzen weniger relativiert als ergänzt worden (die Krankheitsdämonen Ps 91,5f., der Satan Hi 1, das Wort Jahwes Ps 107,20). Es scheint jedoch, als sei in spätnachexilischer Zeit es zunehmend schwerer gefallen, diese Direktheit durchzuhalten. Damit aber steht die bisher gültige Krankheitsdeutung auf dem Spiel. Konnte sie sich in veränderten Zeitumständen, anderen Lebensformen, anderen Weltanschauungen, anderen Gesellschaftsverhältnissen auch unter den neuen Bedingungen behaupten?

B. Neues Testament

I. Krankheit und Heilung in der Umwelt des Neuen Testaments

1. Der griechische Bereich

Der Krankheit als unmittelbarer Bedrohung menschlicher Existenz versuchte man im Zeitalter der abendländischen Antike auf mannigfache Weise zu begegnen. Dabei lassen sich vier Institutionen unterscheiden, deren sich kranke Menschen bedienen konnten, wenn sie ihre Beschwerden verlieren wollten.

a) Zunächst einmal sind die *Ärzte* zu nennen, die im Zusammenhang einer *empirisch* arbeitenden Medizin ihre Kunst ausübten. Schaut man auf den berühmten hippokratischen Eid[1], der bestimmte sittliche Verpflichtungen des Arztes formuliert, so findet man eine Dreiteilung ärztlicher Behandlungsmethoden ausgesprochen:

> »Ich will diätetische Maßnahmen zum Vorteil der Kranken anwenden nach meinem Können und Urteil . . .
> Ich will weder irgend jemandem ein tödliches Medikament geben . . .
> Ich will auch nicht das Messer gebrauchen bei Steinleidenden (oder zu übersetzen: Ich will das Messer nicht gebrauchen, nicht einmal bei Steinleidenden), sondern will davon abstehen zugunsten der Männer, die sich mit dieser Arbeit befassen.«

Nach den Angaben des Eides ist die Medizin grundsätzlich in Diätetik, Pharmakologie und Chirurgie unterteilt. Doch ist aus der dritten Verpflichtung erkennbar, daß die operative Chirurgie aus der Tätigkeit des Arztes ausgeschieden werden soll. Dies ist nicht die generelle Haltung der griechischen Medizin, sondern erklärt sich entweder aus dem Einfluß der pythagoreischen Ärzteschule, die die Chirurgie gering schätzte, oder ist eine Aufnahme volkstümlicher Vorurteile. In der Antike war nämlich im Volke die Abneigung gegen das »Schneiden und Brennen« sehr groß. Der im Eid genannte Steinschnitt war ansonsten ein in der griechischen Medizin altbewährtes Verfahren. Die Diagnose der betreffenden Krankheit mit Hilfe eines Katheters gehörte zur Kunst eines guten Arztes[2]. An diesem Beispiel wird gleichzeitig die empirisch vorgehende Art griechischer Medizin deutlich, die die Ursachen der

Krankheit auf dem Wege konkreter Untersuchung des Körpers erklären wollte.

In besonderer Weise wird die Feindseligkeit vieler hippokratischer Schriften gegenüber der Magie sichtbar. Der hippokratische Autor der Schrift über die »Heilige Krankheit« (die Epilepsie) argumentierte, »daß alle Krankheiten, die Heilige Krankheit eingeschlossen, natürlich seien und daß für Magie in Ursache und Behandlung kein Raum sei.«[3]

Bei Plato findet sich eine Unterscheidung von Ärzten, die eine bestimmte Rangordnung signalisiert und in der griechischen Medizin lange nachgewirkt hat. Sie läuft darauf hinaus, daß, wie später auch Galen sagt, der beste Arzt auch ein Philosoph sein müßte. Plato nennt zunächst Ärzte, die die Beschwerden freier Menschen so behandelten, »daß sie sie von Anfang an und dem Lauf der Natur entsprechend untersuchen.« Daneben gebe es andere, die, »ob sie nun frei geboren oder Sklaven sind, ihre Kunst unter der Weisung ihrer Meister erworben haben, durch Beobachtung und Praxis, und nicht durch das Studium der Natur . . .« (Gesetze IV 720). Der eine Arzttyp betreibt das Studium nach der Natur, der andere erwirbt sich Routine durch bloße Übung bei dem anderen. An einen Praktiker denkt Plato wohl, wenn er schreibt (Staat III 15 406 D):

> »Wenn ein Zimmermann krank ist, erwartet er, daß sein Arzt ihm eine Arznei geben wird, die als Brechmittel auf die Krankheit wirkt, oder daß er sie durch Purgieren oder durch Ausbrennen oder durch das Messer los wird.«

Der Praktiker mag dabei viel wissen, aber sein Wissen beschränkt sich auf die Kenntnis von Fertigkeiten. Der wahre Arzt kennt die Theorie, die die Fertigkeiten erst erklärt. Er kann Gründe für sein Tun angeben. Wie man die Natur der Seele nur erkennen kann, wenn man die Natur des Ganzen erkennt, so kann man die Natur des Körpers nur erkennen, wenn man ein Verständnis des Ganzen, der umgebenden Natur, hat (Phaidros 270 C). Nach der Auffassung der hippokratischen Medizin müssen Empirie und naturphilosophische Spekulation zusammenkommen. Der Heilkundige wird seine Fähigkeit dann zur Vollendung bringen, »wenn er sich bemüht, durch (naturphilosophische) Überlegungen und unermüdliche empirische Forschung in der Natur und am Krankenbett in das Wesen des Makrokosmos, des Mikrokosmos und in den Kausalnexus der funktionellen Störungen Einblick zu gewinnen.«[4]

Entsprechend vermag dann Plato zu sagen: Nicht jeder ist ein Arzt, der es vermag, durch seine Mittel auf den Leib zu wirken, daß er nach Belieben heiß oder kalt wird, oder der Erbrechen bewirken kann oder Durchfall oder ähnliches, denn er kennt erst die Voraussetzungen der Heilkunst, nicht aber die Heilkunst selbst (Phaidros 268 AB und 269 A). Die Medizin muß vielmehr das Wissen um das Höchste erstreben, und dazu muß der echte Arzt Philosoph sein.

Es ist hier nicht der Ort, auf die verschiedene naturphilosophische Ausrichtung der jeweiligen Ärzteschule einzugehen. Doch wird ein wesentliches Kennzeichen griechischer Medizin deutlich sein, die Verbindung von empirischer Nachfrage und naturphilosophischer Deutung des Einzelphänomens im Rahmen einer Gesamtschau des Kosmos. Beide Kennzeichen haben bei der frühchristlichen Betrachtung der Krankheit im NT keine Entsprechung. Dies ist auch gar nicht erstaunlich. Die griechische Medizin erhob auf ihre Art den Anspruch, echte Wissenschaft zu sein. Bei den neutestamentlichen Aussagen befinden wir uns aber im Bereich der Volksmedizin, wenn etwa der Verfasser des 1 Tim den wohlgemeinten Ratschlag gibt (5,23):

»Bleibe nicht beim Wassertrinken, sondern nimm etwas Wein zu dir wegen deines Magens und deines häufigen Unwohlseins.«

Ansonsten markiert die vorherrschende Auffassung im NT, daß Dämonen als Krankheitsursachen zu gelten haben, nicht aber natürliche Fehlentwicklungen des Körpers oder der Seele, den Unterschied gegenüber jeder wissenschaftlichen Betrachtung der Krankheit. Auch in Griechenland hat es immer eine »abergläubische« Deutung der Krankheit gegeben. Platos Gesetze (932e—933e) und die attischen Fluchtafeln aus dem 5./4. Jahrhundert v. Chr. bezeugen ihre Existenz im klassischen Griechenland. Behandlungen von Krankheiten mit Hilfe von Zauberpraktiken lebten im Untergrund fort. Zur Zeit des römischen Kaiserreiches trat die empirische Medizinwissenschaft überhaupt zurück zugunsten eines zunehmenden Irrationalismus. Die religiöse Medizin tritt in den Vordergrund[5].

b) Nach der Heiltätigkeit der Ärzte sind die *kultischen Heilstätten* zu erwähnen, von denen besonders die Wirkstätte des Gottes Asklepios in Epidauros hervorzuheben ist (seit dem 6. Jahrhundert v. Chr.). Filialgründungen des Gottes gab es noch in Sikyon, Athen (im Jahr 420) und Pergamon. Weitere Heilgötter waren Isis und Sarapis mit ihren jeweiligen Kultstätten. Bei der folgenden Darstellung orientieren wir uns an den Berichten von »Heilungen des Apollon und Asklepios«, die einst in Epidauros auf Steinplatten geschrieben standen und von den gläubigen Besuchern des Heiligtums staunend gelesen wurden[6]. Als Pausanias sie im Jahr 165 n.

Chr. las, waren sie schon sehr alt (geschrieben etwa in der 2. Hälfte des 4. Jahrhunderts v. Chr.). Er berichtet dementsprechend:

»Es standen innerhalb der Umgrenzung (des Heiligtums) in alter Zeit noch mehr Inschriftplatten, zu meiner Zeit waren noch sechs übrig. Auf ihnen sind verzeichnet die Namen von Männern und Frauen, die von Asklepios geheilt wurden, dazu auch die Krankheit, die jeder hatte, und wie er geheilt wurde.« (Beschreibung Griechenlands II 27,3).

Diese Heilstätten waren für alle sozialen Schichten da, wenn auch die Armen sie in erster Linie aufsuchten, da sie sich keinen teuren Arzt leisten konnten. Eine grundsätzliche Abgrenzung zwischen der ärztlichen Heiltätigkeit und den Heilungen im Heiligtum ist schnell zu finden: » . . . die Kranken kamen ja, weil die Hilfe der menschlichen Ärzte versagt hatte, zu dem Gott, dem das Unmögliche möglich ist.«[7] Die Therapie sollte gar nicht nach der Kunst der sterblichen Ärzte erfolgen, sondern durch den Gott[8]. Man suchte das Heiligtum auf, um durch den Tempelschlaf (Inkubation) die Wirkung des Gottes zu erfahren. Dieser erschien dem Heilungssuchenden im Traum, gab ihm bestimmte Anweisungen oder heilte durch direkten Eingriff, den der Kranke im Traum erlebte. So half Asklepios bei schwierigen Schwangerschaften, bei Eiterungen und Geschwüren, Verwundungen, bei Augenleiden, Sprachstörungen, Lähmungen und Krankheiten, die nur durch operativen Eingriff zu meistern waren. An Operationen unternahm Asklepios angeblich auch Eingriffe, die die zeitgenössische Medizin noch nicht wagte, »in weiser Erkenntnis ihrer Schranken, ungenügender anatomischer Kenntnisse und mangelhafter Aseptik.«[9] So wurde in einzelnen Fällen die Bauchhöhle aufgeschnitten und nach Entfernung der Parasiten wieder zugenäht (Wunder Nr. 23.25.27). Erst Praxagoras hat in Kos die Öffnung der Bauchhöhle wirklich gewagt (in den letzten Jahrzehnten des 4. Jahrhunderts). Ähnliches wird von Erasistratos in Alexandrien berichtet (erste Hälfte des 3. Jahrhunderts). Die phantastischen Berichte aus Epidauros sind wohl traumpsychologisch zu deuten[10]: Der Kranke hat die außergewöhnlichen Eingriffe nur geträumt. Die Phantasie ist hier der Wirklichkeit vorausgeeilt, weil eben der Gott Kuren durchführte, die an sich als »unmöglich und unwahrscheinlich« galten. Trotz magischer Züge in den Heilungsriten ist die Praxis an den kultischen Heilungsstätten nicht gänzlich von dem Handeln der Ärzte zu trennen. Der Arzt Galen, der aus Pergamon stammte, nennt sich stolz »Therapeut seines väterlichen Gottes Asklepios«, der ihn aus tödlicher Krankheit gerettet habe. Ärzte haben im Asklepieion von

Kos mitgewirkt, sich am Betrieb beteiligt und die Kranken betreut[11]. Bei den Vorstellungen über die Heilungen des Gottes selbst sind Religion und archaische Medizin verbunden. Der Gott »acted as a physician; his healings were miracles – for his success was beyond all human reach – but they were strictly medical miracles. On the other hand, this rationality of Asclepius' treatment seems strangely interwoven with the fantastic and the unreal.«[12] In den Heilberichten von Epidauros begegnet Krankheit als eine urtümlich erfahrene Bedrohung des Menschen, bei der letztlich allein des Gottes Gnade Änderung schafft (Wunder Nr. 1). Als Eratokles von Trozen an einer Vereiterung litt und im Begriff war, »sich von den Ärzten brennen zu lassen, erschien ihm der Gott im Schlaf und befahl ihm, das Brennen *nicht* an sich ausführen zu lassen, sondern im Heilraum im Heiligtum von Epidauros zu schlafen« (Wunder Nr. 48). Krankheit ist hier im Rahmen volkstümlich-magischen Denkens eine Größe, die nicht einfach auf dem Wege empirischer Diagnostik und Therapie geheilt werden kann, sondern der Wunderkraft des Gottes bedarf.

c) Eine gesuchte Art, der Krankheit zu begegnen, war die *Zauberkunst*. Sie galt offiziell als unerlaubt, wurde staatlich verboten und geschah deswegen im Geheimen. In Zeiten gesellschaftlicher Desintegration besonders der unteren sozialen Schichten bot die Zauberei eine Möglichkeit, die Probleme des Lebens zu bewältigen. Ein Kennzeichen ist ihr »technischer Optimismus«: »Unter den damaligen Verhältnissen einer demoralisierten Welt . . . stellt die Magie . . . eine optimistische Strömung dar. Während die Anhänger des traditionellen Glaubens den Zusammenbruch der Welt, in der sie leben, und mit ihm den des ganzen Universums voraussehen, glauben die Magier an die Macht des Wortes und des Ritus, auf die die alte Welt gegründet war, und wissen neue, den neuen Bedürfnissen angepaßte und auf einer neuen Auffassung vom Menschen gründende Riten zu schaffen.«[13] Damit der Ritus seine Wirkung entfalten konnte, mußte der Verlauf der Zauberhandlung genau geregelt sein. Der Zauberakt gliederte sich deshalb oft in vier Elemente, in die aus Zauberformel oder Gebet bestehende Anrufung des Dämons, in das Opfer, die eigentliche Zauberhandlung, bei der bestimmte magische Praktiken vorgenommen wurden, und die Entlassung des Dämons. Zum Zauber gehört das Wort bzw. die Zauberformel. Damit soll ein Zwang auf die dämonischen Mächte ausgeübt werden, damit sie dem Willen des Zauberers gehorchen. Macht über den Dämon gewann man durch die Kenntnis seines Namens, den man aussprach, um sich den Dämon dienstbar zu machen. Die Kraft des Zauberwortes galt besonders stark, wenn es

»barbarische Namen«, d. h. fremdsprachige Worte, enthielt. Die Zauberworte waren leise oder heimlich auszusprechen, so daß sie kein anderer Mensch hören konnte.

In den Bereich des Zaubers gehören die exorzistischen Krankenheilungen, die bei besonders schweren oder gefährlich geltenden Krankheiten angewandt wurden, z. B. bei Formen von Besessenheit wie Epilepsie und anderen Geisteskrankheiten. So heißt z. B. eine Anweisung an den Exorzisten (PGM XIII 242–244)[14]:

> »Sag zu einem dämonisch Besessenen den Namen und führ Schwefel und Erdharz gegen seine Nase. Sofort wird er sprechen und wird weggehen.«

Innerhalb einer ganzen Zauberhandlung lautet eine Beschwörung des Dämons, der den Kranken beherrscht (PGM IV 1240ff.):

> »Ich beschwöre dich, Dämon, wer du auch immer seist, bei diesem Gott: ... komm heraus, Dämon, wer du auch immer seist und entferne dich von N. N., jetzt, jetzt, sofort, sofort ...«

Für die Zauberei ist die Welt von dunklen Mächten beherrscht, die Krankheit erscheint als Folge dämonischer Einwirkung. Gleichzeitig aber besteht die Gewißheit, durch Kenntnis wirksamer Worte und Stoffe der Bedrohung erfolgreich entgegentreten zu können.

d) Von den Zauberern sind die _Wundercharismatiker_ zu unterscheiden. Während der Zauberer seine Praktiken im Verborgenen treibt, wirbt der Wundercharismatiker »in aller Öffentlichkeit, löst missionarische Bewegungen aus oder gründet ›Schulen‹ – nicht, weil er in die bestehende Form des Lebens integriert werden will (hier liegt der Unterschied zur Funktion von Heilstätten) –, sondern weil er nach neuen Lebensformen sucht, die sozial verbindlich sein können.«[15] So sollten die von den messianischen Propheten im Palästina des 1. Jahrhunderts n. Chr. angekündigten Wunder den Anbruch der Heilszeit und das Ende der Römerherrschaft demonstrieren. In anderer Weise haben die Wunderheilungen des Apollonius von Tyana eine umgreifende Bedeutung. Sie geschahen im Zusammenhang seiner philosophisch-religiösen Heilslehre. Philostrat, der eine Vita des Apollonius geschrieben hat, stellt ihn wohl nicht zu Unrecht mit den Philosophen Pythagoras und Empedokles zusammen. Letzterer wirkte in besonderer Weise als Wundertäter (Diogenes Laertius VIII 61):

> »Viele vom Schicksal Verfolgte, von zehrender Krankheit Geplagte rettete durch seine Kunst er aus Persephones Arm ...«

Züge solcher Charismatiker nimmt die Gestalt des Kaisers Vespasian an. Er benutzt die legitimierende Funktion des Wunders zu politischen Zwecken. Jedenfalls steht das Wunder im Dienste eines bestimmten Programms. Der Bericht über seine Heilungen beginnt mit den Worten: »Noch fehlte Vespasian das nötige Ansehen und gleichsam die von Gott bestätigte Majestät, da er wider Erwarten und erst seit kurzem zum Kaiser erhoben war. Aber auch dies wurde ihm zuteil.« (Sueton, Vespasian 7). Es folgt die Schilderung der Heilung eines Blinden und Lahmen.

Trotz des Unterschiedes zwischen Zauberern und Wundercharismatikern, der durchaus ihrem eigenen Selbstverständnis entsprach, wurde gegen Wundercharismatiker oftmals der Vorwurf der Zauberei erhoben: Apollonius z. B. wird als Goët angeklagt. Was den außerjüdischen Bereich des Hellenismus anbetrifft, so ist dies auch verständlich. Ihre wunderhaften Heilpraktiken unterschieden sich nicht immer grundsätzlich von denen der Zauberkunst, wenn es etwa um den Gebrauch wunderwirkender Machtworte ging, die möglichst lautlos gesprochen werden mußten. So spricht Apollonius die entscheidenden Worte heimlich (Philostrat, Leben des Apollonius IV 45, vgl. dazu die Zauberer Lukians, Menippus 7).

Im griechischen Bereich stellte man sich das Wirken der Wundermänner als »göttlich« vor, weil sie gottgleiches Wissen und Können besaßen (Leben des Apollonius III 42). Eine Abgrenzung vom Tun der Ärzte zeigte sich etwa im Verhalten des Publikums zu ihnen: Wie man beim Versagen der Ärzte den Heilgott aufsuchte, so tat man es auch beim Wundermann. Sein Können überragt das der Ärzte. So bemerkt Philostrat im Blick auf die Totenerweckung eines Mädchens durch Apollonius (Leben des Apollonius IV 45):

> »Ob er nun einen Funken Leben in ihr fand, der den *Ärzten* verborgen geblieben war . . . oder ob er das erloschene Leben wieder anfachte und zurückrief, dies zu begreifen reichten nicht nur mir, sondern auch denen, die zugegen waren, die Worte nicht aus.«

Von Empedokles erzählt man,

> »er habe eine gewisse Pantheia aus Akrygos, die von den *Ärzten* aufgegeben war, geheilt . . .« (Diogenes Laertius VIII 69).

2. Der jüdische Bereich

Das Judentum zur Zeit des NT gehört in den weiten Bereich des antiken Hellenismus. Es ist eine vielschichtige Größe, das seine

Identität entweder in Übernahme oder Ablehnung griechisch-hellenistischer Vorstellungen suchte. Auch da, wo man sich vom Hellenismus abzugrenzen bestrebt war (z. B. bei den »Frommen« der Makkabäerzeit oder den Zeloten zur Zeit Jesu), ist die eigene »genuin« jüdische Position, die auf den alten Traditionen Israels aufbaute, nur verständlich als Reaktion auf die gleichzeitigen Hellenisierungstendenzen gegnerischer Kreise.

Die israelitische Vorstellung vom »Heilungsmonopol Jahwes« (vgl. AT II. 5; IV. 2.) wirkte im Judentum kräftig nach. Die Krankheit selbst, besonders aber ihre Heilung ist Jahwes exklusives Werk. Diese Einstellung hatte im Hellenismus sonst keine Parallele. Mochte Asklepios der Heilgott sein, von seinen Verehrern mit glühenden Worten gepriesen, so duldete er selbst in den Inschriften von Epidauros oder im hippokratischen Eid Apollo neben sich, von dem er seine Funktionen geerbt hatte.

Im Zusammenhang mit dem »Heilungsmonopol Jahwes« steht die Skepsis, ja Ablehnung des ärztlichen Handelns im Judentum (AT I. 4; IV. 5.). Nun hatte diese durchaus auch ihre Parallelen in hellenistischen Wunderberichten. Es gehört geradezu zur Typik der Wundererzählung, vom Versagen der Ärzte zu sprechen, um die Kraft des Heilgottes um so heller strahlen zu lassen. Die Skepsis gegenüber den Ärzten ist hier jedoch primär in deren praktischem Versagen begründet, nicht jedoch religiös motiviert. Dies aber ist der Fall im frommen Judentum.

Selbst der jüdische Philosoph Philo von Alexandrien, der in der damaligen Hochburg antiker Medizin lebte und vom griechischen Denken stark beeinflußt war, äußert sich kritisch gegenüber ärztlicher Hilfe und dem Zutrauen, das viele in sie setzen. Von Zweiflern an Gottes Wirksamkeit sagt er:

> »Denn wenn etwas Unangenehmes eintritt, so nehmen sie, da sie vorher auch nicht fest auf die Hilfe Gottes vertraut haben, ihre Zuflucht zu den irdischen Hilfsmitteln, Ärzten, Kräutern, Arzneimischungen, genauer Diät und zu allen den anderen Mitteln, die dem sterblichen Geschlechte zur Verfügung stehen. Und wenn etwa einer sagen sollte: ›Ihr Toren, flüchtet euch doch zu dem einzigen Arzte seelischer Gebrechen und lasset die von der leidensfähigen Menschheit falsch benannte Hülle fahren‹ so lachen sie und spotten sie und rufen: ›Das auf morgen!‹...« (Über die Opfer Abels und Kains 70).

Gott erscheint hier gut alttestamentlich als »der einzige Arzt«, Ärzte und Medikamente sind nur Hilfsmittel des sterblichen Geschlechts.

Ähnlich steht es in einer Schrift, die wieder im Griechisch sprechenden Judentum verfaßt wurde: Testament Hiob 38. Die Freunde des kranken Hiob fragen ihn:

>»Was willst du, daß wir für dich tun? Denn siehe, wir sind da, mit uns die Ärzte unserer drei Königreiche. Willst du dich von ihnen heilen lassen? . . .«

Hiob aber antwortet:

>»Meine Heilung und meine Genesung sind vom Herrn, der auch die Ärzte geschaffen hat.«

Die skeptische, manchmal hart ablehnende Haltung gegenüber den Ärzten hat sich im Judentum der talmudischen Zeit nicht geändert:

>»Der Beste unter den Ärzten verdient die Gehenna und der Ehrlichste unter den Schlächtern ist ein Gesellschafter Amaleks.« (b Kidd 82a).
>»Rabh sprach zu seinem Sohne Chija: ›Trinke keine Medikamente. Springe nicht über Flüsse. Lasse dir keinen Zahn ziehen. Reize keine Schlange und keinen Aramäer.« (b Pes 113a).

An anderer Stelle wird das Aufsuchen eines Arztes immerhin zugestanden, doch soll die ärztliche Handlung durch ein Gebet dem Handeln Gottes unterstellt werden (b Ber 60a):

>»Wer sich zur Ader lassen geht, spreche: Möge es dein Wille sein, o Herr, mein Gott, daß mir diese Handlung zur Genesung diene und heile mich, denn du, o Gott, bist der wahre Arzt, und deine Heilung ist eine wirkliche.«

In anderer Weise wird im Buch Tobit (um 200 v. Chr.) eine Heilung theologisch gerechtfertigt, die ihre Herkunft der Volksmedizin verdankt, welche von magischen Vorstellungen beeinflußt ist (AT II. 1). Die besondere Art der Heilung wird nur möglich, weil der Engel Gottes selbst, Raphael, die besondere Heilungsmethode mitteilt (6,8 f.) und schließlich die Anweisung zur Heilung gibt (11,6 – 12). Das »Heilungsmonopol Jahwes« ist damit gewahrt.

In ähnlicher Weise scheint eine mantisch-magische Medizin bei den Essenern theologisch begründet gewesen zu sein. Josephus schreibt über diese Sondergruppe des Judentums (Jüdischer Krieg 2,136):

>»Sie bemühen sich aber in außergewöhnlicher Weise um die Schriftwerke der Alten; dabei wählen sie vor allem das aus, was Seele und Leib fördert. Aus diesen Schriften erforschen sie zur Heilung von Krankheiten heilkräftige Wurzeln und die (okkulten) Eigenschaften von Steinen.«

Diese Heilkunst der Essener, die auf alten Schriften fußt, gewinnt einige Deutlichkeit, wenn man das apokryphe Jubiläenbuch heranzieht, von dem einige Fragmente in der Bibliothek der Essener, in Qumran, gefunden wurden. Dabei ergibt sich: Die Krankheiten waren dämonischen Ursprungs und nur durch magische Mittel zu heilen. Um ihnen begegnen zu können, war deshalb eine Art Gegenzauber notwendig, dessen Handhabung von den Engeln Gottes auserwählten Menschen mitgeteilt wurde und also als legitim gelten konnte. Die Heilung aller Krankheiten offenbarten die Engel dem Noah, »damit er durch die Bäume der Erde (= Pflanzen) heile.« Und Noah schrieb alles, wie sie ihn gelehrt hatten, »in ein Buch, über alle Arten der Heilungen.« (Jubiläenbuch 10,12 ff.). »Wurzeln«, »Pflanzen« und die »Eigenschaften von Steinen« galten in der Antike als magisch wirkende Heilmittel. Wie man sich das etwa konkret vorstellen muß, erhellt aus einem Bericht des Josephus über die Heilkunst des Königs Salomo, die auch zu seiner Zeit im Judentum noch galt (Jüd. Altertümer VIII 2, 5), wie Josephus ausdrücklich hervorhebt:

> »Gott lehrte ihn (Salomo) auch die Kunst, böse Geister zum Nutzen und Heile der Menschen zu bannen. Er verfaßte nämlich Sprüche zur Heilung von Krankheiten und Beschwörungsformeln, mit deren Hilfe man die Geister also bändigen und vertreiben kann, daß sie nie mehr zurückkehren. *Diese Heilkunst gilt auch jetzt noch viel bei uns.*«

Josephus behauptet nun, selbst gesehen zu haben, wie ein Jude namens Eleazar in Gegenwart des Kaisers Vespasian und seines Gefolges einen Besessenen heilt (Jüd. Altertümer VIII 2,5):

> »Er hielt unter die Nase des Besessenen einen Ring, in dem eine von den Wurzeln eingeschlossen war, welche Salomo angegeben hatte, ließ den Kranken daran riechen und zog so den bösen Geist durch die Nase heraus.«

Die jüdische Heilkunst, soweit sie als theologisch legitim galt, unterscheidet sich gründlich von der rationalen Arbeitsweise, wie sie etwa für die gleichzeitige empirische Medizin kennzeichnend war, die im hellenistischen Alexandrien ihre Hauptpflegestätte hatte. Die ärztliche Kunst war stark mit Zauberpraktiken durchsetzt, die dadurch gerechtfertigt wurden, daß man ihre Kenntnis auf die Engel Gottes oder auf Salomo zurückführte. Als Ursache oder Urheber der Krankheiten galten Dämonen und böse Geister, die eben nur mit einem entsprechenden »weißen Gegenzauber« bekämpft werden konnten. Dieses dämonologische Verständnis konnte sich deshalb im Judentum durchsetzen und halten, weil eine wissenschaftliche Untersuchung des menschlichen Körpers, seiner Anatomie, aus religiösen Gründen unmöglich war. Die Kenntnis der anatomischen Beschaffenheit des Körpers sowie seiner physiologischen Vorgänge war dementsprechend gering.

Neben der magisch wirkenden Heilkunst und Zauberei, von der Josephus unbefangen sagt, sie gelte sehr viel bei den Juden, gibt es Hinweise auf eine empirisch arbeitende Medizin, die aber auf den Einfluß der griechischen Umwelt zurückzuführen ist. Der bedeutendste Beleg findet sich im Buch Jesus Sirach im sog. »Lob des Arztes« (Sir 38,1 – 15). Obwohl der Verfasser im allgemeinen eine antihellenistische Tendenz verfolgt, um den alten Väterglauben zu verteidigen, ist er doch gleichzeitig von der gegnerischen Position beeinflußt. So ist es nicht verwunderlich, daß seine Stellungnahme zur ärztlichen Tätigkeit in sich widersprüchlich ausfällt. Zunächst sieht man, daß er die ärztliche Kunst skeptisch beurteilt:

»Ein wenig Krankheit bringt den Arzt außer Fassung, heute König, morgen tot . . .« (Sir 10,10).
»Wer vor seinem Schöpfer sündigt, wird den Händen des Arztes preisgegeben.« (Sir 38,15).

Wichtiger aber ist das Weitere. Jesus Sirach steht vor dem theologischen Problem, wie er den Zwiespalt zwischen dem göttlichen und dem ärztlichen Wirken lösen soll. Auch für ihn gilt die alttestamentliche Überzeugung vom »Heilungsmonopol Jahwes«, gleichzeitig aber auch die rationale Einsicht in die Notwendigkeit des Arztes. Diesen Widerspruch versucht er dadurch aufzuheben, daß er den Arzt als Geschöpf Gottes, als sein Werkzeug versteht (38,1– 15[16]):

»Schätze den Arzt, bevor er nötig ist; denn auch ihn hat Gott erschaffen. Von Gott hat der Arzt die Weisheit . . . Gott bringt aus der Erde die Heilmittel hervor; und der einsichtige Mann wird sie nicht verschmähen . . . Er gab dem Menschen Einsicht . . . Durch sie beruhigt der Arzt den Schmerz, und ebenso bereitet der Apotheker die Mixtur, damit seine Schöpfungswerke nie brachliegen noch helfendes Wissen von der Erde (verschwinde).
Mein Sohn, in Krankheit säume nicht; bete zu Gott; denn er macht gesund . . .! Doch auch dem Arzt gewähre Zutritt, und er soll nicht wegbleiben, denn auch er ist nötig. Denn zu gegebener Zeit liegt in seiner Hand der Erfolg; auch er betet ja zu Gott, daß er ihm die Untersuchung gelingen lasse und die Heilung zur Erhaltung des Lebens.«

Auffällig ist, daß dem Text eine dämonologische Sicht der Krankheit fehlt. Krankheit wird nicht auf die schädigende Einwirkung von Dämonen oder bösen Geistern zurückgeführt wie sonst im Judentum. Darin zeigt sich bereits ein rationaler Zug, der den Schluß erlaubt, daß die hier anvisierte Medizin empirisch ausgerichtet ist und eine natürliche Erklärung der Krankheit voraussetzt. Die wohl pflanzlichen Heilmittel stammen aus der Erde. Durch sie beseitigt der Arzt den Schmerz, und aus ihnen bereitet der Apotheker seine Mixtur. Diese Beschreibung klingt ebenfalls so, daß das ganze Heilverfahren magischer Praktiken entbehrt und auf der natürlichen Wirkung etwa der Heilkräuter aufbaut.

Möglich wurde diese rationale Betrachtungsweise von Krankheit und Heilung aufgrund des Schöpfungsglaubens, der den ganzen Text prägt. Wie auch im priesterschriftlichen Schöpfungsbericht (Gen 1) sind alle Gegebenheiten der Natur ihres gottheitlichen oder dämonischen Charakters beraubt und zu Geschöpfen Gottes geworden, die einer magisch wirkenden Selbstmächtigkeit entbehren. So auch hier: Gott läßt aus der Erde Heilmittel hervorkommen, die aufgrund ihrer (nicht mehr magischen) Wirksamkeit Heilung bringen. Der Schöpfungsglaube hat die Erde und alles auf ihr Bestehende entdämonisiert, so daß der Blick frei wurde für eine natürliche Betrachtung der Welt, die eine empirische Medizin ermöglichte. Dieser betonte Schöpfungsglaube war die Voraussetzung einer Anleihe bei medizinischen Vorstellungen, wie sie teilweise in der hellenistischen Medizin gepflegt wurden.

Jesus Sirach steht bei seiner Haltung ziemlich isoliert da im frommen Judentum seiner Zeit. Von der Wirksamkeit empirisch arbeitender Ärzte erfahren wir sonst wenig. Eine Ausnahme bildet verständlicherweise der hellenistisch geprägte Hof der judäischen Könige. Der todkranke Herodes d. Gr. (gest. 4. v. Chr.) ließ sich von Ärzten behandeln, die wahrscheinlich Griechen waren. Über seine Krankheit berichtet Josephus recht ausführlich. Doch läßt sich eine sichere Diagnose im modernen Sinne schwer geben – ein Tatbestand, der sich im verstärkten Maße bei den neutestamentlichen Krankheitsschilderungen zeigen wird. Der Text bei Josephus, Jüdische Altertümer XVII 6,5, lautet[17]:

»... Das Fieber war schwach und zeigte beim Antasten die Entzündung als nicht so groß an wie die Verheerung, die dem Innern zugefügt wurde. Es bestand eine furchtbare Gier, sich ununterbrochen an irgendeiner Stelle zu kratzen, denn es gab keine Möglichkeit, Abhilfe anzuwenden; ferner war eine Anschwellung der Eingeweide und ganz besonders furchtbare

Schmerzen im Darm und eine feuchte, glänzende schleimartige Entzündung an den Füßen. Ein ähnliches Übel war auch im Bauch, wohl auch eine Fäulnis am Geschlechtsteil, die Würmer erzeugte ...«

Die Ärzte verordneten warme Bäder in den Quellen von Kallirhoë, die in das Tote Meer fließen. Als das nichts nützte, mußte Herodes den ganzen Leib in warmem Öl baden – ein Verfahren, das ihm beinahe den Tod brachte. Herodes starb schließlich an seiner Krankheit.

Der Bericht des Josephus gibt beispielhaft an, welche Heilkuren reiche und mächtige Leute in Palästina anwenden konnten. Sie entsprechen denen, wie sie auch sonst in hellenistischen Heilbädern üblich waren. Der medizinische Badebetrieb, wie er in Kallirhoë oder ähnlichen Orten reichen Personen offenstand, wurde aus der Sicht ärmerer Juden verurteilt:

>Jene Wasser aber werden in jenen Tagen den Königen, Mächtigen, Hohen und denen, die auf dem Festlande wohnen, zur Heilung des Leibes und zur Bestrafung des Geistes dienen, da ihr Geist voll Wollust ist, damit sie an ihrem Leibe gestraft werden.« (Henochbuch 67,8).

Die Polemik richtet sich gegen die Sündhaftigkeit jener »Mächtigen und Hohen«, die deshalb bei ihren Kuren nicht Erholung, sondern Bestrafung erleiden sollen. Doch mag hinter den Angriffen auch ein Mißtrauen gegenüber dem hellenistischen Kurbetrieb als solchem stehen, der mit dem alten Väterglauben nicht in Einklang zu bringen war.

Überblickt man die Krankheitsvorstellungen im Judentum, so lassen sich vier Weisen der Erklärung feststellen:

a) In der Weisheitsliteratur, besonders im Buch Jesus Sirach, findet sich eine rationale Betrachtung der Krankheit. Dementsprechend greift der Arzt auch zu Heilmitteln, die natürlich wirken, also keine magische Kraft haben (Sir 38,1 – 15). Die Krankheit hat natürliche Ursachen: Unmäßiges Essen bewirkt Schlaflosigkeit und Erbrechen (Sir 31 (34),20ff.). Jede Maßlosigkeit ruft Beschwerden hervor (37,27ff.). Diese Rationalität ist durch den betonten Glauben an Gott als Schöpfer ermöglicht, der keine Nebenmächte kennt (Sir 39,16.33). Diese Grundhaltung hat sich im Judentum nicht durchsetzen können. Zwar schätzt etwa das rabbinische Judentum pflanzliche Heilmittel wie Öl und Wein. Dieser Umgang mit Methoden der Volksmedizin, der die Überzeugung von einem natürlichen Wirken solcher Mittel einschließt, hat aber das Überhandnehmen des dämonologischen Verständnisses von Krankheit nicht hindern können. Die Verfahren der Volksmedizin entstammen zwar der alltäglichen Erlebniswelt. Das Leben aus konkreter Erfahrung, das immer ein Stück einfacher Rationalität ermöglicht, war dennoch machtlos gegenüber dem anwachsenden Dämonenglauben (vgl. AT IV.5).

b) Wie für viele Kreise der sonstigen Antike, so gilt auch für das Judentum die Überzeugung, daß Krankheiten auf die Einwirkung von Dämonen zurückgehen. Dabei ist eine allmähliche Steigerung des Dämonenglaubens anzunehmen. Im AT ist von einer dämonologischen Betrachtung der Krankheit nur am Rande die Rede (z. B. Ps 91,6). Anders steht es im nachbiblischen Schrifttum des Judentums. In massiver Form spricht davon Jubiläenbuch 10,10.12f.:

> »Zu einem von uns (Engeln) sagte er (Gott): Wir wollen Noah alle ihre Heilung lehren (d. h. die Heilung der von den Dämonen erregten Krankheiten) ... Und alle Heilung ihrer Krankheit sagten wir Noah samt ihren Verführungskünsten, damit er durch die Bäume der Erde heile.«

Von Krankheitsdämonen handelt allgemein das griechische Baruchbuch 16,3. Die Schrift »Leben der Propheten« 16 läßt den König Nebukadnezar von einem Dämon überfallen sein, der seinen Wahnsinn verursacht. In den rabbinischen Schriften sind diese Vorstellungen geradezu systematisiert. Einzelnen Krankheiten werden ganz bestimmte, sie verursachende Geister zugeordnet. Es gibt den Geist der Verwirrung oder der Tobsucht, den Geist der Starrsucht oder der Betäubung, den Geist des Asthma oder des Herzwehs usw.[18]. Erblindung wird gelegentlich auf den Dämon Schabriri zurückgeführt[19]. Epilepsie oder auch Lahmheit, Stummheit, Taubheit und Blindheit der Kinder können ihren Grund in falschem Verhalten der Eltern beim Geschlechtsverkehr haben, da der Zeitpunkt des Geschlechtsverkehrs als von Dämonen gefährdet gilt[20].

c) Für das alte Israel sind Schwachheit, Krankheit, Gefangenschaft und andere Bedrohungen Bereiche, die zur Domäne des Todes gehören (vgl. AT II. 2). Wer so krank ist, daß er in seinen Lebensmöglichkeiten eingeschränkt ist, über den übt der Tod seine Kraft aus. Er ist wie ein Toter, da er mit der Wirklichkeit des Todes in Berührung gekommen ist. Dieses Denken scheint im Judentum eine gewisse Fortsetzung erfahren zu haben. So erfährt man mehrfach:

> »Vier werden einem Toten gleichgeachtet: der Arme, der Aussätzige, der Blinde und der Kinderlose« (z. B. b Ned 64 b).

Oder:

Elisa »hat den Aussatz Naamans geheilt, der dem Tod gleichgeachtet ist . . .« (b Sanh 47 a).

Allerdings ist diese Vorstellung für das spätere Judentum nicht von gleicher Bedeutung gewesen wie im alten Israel.

d) Das rabbinische Judentum kennt einen engen Zusammenhang zwischen Sünde und Krankheit als Straffolge. Es hat diese Denkkonzeption systematisch ausgebildet und bis ins Detail entfaltet. Gott wacht darüber, daß Schuld und Strafe nach dem Prinzip »Maß gegen Maß« sich zueinander verhalten[21]. Man gab für viele Krankheiten die entsprechende Verschuldung an. Bei der Art von Wassersucht, bei der der Leib hart ist, hatte dies seinen Grund in Unzucht, im Fall von Zauberei ist der Leib abgemagert (b Schabb 33a Bar). Die Halsbräune kommt in die Welt wegen Unterlassung der Fruchtverzehntung oder wegen Verleumdung (b Schabb 33a Bar). Umgekehrt wußte man für jede Gesetzesübertretung die ihr folgende Strafe. Wer beim Licht der Lampe Geschlechtsverkehr ausübt, der bekommt epileptische Kinder (Pes 112 b Bar). Wegen elf Dingen treffen Aussatzplagen den Menschen: Götzendienst, Entheiligung des göttlichen Namens, Unzucht, Diebstahl, Verleumdung usw.[22].

Heilung bedarf wegen des Zusammenhanges von Sünde und Krankheit der vorhergehenden Sündenvergebung. So sagt Rabbi Alexandrai (um 270):

»Der Kranke steht von seiner Krankheit nicht auf, bis man (= Gott) ihm alle seine Sünden vergeben hat, s.: ›Der dir alle deine Sünde vergibt, der Heilung schafft all deinen Gebrechen‹« Ps 103,3 (b Ned 41 a)[23].

Nötig ist deshalb das Gebet oder auch das Schuldopfer und Gelübde, um Gottes Zorn zu versöhnen. Der größte Wundertäter des rabbinischen Judentums Rabbi Chanina ben Dosa (2. Hälfte des 1. Jahrhunderts n. Chr.) heilte deshalb auch nur durch das Gebet, nicht aber durch magische Praktiken (b Berakh 34 b)[24]:

»Einmal erkrankte ein Sohn des Rabban Gamliël (II. um 90 n. Chr.). Er sandte zwei Gelehrtenschüler zu R. Chanina b. Dosa, daß er um Erbarmen für ihn beten möchte. Als dieser sie sah, ging er hinauf auf den Söller und flehte für ihn um Erbarmen. Als er herunterkam, sagte er zu ihnen: Geht, denn das Fieber hat ihn verlassen. Sie sprachen zu ihm: Bist du etwa ein Prophet? Er antwortete ihnen: Ich bin kein Prophet, auch nicht eines Propheten Sohn, aber so habe ich es überkommen . . .: Wenn mein

Gebet geläufig in meinem Munde ist (ohne Stocken über meine Lippen geht), so weiß ich, daß der Betreffende angenommen ist . . .«

II. Krankheit und Heilung im Urteil Jesu

1. Methode, Vorüberlegungen

Ehe man Jesu Verständnis von Krankheit und Heilung behandeln kann, ist eine methodische Vorklärung nötig. Es ist unumgänglich, den Kreis der Textaussagen zu bestimmen, die man mit einiger Gewißheit dem historischen Jesus zuschreiben darf. Schaut man auf die Evangelien, so würde es sich auf den ersten Blick nahelegen, die dortigen Heilungsgeschichten als vorrangiges Quellenmaterial zu betrachten, da man in ihnen Jesus in deutlicher Weise mit dem Phänomen Krankheit konfrontiert sieht. Doch ist es relativ sicheres Ergebnis der kritischen Forschung, daß alle Jesus*geschichten* in starkem Maße vom Glauben und den Vorstellungen der nachösterlichen Gemeinde geprägt sind, so daß sie nicht ohne weiteres über die Anschauungen des historischen Jesus Auskunft geben. Dieser Tatbestand ist gar nicht verwunderlich. Alle Jesusgeschichten, also auch die Heilungsberichte, wurden von Christen der nachösterlichen Gemeinde *erzählt*. Diese Erzähler ließen natürlich ihre Gedanken und Probleme ganz unbewußt in die Erzählung einfließen. Je länger und komplizierter dieser Traditionsprozeß verlaufen ist, desto schwieriger wird es, einen möglichen historischen Kern, der zum irdischen Jesus führt, von den Einflüssen nachösterlicher Gestaltung zu trennen. Eine Krankenheilung Jesu, die vor Ostern von den ersten Jüngern berichtet wurde, hat also bis zum ältesten literarischen Stadium, in dem sie für uns (im MkEv) greifbar ist (um 70 n. Chr.), mannigfache Veränderungen erfahren. Dieser Sachverhalt sei in einer bestimmten Hinsicht verdeutlicht. Bei einem umfassenden Vergleich jüdischer, heidnisch-hellenistischer und christlicher Wundergeschichten ergibt sich, daß diese Geschichten, also auch Heilungsberichte Jesu, nach bestimmten, immer wiederkehrenden Erzählschemata geformt wurden. Diese Prägung ist nicht bewußt oder absichtlich erfolgt. Vielmehr bestand eine verbreitete Gewohnheit, Heilungsgeschichten so und nicht anders zu erzählen, wobei die Tatsache eine Rolle spielt, daß man Heilungen Kranker mit längst traditionellen Deutekategorien eines überkommenen Wunderglaubens interpretierte. Der heutige Leser lernt aus den Wundergeschichten Jesu also zunächst und vor allem den Denkhorizont jener urchristlichen Erzähler kennen, nur sehr bedingt aber den des Hauptakteurs dieser Geschichten, nämlich Jesu. Verschärft ist diese Problematik noch dadurch, daß die ursprünglichen Heilungsberichte Jesu die fromme Phantasie jener nachösterlichen Erzähler in der Weise angeregt haben, daß neue Geschichten »erfunden« wurden. Diese sind also nicht historisch in dem Sinne, daß sie über den historischen Jesus Auskunft geben, sondern über den Glauben früher Christen. Die Bildung neuer Wundergeschichten wurde in besonderer Weise in der Konkurrenzsituation der frühchristlichen Mission provoziert. Man hörte von staunenerregenden Wunderheilungen heidnischer Götter und Wundertäter (wie Fernheilungen und Totenerweckungen). Weil man aber zutiefst überzeugt war, daß Jesus *der* Sohn Gottes, des Allerhöchsten, war (vgl. Mk 5,7), der alle »Göttersöhne« übertraf, ja daß er der einzige Gottessohn war, war man geradezu gezwungen, neue Wundergeschichten von Jesus zu erzählen, um konkurrierende Erzählungen zu übertrumpfen. Man bestritt die Heilungen heidnischer Wundertäter: »Seit Ewigkeit wurde nicht vernommen, daß irgend jemand die Augen eines Blinden öffnete« (Joh 9,32), und erzählte gerade dieses von Jesus. Die Überzeugung von der Einzigartigkeit Jesu mußte dazu verleiten, ihm solche Taten zuzuschreiben, die man anderen abstritt.

Aus allem Bisherigen ergibt sich, daß die Heilungsgeschichten Jesu wenig geeignet sind, das Krankheitsverständnis Jesu von Nazareth zu erheben. Auch in den Fällen, in denen ein Wunderbericht auf eine historische Heilung Jesu zurückgehen sollte, erfährt der Leser vor allem etwas über die Vorstellungen der christlichen Erzähler, da diese es sind, die den Charakter der Geschichte von ihrem Interessenhorizont und ihren Vorstellungen aus bestimmen. Bei den Neubildungen, die in Analogie zu anderen Jesusgeschichten oder aufgrund der Konkurrenz zu heidnischen Geschichten nach Ostern entstanden, versteht sich dieser Sachverhalt von selbst. Die Wunderheilungsberichte entfallen weitgehend als Quellen für das Krankheitsverständnis Jesu. Sie werden sich demgegenüber als hervorragende Zeugnisse erweisen, wenn es gilt, die nachösterlichen Gemeinden auf ihr Heilungsverständnis hin zu untersuchen.

Als ziemlich sichere Quellen für Jesu Anschauung von Krankheit und Heilung kommen einige *Worte* Jesu in Betracht. Anders als Geschichten, bei denen Erzähler nur *über* Jesus berichten, finden sich in den Evangelien Sprüche, die Jesus direkt und unmittelbar zu Wort kommen lassen.

2. Die Dämonenaustreibungen Jesu in der anbrechenden Gottes-herrschaft

Wie wir aus den ersten drei Evangelien wissen, waren Fälle von »Besessenheit« ein häufiges Krankheitsphänomen zur Zeit Jesu. Die Kranken galten als von Dämonen beherrscht, die in ihrem Innern hausten und sie zu selbstzerstörerischen Handlungen zwangen (vgl. NT III. 1.). Rettung geschah durch die Austreibung des verderblichen Dämons. Jesus wirkte als Exorzist beim Kampf gegen diese »unreinen Geister.«

Als ursprüngliche Worte Jesu, die hier relevant sind, können die Sprüche Lk 10,18; Lk 11,20 (parallel Mt 12,28); Mk 3,27 gelten[25]. Ihre Echtheit zeigt sich daran, daß in analogieloser Weise von der Gegenwart der Gottesherrschaft gesprochen wird. Die Befreiung von der »Besessenheit« hat hier einen unmittelbaren Bezug zur anbrechenden Gottesherrschaft, der im Judentum so nicht vorgeprägt war. Sie ist Element des Kampfes um die Durchsetzung endzeitlichen Heiles. Sie verwirklicht dieses jetzt schon.

Um die Vorstellungen Jesu zu klären, beginnt man am besten beim Verhältnis von Lk 10,18 zu Lk 11,20. Der Visionsbericht Jesu Lk 10,18 verkündet:

»Ich sah den Satan wie einen Blitz vom Himmel fallen.«

Satan wurde von Gott aus dem Himmel gestoßen – dies ist für Jesus der Anstoß zur Überzeugung, daß Gott endgültig seine Herrschaft durchsetzen will im Himmel wie auf Erden. Die gegenwärtige Weltzeit des Übels und der Leiden geht zu Ende; denn Gott hat sich im Himmel angeschickt, dem Satan als dem Urheber des Übels den Garaus zu machen. Jesus selbst versteht sich als Werkzeug Gottes auf Erden (Lk 11,20):

»Wenn ich mit dem Finger Gottes die Dämonen austreibe, dann ist die Gottesherrschaft zu euch gekommen.«

Jesus treibt die Dämonen aus den Besessenen aus und befreit sie auf diese Weise. Dabei herrscht die Überzeugung, daß überall da, wo dies geschieht, Gott Herr wird. Wie ist dies zu verstehen? Satan gilt als Fürst der Dämonen, als ihr Herr, dem sie als Helfershelfer gehorchen. Wenn nun durch die Austreibung eines Dämons durch Jesus jeweils eine Herrschaftsbastion des Satans vernichtet wird, verringert sich seine Machtsphäre auf Erden. Dementsprechend setzt sich Gottes Herrschaft durch, mit dessen Kraft Jesus die Dämonen vertreibt. Was von den apokalyptischen Frommen des Judentums erst von der Zukunft erwartet wird, nämlich das Ende des Satans und seiner Macht (Himmelfahrt d. Mose 10,1), das bricht sich in Jesu Gegenwart jetzt schon Bahn. Seine Dämonenaustreibungen und damit der siegreiche Kampf gegen den Satan auf Erden sind sichtbare Zeichen des Anbruchs der eschatologischen Heilszeit, in der Gott allein herrschen wird. In Jesu Wirken ist der Stärkere am Zuge, der in »das Haus des Starken«, des Satans, eingebrochen ist und diesen »bindet« (Mk 3,27).

Jesu Deutung seiner Dämonenaustreibungen ist religionsgeschichtlich singulär. Blickt man auf Wundercharismatiker seiner Zeit, so findet sich nirgends dieses globale Verständnis einzelner Heilungen. Seine Exorzismen sind nämlich Ausdruck der umfassenden Wandlung der ganzen Welt. Denn wenn ein Besessener geheilt wird, wenn also ein Dämon vertrieben wird, dann erfährt der Herrschaftsbereich des Satans eine Machtminderung, die die Herrschaft Gottes in der Welt wirksam werden läßt, so daß Übel und Leid vergehen. Die Gottesherrschaft als die sehnlich erwartete Zukunft wird in den Taten Jesu jetzt schon sichtbar. Jesus verbindet zwei Aspekte, die sonst in dieser Weise nicht verbunden sind: die Erwartung universaler Heilszukunft und die einzelne Verwirklichung gegenwärtigen Wunderheils.

Nach Ausweis der wahrscheinlich echten Worte Jesu ist das dämonologische Verständnis eine der durch die Tradition vermittelten Voraussetzungen seiner Exorzismen (Lk 11,20; Mk 3,27). »Besessenheit« galt ja als ein Leiden, das durch den im Kranken wohnenden Dämon verursacht wurde. Neu bei ihm ist der eschatologische Horizont, in dem das Phänomen »Besessenheit« erscheint. Ihre Bekämpfung durch die Austreibung eines Dämons bedeutet den Anbruch der Herrschaft Gottes. Die Dämonologie wird damit zwar nicht im rational-aufklärerischen Sinn überwunden: Die Dämonen werden in ihrer faktischen Existenz nicht geleugnet. Doch geschieht eine Überwindung des Dämonenglaubens insofern, als Jesus die Dämonen besiegt und damit die eigentlich bedrohliche Macht der Krankheit zunichte macht. Angst und Schrecken vor der Krankheit, besonders der Besessenheit, verlieren durch das Ende der Dämonen ihre Kraft. Mit der Beseitigung des physischen Übels weicht gleichzeitig die religiöse Furcht, die mit der Besessenheit unlöslich verbunden war.

Jesus hat Dämonenaustreibungen vollzogen. Eine medizinische Beurteilung dieser Handlungen fällt natürlich schwer, weil die Texte nur knapp andeuten und an der modernen Fragestellung gar nicht interessiert sind. Wenn heute gesagt wird: »Jesus hat Heilungen vollbracht, die den Zeitgenossen erstaunlich waren. Es handelt sich dabei primär um die Heilung psychogener Leiden . . .« so mag diese Feststellung grundsätzlich richtig sein. Wenn man darüber hinaus hinzufügt, Jesus habe die Dämonenaustreibungen mit einem kurzen Befehlswort vollzogen, »Vorgänge, die in der Richtung dessen liegen, was die Medizin als Überwältigungstherapie bezeichnet«[26], so hat man bereits den Bereich dessen verlassen, was sich aus den Texten mit Sicherheit erheben läßt. Bei einer solchen Interpretation muß man solche Geschichten zu Hilfe nehmen, die von Dämonenaustreibungen Jesu berichten (Mk 5,1–20; 9,14–28). Hier wirkt in der Tat das Machtwort des Exorzisten das entsprechende Wunder (Mk 9,25). Doch geht diese Beschreibung zunächst einmal auf das Konto der Topik von antiken Exorzismen, ohne daß der Schluß auf die faktische Heilungsmethode Jesu ohne weiteres erlaubt ist. Die Geschichten Mk 5,1ff.; 9,14ff. lassen zunächst nur erkennen, wie sich die nachösterlichen Erzähler Jesu Dämonenaustreibungen vorgestellt haben – nämlich in Analogie zu sonstigen (auch heidnischen) Wundertätern; sie führen uns nicht unmittelbar zum historischen Jesus selbst.

3. Die Krankenheilungen Jesu

Das Logion Mt 11,5f. (parallel Lk 7,22f.) könnte nun helfen, genauere Auskunft über die verschiedenen Krankheiten zu geben, die Jesus geheilt hat. Nach begründeter Auffassung stellt der Text ein anfänglich isoliert überliefertes Wort dar, das erst nachträglich mit dem szenischen Rahmen 11,2–4 versehen wurde:

> »Blinde werden sehend, Lahme gehen umher, Aussätzige werden rein, Taube hören, Tote werden auferweckt und Armen wird Heil verkündigt.
> Und selig ist, wer nicht Anstoß nimmt an mir.« (11,5f.).

Mt 11,5f. stammt wahrscheinlich aus dem Munde des historischen Jesus. Der erste Teil des Wortes (V. 5) entspricht seiner Überzeugung von der gegenwärtig anbrechenden Gottesherrschaft, die das endgültige Heil bringt (vgl. Lk 10,23f.). Der zweite Teil (V. 6) spiegelt die zwiespältige Situation wider, in der Jesus sich selbst befand. Seine Wunder waren keine eindeutige Beglaubigung seiner Sendung, wie der Vorwurf frommer Gegner beweist, er stehe mit Beelzebul im Bunde und treibe mit dem Fürsten der Dämonen die Dämonen aus (Mk 3,22).
Man hat den Text so verstehen wollen, daß die Aufzählung der einzelnen Wundertaten Jesu Prophetie legitimieren soll, da nach jüdischer Auffassung Wunder ein Beglaubigungszeichen für escha-

tologische Prophetie darstellen. Doch steht dieser Deutung die
Beobachtung entgegen, daß die »Aufzählung« in V. 5 nicht personal formuliert ist mit ausdrücklicher Beziehung auf Jesus, sondern
ganz allgemein und umfassend von den Zeichen der neuen Zeit
spricht. Im übrigen ist durch den Schlußsatz vorausgesetzt, daß die
Wunder nicht ohne weiteres legitimieren, da die drohende Gefahr
des Anstoßes gegeben ist. Die Wundertaten beschreiben hier die
neue Zeit, autorisieren nicht eine Person. Dann aber bleibt es bei
der Auslegung, daß das Wort die angebrochene Heilsepoche schildern will und dabei Bilder alter Prophetie benutzt (Jes 26,19;
29,18f.; 35,5f.; 61,1), ohne daß die einzelnen Aussagen protokolla-
risch genau schon geschehene Taten Jesu aufzählen wollen. Stimmt
diese Deutung, dann ist es nicht mehr unerklärlich, warum die für
Jesus so typischen Dämonenaustreibungen in der Reihenfolge fehlen. Sie brauchten nicht genannt zu werden, da das Wort die
eschatologische Heilszeit mit traditionellen Farben schildert, also
nicht einfach Wiedergabe durch Jesus gewirkter Taten sein will.
Diese Deutung scheitert nicht daran, daß andererseits Aussätzigenheilungen genannt sind, die nicht als Element jesajanischer Heilszeitprophetie begegnen (Jes 35,8 ist nur ein vager Ansatz) und
deshalb möglicherweise aufgrund historischer Wirklichkeit ein Teil
des Spruches sind. Das Wort hat Anhalt an den geschichtlichen
Ereignissen, ohne sie jedoch genau wiederzugeben. Es will eben
mehr: Es will die angebrochene Heilszeit proklamieren, von der
gilt (Mt 13,16f. parallel Lk 10,23f.):

> »Selig die Augen, die sehen, was ihr seht,
> und die Ohren, die hören, was ihr hört . . .«

und (Mt 11,6 parallel Lk 7,23):

> »Selig ist, wer nicht Anstoß nimmt an mir!«

Aufgrund dieses Ergebnisses erweist sich das Wort Mt 11,5f.
(parallel Lk 7,22f.) trotz seiner wahrscheinlichen Historizität als
Spruch Jesu nicht als sicheres Zeugnis über den Umfang der
Heilungtätigkeit Jesu. Da das Wort primär traditionelle Bilder
gebraucht und nicht so sehr aktuelle Krankheitsheilungen nennt –
die Dämonenaustreibungen fehlen –, bleibt der Hinweis auf Blindheit, Lahmheit und Taubheit kein eindeutiges Indiz für die Heilung
gerade dieser Krankheiten. Andererseits ist es nicht vorstellbar, daß
Jesus die anbrechende Heilszeit in einer Weise mit vorgegebenen
Bildern malt, die in keiner Weise mit der tatsächlichen Wirklichkeit
seiner Heilungen übereinstimmt. In der betonten Erwähnung der
Heilsbotschaft an die Armen am Schluß der Reihe ist ja ebenfalls

ein entscheidendes Element seiner Tätigkeit aufgeführt (vgl. Lk 6,20 f.). Deshalb ist es durchaus möglich, daß Krankheiten wie »Blindheit«, »Lahmheit« oder »Taubheit« von Jesus geheilt wurden. Welches Verständnis von Krankheit in diesen Fällen bei Jesus vorliegt, ob etwa auch hier eine dämonologische Deutung vorausgesetzt ist, läßt sich schwer beurteilen. Doch brauchen diese Krankheiten nicht auf einer gänzlich anderen Deutungsebene zu liegen als die Dämonenaustreibungen Jesu.

Immerhin ist hier Vorsicht geboten. Es ist schon immer aufgefallen, daß bei den in Mt 11,5 f. erwähnten Heilungen die Dämonenaustreibungen fehlen. Zwar will der Spruch gar keine vollständige Aufzählung von Jesu Wundertaten bieten, dennoch bleibt es erstaunlich, daß gerade die für Jesus so charakteristischen Exorzismen nicht auftauchen. Könnte dieser Tatbestand nicht auch damit zusammenhängen, daß die in dem Spruch genannten Heilungen Jesu auf einer anderen Ebene liegen als die Exorzismen? Blindheit, Lahmheit, Taubheit und Aussatz sind doch wohl anders geartete Krankheiten als »Besessenheit.« Im einen Fall war die dämonische Schädigung allenfalls partiell als Einwirkung von außen zu denken, wenn überhaupt eine solche vorlag (vgl. NT IV. 2.). Im Fall der Besessenheit war sie total, der Dämon hauste im kranken Menschen (vgl. NT III. 1.). Verschiedenartige Krankheiten bedürfen je eigentümlicher Heilungsmethoden. Die einen wurden, wie die eigentlichen Wundergeschichten zeigen werden, durch Kraftübertragung geheilt, Formen der Besessenheit aber durch eine Dämonenaustreibung. Dieser Unterschied könnte in Mt 11,5 f. dazu geführt haben, daß hier Wundertaten Jesu gesondert erscheinen, die darin übereinstimmen, daß sie keine Exorzismen sind. Sicherheit werden wir an dieser Stelle noch nicht gewinnen können. Doch soll diese Überlegung dazu anregen, dem Problem weiter nachzugehen, ob Jesus Krankheiten ganz verschieden gedeutet und dementsprechend seine Heilungen in je anderer Weise theologisch verstanden hat.

Verwandt mit den eigentlichen Worten Jesu sind einige Geschichten, in deren Zentrum ein Wort Jesu steht. Dazu gehört die Erzählung von der Heilung einer gelähmten Hand am Sabbat (Mk 3,1–6). Sie verdient hier deshalb besondere Beachtung, weil das Wort Jesu V. 4 nach vorherrschender Meinung authentisch ist und eine Stellungnahme zur Situation des Kranken impliziert. Darüber hinaus könnte die ganze geschilderte Szene auf lebendiger Erinnerung beruhen. Dafür spricht, daß Jesus hier demonstrativ am Sabbat heilt und den Konflikt mit den Frommen provoziert. Gerade die Gesetzeskonflikte sind charakteristisch für Jesu öffentliches Wirken. Zwar zeigt die gattungskritische Analyse, daß auch diese Erzählung viele schematische Züge enthält, die der Topik der Wundergeschichten, aber auch der Streitgespräche entstammen. Doch weist schon das authentische Wort Jesu V. 4, das der Erzählung organisch integriert ist, darauf hin, daß die ganze Konfliktszene nicht einfach aus der Vorstellung der nachösterlichen Gemeinde erwachsen ist.

Die Geschichte geht davon aus, daß Jesus am Sabbat einem Menschen begegnet, der eine erstarrte Hand hat. Jesu Gegner belauern ihn, ob er den Kranken am Sabbat heilen würde. Diese szenische Vorbereitung zielt darauf, daß Jesus sich dem angelegten Konflikt bewußt stellt. Er ergreift die Initiative: »Und er sagt dem mit der starren Hand: Steh auf, in die Mitte!« (V. 3). Entscheidend ist nun das Wort Jesu V. 4, das in Form eines Gegenarguments auf den in V. 2 enthaltenen Vorwurf der Gegner provozierend eingeht:

»Ist es erlaubt, am Sabbat Gutes zu tun oder Böses zu tun? Jemanden[27] zu retten oder zu töten?«

Mit diesen Fragen wird den Gegnern letztlich keine eigene Wahl gelassen. Denn natürlich ist nur die Antwort möglich, daß man Gutes tun darf. Die zweite Frage konkretisiert die allgemeinere erste Frage im Blick auf die fragliche Heilung des Kranken. Es geht um die Rettung, d. h. hier (nach dem semitischen Hintergrund des griechischen Wortes) um das Gesund- und Lebendigmachen dieses bestimmten kranken Menschen. Entsprechend meint Töten wohl die Unterlassung der lebendigmachenden Tat. Dies entspricht alttestamentlichem Empfinden. Es gibt keine neutrale Zone, nur Leben oder Tod, Gut oder Böse. Das irdische Leben wird so ernst genommen, daß es als krankes nicht mehr Leben im Vollsinn des Wortes heißen kann. Deshalb ist die Heilung, die lebendigmachende Tat, auch am Sabbat nötig. Ihre Unterlassung würde den Kranken dem Tode näherbringen, weil sie ihn im Machtbereich des Todes belassen würde. Das Wort Jesu in V. 4 deckt einen neuen Aspekt von Jesu Krankheitsverständnis auf. Krankheit ist Todesnähe. Damit folgt Jesus alttestamentlicher Tradition, die auch im Judentum ihre Fortsetzung gefunden hat:

»Vier werden einem Toten gleichgestellt: der Arme, der Aussätzige, der Blinde, der Kinderlose.« (b Ned 64 b Bar).

Dieses Krankheitsverständnis kann auch noch aus einem anderen Wort Jesu erschlossen werden. In dem ursprünglich isolierten Spruch, den der Evangelist Matthäus in die ihm vorliegende Geschichte Mk 3,1—6 eingeschoben hat (Mt 12,11 f.) und der in Lk 14,5 seine Parallele hat, fragt Jesus (Mt 12,11 f.):

>»Welcher Mensch unter euch, der ein Schaf hat, wird nicht, wenn dieses am Sabbat in eine Grube fällt, es greifen und heraufholen? Wie viel mehr wert ist nun ein Mensch als ein Schaf?«

Der Spruch geht von der Lehre aus, daß Lebensgefahr sogar beim Tier das Sabbatgebot verdrängt. Wieviel mehr – so argumentiert Jesus – gilt dies für den Menschen. Auf das Problem der Krankenheilung am Sabbat angewandt, heißt dies, daß die Heilung des kranken Menschen parallel läuft der Rettung des Tierlebens vor dem Tode. Denn Kranksein bedeutet, irgendwie dem Tode bereits verhaftet zu sein. Der Kranke ist als solcher in den Machtbereich des Todes geraten, nicht nur weil die Krankheit möglicherweise den Tod bringt – das wäre modern rational gedacht –, sondern weil aufgrund mythischen Denkens Krankheit eo ipso der Domäne des Todes zugehört. Am Beispiel des Menschen mit der »verdorrten« Hand (Mk 3,1—6) ist dies sehr deutlich. Welche Krankheit im modernen Sinne auch dahintersteckt (Muskelatrophie?, eine Form von Paralysis?), so ist sie nicht so geartet, daß sie zum baldigen physischen Tode führen könnte. Das weiß die Erzählung auch genau; denn das Gesetzesproblem der Sabbatverletzung Jesu stellt sich ja gerade deshalb, weil Jesus am Sabbat heilt, ohne daß akute Lebensgefahr besteht. Dennoch ist der Kranke so dem Tode verfallen, daß die Unterlassung der Heilung »ein Töten« wäre. Jesus aber fühlte sich gerufen, den Kranken zu retten, d. h. sein Leben zu stärken bzw. ihn dem Todesbereich zu entreißen.

In Mk 3,1—6 (und Mt 12,11 f.) deutet sich damit eine Sichtweise der Krankheit bei Jesus an, die neben der dämonologischen Betrachtung ihre Bedeutung hat: Krankheit als Todesverfallenheit. Beide stehen nach den jüdischen Denkvoraussetzungen nicht in Konkurrenz zueinander: Krankheit und Tod können auf die Tätigkeit von Dämonen zurückgehen (Jubiläenbuch 10,1 f. 10—13). Wahrscheinlich legt sich aber eine weitergehende Interpretation nahe, die sich schon anhand von Mt 11,5 f. als Möglichkeit abzeichnete. Sollte Lk 13,32 ein echtes Wort Jesu sein, so würde Jesus zwischen Heilungen und Dämonenaustreibungen unterschieden haben (wie schon Mt 11,5 f.). Jesus antwortet auf den Rat einiger Pharisäer, das Gebiet des Herodes Antipas (u. a. Galiläa) zu verlassen (Lk 13,32):

»Geht und sagt diesem Fuchs: Siehe ich treibe Dämonen aus und vollbringe Heilungen heute und morgen, und am dritten Tag werde ich vollendet.«

Dämonenaustreibungen *und* Heilungen charakterisieren Jesu Wirken. Beide Handlungen sind nicht einfach identisch, wie die getrennte Nennung beider Aktionen zu zeigen scheint. Entsprechend könnte das dämonologische Krankheitsverständnis den Dämonenaustreibungen zugeordnet werden (»Fälle von Besessenheit«), Krankheit als Todesverfallenheit aber den Lk 13,32 und Mt 11,5 f. gesondert genannten »Heilungen.« Die Wiederherstellung der vertrockneten bzw. lahmen Hand in Mk 3,1 – 6 wäre ein historisches Beispiel jener »Heilungen«, eine dämonologische Erklärung jener Lähmung ist im Text nicht angedeutet.

Jesus hat nur die Dämonenaustreibungen ausdrücklich als eschatologische Verwirklichung der Herrschaft Gottes angesehen (Lk 11,20). Die Bedrohlichkeit der Krankheit wurde hier aufgrund des neuen endgültigen Heilshandelns Gottes überwunden. Der Dämonenglaube verlor seine existentielle Macht über den Menschen. Bei Krankheiten aber, die eher als drohende Todesverfallenheit galten wie im Fall von Mk 3,1 – 6, scheint die Heilung und damit der Kampf gegen die Krankheit unter einem besonderen Aspekt gestanden zu haben. Jesus zielt in V. 4 darauf ab, den kranken Menschen zu retten, ihn in seinem Leben zu stärken. Dabei kommt der Mensch als Geschöpf Gottes in den Blick. Hilfreich ist hier ein rabbinischer Grundsatz (Sanh 4,5; ähnlich AbothRN 31)[28]:

»Deshalb wurde Adam als einziger geschaffen, um dich zu lehren, daß man (Gott) es jedem, der eine Seele (= ein Menschenleben) vernichtet, so anrechnet, als ob er eine ganze Welt vernichtet hätte, und daß man es jedem, *der eine Seele erhält,* so anrechnet, *als ob er eine ganze Welt erhalten hätte.«*

Eine »Seele«, einen Menschen, erhalten bzw. ihn vernichten – davon spricht auch Mk 3,4. Bedeutsam ist bei den rabbinischen Parallelen der schöpfungstheologische Horizont: Ein Mensch ist so viel wert wie das ganze Schöpfungswerk. Haben wir nun das Recht, diese jüdischen Texte mit ihrer Hochschätzung des Menschen als Geschöpf Gottes zur Deutung von Mk 3,4 heranzuziehen? Wahrscheinlich ja. Für Jesus ist der Grundsatz charakteristisch (Mk 2,27):

»Der Sabbat ist um des Menschen willen geworden, und nicht der Mensch um des Sabbats willen.«

Wie die anderen Schöpfungswerke Gottes ist der Sabbat zum Wohle des Menschen geschaffen. Die ganze Schöpfung ist dem Menschen zu Diensten. Um dieses den Menschen seiner Zeit zu demonstrieren und ihnen so den Heilswillen des Schöpfergottes nahezubringen, hat Jesus in provokativer Form den Sabbat gebrochen, wenn es galt, einen Kranken aus dem Bereich des Todes zu retten (Mk 3,4). Auf diesem umfassenden Hintergrund gesehen, wird Jesu Überzeugung deutlich: Natürlich ist es erlaubt, ja es ist geboten, am Sabbat einen kranken Menschen zu retten, weil der Sabbat um dieses Menschen willen von Gott geschaffen ist. Krankheit als drohende Todesverfallenheit widerspricht dem Heilswillen des Schöpfergottes. In der Zeit der anbrechenden Gottesherrschaft demonstriert Jesus durch seine Heilungen, daß die Krankheit als Unheilsmacht des Todes besiegt wird. Das jüdische Verständnis der Krankheit als Todesverfallenheit verliert bei Jesus seine existenzbedrohende Wirkung. Aufgrund des Glaubens an den heilschaffenden Schöpfergott, der nach Jesu Überzeugung sich zur Übernahme seiner endgültigen Herrschaft rüstet, kann er die jüdische Sichtweise durchbrechen, indem er durch konkrete Heilungen ihre Nichtigkeit erweist.

4. Krankheit als Folge der Sünde

Aus der jüdischen Tradition (vgl. NT I. 2.) war zu erfahren, daß neben der dämonologischen Betrachtung der Krankheit besonders eine Denkweise das Judentum beherrscht hat: die Krankheit als Straffolge für die Sünden. Die Frage stellt sich nun, ob wir etwas erfahren können, wie sich Jesus zu dieser das tägliche Leben belastenden Anschauung gestellt hat. Das Judentum stand hier in Gefahr, aus Gründen der Frömmigkeit ausgesprochen grausam zu sein. Nicht nur daß der kranke, leidende Mensch durch das Leiden schwer getroffen war. Hinzutrat die religiöse Verurteilung, die er aufgrund seines Leidens erfuhr. Man glaubte ja, aus dem Unglück eines Menschen auf eine Verschuldung desselben, ja auf die Art dieser Verschuldung schließen zu können.
Wir haben nun ein gewichtiges Wort Jesu, das sich gegen das Aufrechnen von Schuld und Strafe richtet (Lk 13,1–5). Allerdings geht es hier nicht um Krankheit als Folge der Sünde, sondern um andere Unglücksfälle, die als Straffolge gelten. Doch könnte Jesu Stellungnahme in Lk 13,1–5 den Schluß erlauben, daß er sich gegen die praktischen Konsequenzen jenes Vergeltungsglaubens auch im Falle der Krankheit wandte.

Leute berichten Jesus von galiläischen Pilgern, die Pilatus beim Opfern umbringen ließ. Dieses Schicksal der Galiläer provoziert bei ihnen die Frage, ob diese besondere Sünder waren. Ähnlich stand es mit dem Unglück jener achtzehn Menschen, die umkamen, als der Turm am Siloahteich umstürzte. Jesus antwortet (Lk 13, 2f.):

> »Wähnt ihr (etwa), daß diese Galiläer größere Sünder waren als alle (übrigen) Galiläer, weil das mit ihnen geschehen ist?
> Nein, sage ich euch: Sondern wenn ihr nicht umkehrt, werdet ihr alle ebens·> umkommen!«

Jesus lehnt hier wie in der folgenden Antwort Lk 13,4f. das Dogma ab, daß Unglück Strafe für bestimmte Einzelsünden ist. Doch geht es ihm nicht um eine theoretische Bestreitung, sondern um den Kampf gegen die praktischen Konsequenzen dieser religiösen Anschauung. Wer nicht von besonderem Unglück betroffen war, konnte sich ja in der sicheren Überzeugung wiegen, kein Sünder zu sein und deshalb der Umkehr nicht zu bedürfen. Demgegenüber spricht Jesus die Drohung aus: Alle sind Sünder, deshalb ist angesichts des baldigen Vernichtungsgerichts Gottes die Umkehr aller nötig. Die Frage nach der Schuld der umgekommenen Juden wird durch den Verweis auf die die Hörer bedrohende Katastrophe erledigt. Jesus besitzt die Freiheit, das herrschende Vergeltungsdenken zurückzuweisen, da es zur Selbstgerechtigkeit bei denen verführen konnte, die nicht von einem Unglück betroffen waren. Hat Jesus dieses Verständnis auch im Blick auf die Krankheit als Straffolge bekämpft, etwa weil in ihrer Konsequenz das Leid der Kranken noch vergrößert wurde, da zu der körperlichen Schädigung noch die religiöse Verurteilung durch die Umwelt trat? Die Frage ist schwer zu beantworten, da sichere Quellen fehlen. Ein Text könnte hier vielleicht weiterhelfen: die Heilung des Blindgeborenen in Joh 9,1ff. Die Frage der Jünger: »Rabbi, wer hat gesündigt, er oder seine Eltern, daß er blind geboren wurde?« (V. 2) wird von Jesus zurückgewiesen (V. 3a) und der Kranke geheilt (V. 6f.). Damit ist das bedrückende Problem von Sünde und Krankheit zum Wohl des Kranken aus der Welt geschafft. Doch erhebt sich gegen die Heranziehung dieser Erzählung sofort der Einwand, daß alle Wundergeschichten viel eher das Denken der frühchristlichen Erzähler widerspiegeln als das Jesu. Auch wenn wir eine ältere vorjohanneische Fassung rekonstruieren können (etwa: V. 1.2.3a.6.7), so zeigt auch diese ursprünglichere Form Anzeichen fortgeschrittenen Stadiums in der Wundertradition des

NT, da sie wie die anderen Heilungen des JohEvs extrem schwierige Fälle bevorzugt, um Jesu Kraft um so heller strahlen zu lassen.

5. Historische Erinnerung an Jesu Heilungen in den Wundergeschichten

Ansatzweise sei versucht, weitere Wundergeschichten daraufhin zu befragen, inwieweit sich in ihnen das jesuanische Verständnis von Krankheit erhalten hat. Dabei ergibt sich sofort ein negativer Befund, der alle Wundergeschichten Jesu betrifft. Gerade das Charakteristische an Jesu Verständnis, die eschatologisch gedeutete Aufhebung der Krankheit als Zeichen der anbrechenden Gottesherrschaft, fehlt völlig. Wie sich bei der Besprechung der Wundergeschichten noch genauer zeigen wird, findet sich in ihnen eine Tendenz zur Abschleifung des Charakteristischen, die es schwer macht, aus ihnen zutreffende historische Erinnerung an Jesu Sicht der Krankheit zu gewinnen.

Eine gewisse Ausnahme macht die Erzählung von der Heilung der Schwiegermutter des Petrus (Mk 1,29–31). Zwar enthält auch diese Erzählung schematisch traditionelle Züge, die allgemein in Wundergeschichten auftauchen: szenische Vorbereitung (Jesus tritt herzu), Heilgestus (Jesus packt die Kranke bei der Hand vgl. Mk 5,41; 9,27, richtet sie auf vgl. 2,9.11; 3,3; 5,41; 9,27; 10,49), Konstatierung des Wunders (»es verließ sie das Fieber«) und Demonstration der Heilung (»und sie bediente sie«). Doch unterscheidet sich dieser Wunderbericht von anderen dadurch, daß er Einzelheiten aufweist, die nicht mehr bloß topisch sind, vielmehr biographisch orientiert erscheinen. Die Geschichte hat ein Interesse daran, daß Jesus in das Haus *Simons* kommt, daß es die *Schwiegermutter Simons* ist, die krank darniederliegt. Wahrscheinlich hat man diese wenig aufsehenerregende Erzählung nur deshalb überliefert, weil sie von Simons Schwiegermutter handelte. Die biographische Ausrichtung hat dabei wohl bewirkt, daß eine christologische Profilierung Jesu fehlt (z. B. duch Akklamation des großen Wundermannes). Die allgemeine Tendenz zur Steigerung in den Wundergeschichten, die das Historische und Faktische weit überbietet, geht diesem Bericht ab. Er dürfte historisch zuverlässige Erinnerung enthalten, die durch das biographische, nicht christologische Interesse der Erzähler ermöglicht ist.

So sehr diese Geschichte eine Annäherung an die historische Gestalt Jesu erlaubt, so scheint die zugrundeliegende Orientierung an Simon Petrus (sein Haus, seine Schwiegermutter) gleichzeitig verhindert zu haben, daß man mehr über Jesus und damit sein Verständnis der Heilung erfährt. Der Text schildert die Krankheit in knappster Form: Die Frau liegt fiebernd darnieder. Das Fieber ist wohl dämonisch vorgestellt, wie die an dämonisches Entweichen anklingende Formel schließen läßt: »Und es verließ sie das Fieber.« Dafür spricht weiter, daß in der damaligen Umwelt und zwar auch im Judentum eine dämonologische Deutung des Fiebers üblich war: »Die Erhöhung der Körpertemperatur legte beim Fieber besonders nahe, diese auf die Einwirkung einer außermenschlichen Macht zurückzuführen.«[29] Doch geht diese Sicht des Fiebers in Mk 1,30f. zunächst einmal auf das Konto der Erzähler der kurzen Geschichte und führt nicht unmittelbar zum historischen Jesus. Die historische Rückfrage gelangt deshalb nicht über die bloße Feststellung hinaus, daß Jesus aller Wahrscheinlichkeit nach die Schwiegermutter des Simon Petrus vom Fieber geheilt hat. Wie diese Heilung faktisch vor sich ging, entzieht sich gesicherter Erkenntnis, da die Details der Heilungsbeschreibung dem traditionellen Schema solcher Heilungen entsprechen und einen Schluß auf die individuelle Therapie Jesu nicht zulassen. Vermutungen über die Art des Fiebers bleiben völlige Spekulation. Das gilt für die Diagnose Malaria als Folge des feuchten Klimas am See Genezareth ebenso wie den Schluß auf delirante Zustände bei Hysterie, die den Kranken vorübergehend befallen und eine plötzliche Heilung ermöglichen.

Neben Mk 1,29−31 kann z. B. noch die Geschichte vom blinden Bartimäus Anspruch auf historische Ursprünglichkeit erheben (Mk 10,46−52). Wieder sind es gewisse biographisch einmalige Züge, die dafür sprechen: die der Geschichte anhaftende Ortsgebundenheit (Jericho) und der Name des Geheilten (Bartimäus). Doch endet mit dem Tatbestand der Blindenheilung schon die historische Ergiebigkeit der Erzählung. Welche Augenkrankheit vorliegt, läßt sich der Geschichte nicht entnehmen, ebensowenig wie ein Schluß auf Jesu Deutung dieser Krankheit möglich ist.

Wir können angesichts aller dieser Betrachtungen zu dem Ergebnis kommen: »Daß Jesus exorzistisch gewirkt hat, ist unbestritten; nur haben wir keinen authentischen Einzelbericht über dieses Wirken. Daß Jesus Kranke geheilt hat, ist ebenfalls unbestritten, aber wir wissen nur von wenigen Einzelfällen (Fieberheilung, Blindenheilung, Heilung einer lahmen Hand etwa), die sich historisch sichern lassen. Überdies sind wir auch in diesen Fällen nicht in der Lage, die vorausgesetzte Krankheit medizinisch zu diagnostizieren und Jesu − gewiß charismatische, nicht ärztliche − Heilpraxis genauer zu beschreiben.«[30] Diesem Urteil ist nur noch die Bemerkung hinzuzufügen, daß Jesu eigentümliche Sicht der Heilung sich nur in der Wortüberlieferung erhalten hat (besonders Lk 11,20; Mk 3,4). Die Wundergeschichten lassen nichts mehr darüber erkennen, wie gerade seine eschatologische Überzeugung zur Überwindung des Unheiles führte, das die Krankheit bedeutete.

III. Häufige Krankheiten in den Wundergeschichten des Neuen Testaments

Der Charakter einzelner Krankheiten läßt sich im NT nur anhand der ausführlicheren Darstellung der Wundergeschichten beschreiben. Doch sind auch hier dem heutigen Leser enge Grenzen gesetzt. Die Geschichten handeln von Krankheiten nur insoweit, als sie damit den Hintergrund und die Voraussetzung schaffen für die große Heilungstat des jeweiligen Wundertäters (meist Jesus). Sie sind also nicht an der Krankheit als solcher interessiert. Entsprechend karg sind die Krankheitsangaben. Zudem begegnen diese vielfach in einer mythologischen Sprache, die eine exakte Diagnose im modernen Sinne nicht gestattet.

1. Besessenheit

Wenn hier von Besessenheit die Rede ist, so sind damit Krankheitsphänomene gemeint, die in besonderer Weise als quälend empfunden wurden und deren Heilung der Kranke oder seine Umwelt verlangten. Nicht im Blick stehen Fälle von Gotteserfülltheit, die als religiös-produktive Zustände geradezu gesucht wurden. So fühlte sich die Pythia vom Gott Apollo besessen und vermochte so, Orakel zu erteilen. In anderer Weise erfuhren charismatische Gestalten Israels, daß der Geist Jahwes über sie kam und sie zu besonderem Handeln gegenüber dem Volk befähigte (z. B. Ri 3,10; 1 Sam 11,6).
Zur Zeit des Urchristentums wurde Palästina von einer großen Verbreitung von Besessenheitsphänomenen heimgesucht. Dafür sind allein schon die vielen Berichte in den Evangelien ein beredtes Zeugnis. Der Kranke wie seine Umwelt erlebten das Leiden als das furchtbare Ausgeliefertsein an einen Dämon, der in dem Kranken hauste und ihn völlig beherrschte. Der Mensch hatte seine eigene Subjektivität verloren, er war zum willenlosen Objekt des »unrei-

nen Geistes« geworden. Die Berichte in den Evangelien wie heidnische Schilderungen stimmen darin überein, daß, wenn der Kranke spricht oder gewalttätige Handlungen vollzieht, nicht mehr er es ist, der dies tut, sondern der in ihm wohnende Dämon.

Man hat nun versucht, die Häufigkeit von Besessenheitsfällen gerade zur damaligen Zeit zu erklären. Palästina hatte lange Zeit hindurch politische Fremdherrschaft und damit soziale und kulturelle Unterdrückung erfahren müssen. Für jüdisches Verständnis war nun politische Fremdherrschaft eo ipso mit dem Gedanken der Herrschaft fremder Götter bzw. Dämonen verknüpft. Die äußere Ohnmachtserfahrung, die man angesichts dieser doppelten Bedrückung durchmachte, konnte bei entsprechender Disposition des Menschen nach innen transponiert werden. Der »dämonische Bann«, der schließlich in körperlichen Zwangshandlungen erlebt wurde, entwickelte sich zu einem bleibenden Krankheitsbild. Auf die Möglichkeit einer solchen sozialpsychologischen Deutung der Besessenheit stößt man beim Vergleich der palästinischen Verhältnisse mit denen in anderen Kulturen: »Aus dem Schamanismus sibirischer Stämme wissen wir, daß in einem Milieu starken interethnischen Druckes Phänomene der Besessenheit von Geistern eine besonders große Rolle spielen. ›Bedrückung‹ durch ein fremdes, herrschendes Volk erscheint mitunter chiffriert als ›Besessenheit‹ durch einen fremden (fremdstämmigen) Geist; ... Etwas Ähnliches gilt nun aber auch für die Situation des Judentums zur Zeit Jesu. Jahrhundertelange Fremdherrschaft und Bedrückung waren vorausgegangen. Der Makkabäeraufstand gegen die hellenistische Überfremdung lag erst wenige Generationen zurück, die römische Herrschaft war noch jünger. Dergleichen wirkt dämonisierend ...«[31].

Die Dämonenfurcht und damit auch die Angst vor dämonischer Ansteckung durch Besessene war damals groß. Sie wurde besonders deshalb gesteigert, weil bei dem Fehlen von abgeschlossenen Anstalten Besessenheitsphänomene in aller Öffentlichkeit auftraten. So wird ja auch in Mk 1,23ff. geschildert, wie ein Kranker mitten im Synagogengottesdienst zu toben beginnt (V. 26). Der Kirchenvater Hieronymus berichtet uns im Jahre 401 n. Chr. von einer Pilgerfahrt, die eine gewisse Paula im Jahre 385 nach Palästina machte (108. Epistel). Sie sah, wie man in Samaria die Irren in aller Öffentlichkeit bei den Heiligengräbern der Propheten Elisa, Obadja und Johannes des Täufers konzentrierte:

»Dort erzitterte sie (Paula) angesichts vieler erstaunlicher Erlebnisse. Sie sah nämlich, wie Dämonen unter den verschiedenartigsten Qualen brüllten und wie Menschen vor den Gräbern der Heiligen heulten wie Wölfe, bellten wie Hunde, schnaubten wie Löwen, zischten wie Schlangen, brüllten wie Stiere, wie andere den Kopf herumschleuderten und rücklings die Erde mit dem Scheitel berührten . . .«

Bei dieser Schilderung begegnet uns bereits das entscheidende Charakteristikum, das diese Besessenheitsphänomene kennzeichnet. Die Kranken waren nicht mehr Herr ihrer selbst, sondern entsprechend damaliger Auffassung den Dämonen unterworfen.

a) Die Verdrängung der eigenen Subjektivität kommt in antiken Berichten besonders darin zum Ausdruck, daß eigentlich nicht mehr der Kranke spricht, sondern der Dämon, der in ihm haust:

> » . . . und der Kranke hat nicht mehr seine eigene Stimme, sondern er spricht schwer und hohl wie die Männer, er schaut auch mehr mit fremden Augen als mit seinen eigenen.« (Philostrat, Leben d. Apollonius III, 38).
> » . . . der Kranke selbst aber schweigt, der Dämon aber antwortet auf Griechisch oder in fremder Sprache . . .« (Lukian, Lügenfreund 16).

Dieser Zug begegnet uns auch bei den Exorzismen Mk 1,21 – 28 und 5,1 – 20. In Mk 1,21 – 28 trifft ein Mann mit einem »unreinen Geist« auf den Wundertäter Jesus. Der »unreine Geist« spürt die Gegenwart Jesu und beginnt mit einem Aufschrei den Kampf (V. 24):

> »Was (ist zwischen) *uns* und dir, Jesus Nazarener? Du bist gekommen, *uns* zu verderben.«

Auffällig ist, daß der Dämon, nicht eigentlich der Kranke selbst aufschreit. Er benutzt den Mund des Kranken, dieser ist nur willenloses Werkzeug. Das zeigt sich am Plural »uns«, der eine Mehrzahl von Dämonen als eigentliches Subjekt im Kranken erkennen läßt. Der Plural findet sich in der Abwehrformel: »Was (ist zwischen) uns und dir . . .?« sowie in der folgenden Feststellung, die Jesus als Vernichter der Dämonenwelt erkennt.

Mk 5,1 – 20 schildert Entsprechendes wie der vorige Text. Nach der Charakterisierung der Krankheit als Tobsucht (V. 3b – 4) mit einem starken Drang zur Selbstzerstörung (V. 5) kommt das Typische der Besessenheit wieder zum Ausdruck, der Verlust des eigenen Personzentrums an die dämonische Macht. Diese, nicht der Kranke selbst, schreit auf zur Abwehr des Wundertäters (V. 7). Wieder wird deutlich, daß viele Dämonen in dem Kranken hausen.

Denn auf die Frage »Was ist dein Name?« antwortet das Gegenüber: »Legion ist mein Name; denn viele sind *wir*.« (V. 9). Entsprechend wird in den folgenden Versen 10 – 13 sichtbar, daß es sich um ein ganzes Dämonenheer handelt.

b) Die Handlungen des Besessenen sind nicht mehr von ihm selbst gesteuert, sondern von der dämonischen Macht getrieben:

> » . . . nicht du treibst diesen Frevel, sondern der Dämon, der dich ohne dein Wissen beherrscht« (Philostrat, Leben d. Apollonius IV, 20).

Der Geist verdrängt nicht nur die eigene Entscheidungsmöglichkeit des Kranken, er versucht sogar, ihn zu vernichten:

> » . . . er aber droht mit Abhängen und Klüften und damit, mir den Sohn zu töten« (Leben d. Apollonius III, 38).

Diese zerstörerische Wirksamkeit des Dämons, der der Kranke hilflos ausgeliefert ist, findet besonders in Mk 9,14 – 29 ihren erschreckenden Ausdruck. Der Kranke ist bloßes Objekt der verderblichen Wut des Dämons (V. 18.20.22). So berichtet der Vater über den bisherigen Krankheitsverlauf bei seinem Sohn:

> » . . . und wo immer er (der Geist) ihn packt, da zerrt er ihn und schäumt und knirscht mit den Zähnen und wird starr« (V. 18).

> » . . . und oft hat er ihn auch ins Feuer und ins Wasser gestürzt, um ihn umzubringen« (V. 22).

Bei den neutestamentlichen Berichten bieten Mk 5,1 – 20 und 9,14 – 29 neben typischen Zügen der Besessenheit, die wir bisher herausgestellt haben, auch Anzeichen von individuelleren Krankheitsbildern, die zwischen den einzelnen Berichten unterscheiden lassen. So ergibt sich der erstaunliche Tatbestand, daß gerade bei diesen Besessenheitsfällen gewisse Voraussetzungen zu einer Diagnose im modernen Sinne vorliegen. Auffallend ist dies, weil bei den Krankheitsgeschichten des NT im allgemeinen diese Möglichkeiten gering sind, da die volkstümliche Erzählweise die mythologische Vorstellungswelt der antiken Welt benutzt. Hier jedoch scheint die Darstellung in stärkerem Maße an real Beobachtetem orientiert zu sein und erlaubt umrißhaft eine Bestimmung der Krankheit, obwohl die Erzählung die dämonologischen Kategorien der damaligen Krankheitsbeschreibung in hohem Grade benutzt. Die Geschichte Mk 5,1ff. schildert in V. 3 – 4 einen schweren Fall von Tobsucht: Obwohl man versucht, den Kranken mit Fußfesseln und Ketten zu binden und so zu bändigen, gelingt dies nicht, da er alles zerreißt. V. 5 fügt hinzu (vgl. schon V. 3a), daß er bei Gräbern in den Bergen haust, dauernd schreit und sich selbst mit Steinen schlägt. Dieser Zug zur Selbstpeinigung weist auf einen starken Selbstzerstörungsdrang hin.

Die ganze Schilderung entspricht den Erfahrungen, die man damals mit Besessenen machte. So lesen wir im palästinischen Talmud[32]:

> »Die Kennzeichen eines Wahnsinnigen: wenn jemand des Nachts hinausläuft, wenn er an einer Begräbnisstätte übernachtet, wenn er sein Gewand zerreißt, und wenn er vernichtet, was man ihm gibt.«

Diese einzelnen Züge, die mit der Beschreibung in Mk 5 weitgehend übereinstimmen, haben in gewissem Umfang bereits typischen Charakter. Der Kranke aus Gerasa begegnet insoweit nicht nur als individueller Fall, sondern spiegelt das Bild wider, das man von besonderen Fällen von Besessenheit im damaligen Palästina hatte. Dennoch läßt sich bei ihm in Umrissen ein akut-psychotischer Zustand erkennen, dessen Hauptsymptome Tobsucht, Zerstörungswut und Selbstvernichtungsdrang bilden.

Blicken wir auf Mk 9, 14 – 29, so entdecken wir bei näherem Zusehen ein anderes Krankheitsbild als in Mk 1,21 – 28 und Mk 5,1 – 20. Zunächst fällt auf, daß die Verdrängung menschlicher Subjektivität hier nicht in der gleichen Weise gedacht ist wie bei den vorigen Fällen. Dort sprach betontermaßen der »unreine Geist« aus dem Menschen (vgl. den Plural, der eine Mehrzahl von Geistern anzeigt Mk 1,24 und 5,9.10.12); hier fehlt dieser Zug völlig. Entscheidend werden nun folgende Beobachtungen. Der Kranke ist der Willkür des »Geistes« hilflos ausgeliefert, der ihn zu verderblichen Reaktionen zwingt. Zwar ist diese Kennzeichnung zunächst einmal durchaus typisch für Besessenheitsfälle, wie wir gesehen haben. Doch zeigen sich einige eigentümliche Elemente in der Schilderung von Mk 9,14ff.

Das Leiden scheint nur anfallartig aufzutreten: Der Geist »packt« den Knaben (V. 18); »als er ihn (Jesus) sah, riß der Geist ihn (den Knaben) sogleich und er fiel zu Boden und wälzte sich mit Schäumen« (V. 20). Daraufhin fragt Jesus wie bei der Erhebung einer Anamnese: »Wie lange ist es schon, daß ihm das widerfahren ist?« (V. 21). Die Antwort des Vaters enthüllt dann, daß der Kranke seit seiner Kindheit vom Geist öfters ins Feuer oder ins Wasser geworfen wurde, so daß er in Lebensgefahr geriet (V. 22). Im Unterschied zu Mk 5,1ff. lebt der Kranke anscheinend bei seinem Vater; das Leiden beherrscht ihn nicht so konstant, daß er abgesondert leben muß wie der Gerasener: »Und *allezeit*, nachts und tags, war er bei den Gräbern und auf den Bergen . . .« (Mk 5,5). Dessen Besessenheit wird auch nicht nur in einzelnen Anfällen gesehen, sondern in der konstanten, andauernden Neigung zur Tobsucht, angesichts derer man ihn nicht fesseln und damit bändigen konnte (5,3b−4). Die Besonderheiten der Krankheitsbeschreibung in 9,14ff., die mit heutigen Beobachtungen übereinstimmen, lassen den Schluß auf epileptische Anfälle zu: Der Geist »packt« den Kranken, »reißt« ihn zu Boden. Der Kranke »schäumt«, »knirscht mit den Zähnen«, »wird starr«. Oder es heißt: Der Geist »zerrt« ihn gewaltig, oder er bleibt »wie tot« liegen. Das letzte meint die tiefe Bewußtlosigkeit, die für epileptische Anfälle typisch ist.

Auffällig ist bei der Schilderung in 9,14ff., daß betont vom »sprachlosen Geist« die Rede ist, den der Kranke hat (9,17), ja sogar vom »sprachlosen und tauben Geist«, den es auszutreiben gilt (9,25). Diese Kennzeichnung des »Geistes« paßt nur sehr bedingt zur sonstigen Krankengeschichte. Zwar gehört zum epileptischen Anfall, daß der Kranke nicht sprechen kann und auch nicht ansprechbar ist. Aber dies sind nur Begleiterscheinungen des Anfalls, keine derart dominierenden Symptome, daß sie außerhalb des Anfalls auftreten. Wenn jedoch der den Kranken beherrschende Geist als »sprachlos und taub« bezeichnet wird (9,17.25), so ist damit nicht nur ein Nebenumstand dieses Dämons gemeint, der einer Begleiterscheinung der Krankheit entspricht, sondern sein eigentliches Kennzeichen, das auf einen dauernden Krankheitszustand hindeutet, der in der Taubstummheit besteht. Dieser differenzierte Sachverhalt führt zu der Schlußfolgerung, daß in Mk 9,14ff. zwei ganz verschiedene Krankheitsbilder durcheinander gehen: Taubstummheit und Epilepsie[33]. Diese These findet eine Unterstützung in der literarischen bzw. überlieferungsgeschichtlichen Problematik der ganzen Erzählung. Nicht nur zwei Krankheitsbilder scheinen hier vermischt zu sein. Das weitere Problem besteht darin, daß verschiedene Schichten zu unterscheiden sind, die auf ein Wachstum der Erzählung deuten. Dabei könnte die Kennzeichnung des Geistes als »sprachlos und taub« auf das Konto redaktioneller Ergänzung des Evangelisten gehen, der im Kontrast zur heilvollen Wirksamkeit Jesu (Mk 7,37) − »Gut hat er alles gemacht! Und die Tauben macht er hören und Sprachlose reden.« − die negative Bestimmung des »Geistes« formuliert.

Möglicherweise haben die beiden anderen Evangelisten, die Mk 9, 14−29 nacherzählt haben, die Inkongruenz der Krankheitsbeschreibung bewußt empfunden. Jedenfalls fehlt in Mt 17, 14−20 und Lk 9, 37−43 jeder Hinweis auf einen »stummen und tauben Geist«. Die beiden Evangelisten haben nur die Züge übernommen, die auf Epilepsie deuten. Dies ist bei Matthäus sehr konsequent geschehen. Er bezeichnet den Kranken als »mondsüchtig« (17,15). Das erklärt sich aufgrund der antiken Vorstellung, daß das Auftreten epileptischer Anfälle von den Mondphasen abhängig sei. So lesen wir etwa bei Lukian (Der Lügenfreund 16) von einem Syrer aus Palästina, der Besessene exorzistisch heilt:

> »Er nimmt sich derer an, die dem Mond verfallen sind, das Auge verdrehen und den Mund mit Schaum füllen, damit sie aufstehen, und er entläßt sie gesund.«

Um die frühchristliche Beurteilung der Epilepsie in die damalige Umwelt einordnen zu können, ist eine kurze Übersicht über die griechischen Anschauungen nötig[34]. Nach volkstümlicher Auffassung hieß die Epilepsie die »heilige Krankheit« (zuerst bezeugt bei Heraklit und Herodot). Die Kranken sollten damit nicht als Heilige oder Propheten erscheinen. Vielmehr galten sie als in besonderer Weise von den Göttern gezeichnet. Die Krankheit wurde etwa als Strafe für begangene Sünden verhängt. Der Verfasser der in der hippokratischen Sammlung enthaltenen Schrift »Von der heiligen Krankheit« weist diese Bestimmung in aufklärerischer Haltung zurück und reiht die Epilepsie unter alle anderen Krankheiten ein, die er empirisch-naturwissenschaftlich zu erklären versucht. Er betont im Blick auf die Epilepsie (Kap 1):

> »Sie scheint mir um nichts göttlicher oder heiliger zu sein als die anderen Krankheiten, sondern sie hat den gleichen Ursprung wie die anderen.«

Trotz rationaler Diagnostik und Therapie in der griechischen Medizin blieb die übernatürliche Deutung im dämonologischen Sinne für die allgemeine hellenistische Anschauung beherrschend. Dies hatte katastrophale Folgen für die soziale Stellung des Epileptikers. Weil man meinte, daß ein Epileptiker von Dämonen besessen ist, fürchtete man sich vor ihm. Sei es, daß ein Anfall als schlechtes Omen galt, sei es, daß man sich bei ihm zu verunreinigen glaubte oder gar, daß der Dämon über einen selbst Macht gewinnen konnte. Man versuchte, durch Ausspucken als apotropäischer Geste den Dämon von sich fernzuhalten (vgl. Gal 4,13 f.). Die Folge war, daß ein Epileptiker beim Herannahen eines Anfalls an einen einsamen Platz floh. Blieb eine Heilung aus, so war sein Leben von Schande, Schimpf und Qual erfüllt[35].

Die frühkirchliche Anschauung ist dadurch bestimmt, daß Christus gekommen ist, die Besessenen von dem sie beherrschenden Dämon zu befreien. Der Exorzismus »im Namen Jesu« galt als die einzige

Heilungschance (Mk 16,17). Ansonsten ist eine doppelte Abgrenzung gegenüber der heidnischen Anschauung festzustellen. Einmal haben die Christen die Wertung der Epilepsie als »heilige Krankheit« nirgends übernommen, sondern sie den sonstigen Besessenheitsphänomenen zugerechnet. Zum anderen findet sich bei den Kirchenvätern der Alten Kirche eine bewußte Ablehnung der empirischen Deutung der Epilepsie im Sinne der griechischen Medizin. War diese auch nicht unbedingt wissenschaftlich im modernen Verständnis, wenn die Entstehung der Epilepsie etwa als Konsistenzänderung des Gehirns unter dem Einfluß von Kälte, Sonne und Winden gedeutet wurde, die zu einer Verstopfung der Gefäße im Gehirn führt, so ist doch der Versuch einer empirisch-rationalen Betrachtungsweise unübersehbar. Dieser Weg wurde für die Alte Kirche lange Zeit abgeschnitten. Nachgewirkt hat hier die Stellungnahme des Origenes (Matthäuskommentar 13,8):
»Ärzte mögen immerhin eine natürliche Erklärung (der Krankheit) versuchen, da nach ihrer Überzeugung hier kein unreiner Geist im Spiel ist, sondern eine Krankheitserscheinung des Körpers vorliegt. In ihrer natürlichen Erklärungsweise mögen sie behaupten, das Feuchte bewege sich im Kopfe nach einer gewissen Sympathie mit dem Lichte des Mondes, das selbst eine feuchte Natur habe. Wir aber glauben dem Evangelium auch darin, daß diese Krankheit in den damit Behafteten offenkundig von einem unreinen stummen und tauben Geiste gewirkt wird.«
Der biblische Text Mk 9,14−29 hat hier mit seiner Charakterisierung des »Geistes« in besonderer Weise nachgewirkt.

2. Der sogenannte Aussatz

Hautkrankheiten, die die Bezeichnung »Aussatz« tragen, waren zur Zeit des NT häufig in Palästina. Entsprechend werden sie in der rabbinischen Überlieferung ausführlich behandelt. Allerdings fällt es schwer zu bestimmen, welche Krankheiten wirklich mit dem griechischen Wort *lepra* (= hebräisch ṣaraʿat) gemeint sind. Zur geschichtlichen Orientierung gilt zunächst: Die gesetzlichen Bestimmungen (besonders Lev 13f.) sowie die sonstigen Berichte über »Aussatz« im AT beziehen sich kaum auf Lepra im modernen Sinne, auf eine Infektionskrankheit also, deren Bazillus vom norwegischen Arzt Hansen entdeckt (1868) und beschrieben wurde (1872) (vgl. AT III. 1). Die antiken Berichte scheinen nämlich darauf hinzudeuten, daß erst die Armeen Alexanders des Großen diese Krankheit aus Indien in den Mittelmeerraum einschleppten[36].

So berichtet uns Plinius der Ältere (Naturgeschichte 267), daß der Aussatz in Italien sogar erst durch die Legionen des Pompejus verbreitet wurde.

Als griechisches Wort für eigentlichen Aussatz taucht *elephantiasis* auf (bei Celsus 25 v. Chr. – 37 n. Chr., bei Plinius dem Älteren und Galen, geb. 128/129 n. Chr.), während das Wort *lepra* im hippokratischen Schrifttum sowie später am ehesten der heutigen Schuppenflechte entspricht[37]. Wenn nun die griechische Übersetzung des AT, die Septuaginta, das Wort *lepra* als Wiedergabe für den hebräischen Begriff ṣaraʿat benutzt, so scheint sie mit den im AT beschriebenen Hautkrankheiten nicht die Lepra im modernen Sinne zu meinen. Dieser Befund hat aber seine Bedeutung für das neutestamentliche Verständnis. Wenn das Wort *lepra* im allgemeinen griechischen Sprachgebrauch, der auch auf die griechische Wiedergabe des AT eingewirkt hat, nicht Aussatz im heutigen Sinne bedeutet, so wird es sehr schwierig, in den neutestamentlichen Berichten von »Aussatz« die eigentliche Lepra angesprochen zu sehen. Allerdings wäre es möglich, daß Fälle von wirklichem Aussatz, die in bestimmten Krankheitsstadien der griechischen *lepra* (Schuppenflechte oder andere Hautkrankheiten) ähnelten, mit diesem Begriff benannt wurden. Man wird also nicht ausschließen können, daß mit der neutestamentlichen Bezeichnung *lepra* Fälle von wirklichem Aussatz gemeint sind. Doch weist der Sprachgebrauch eher auf andere Hautkrankheiten hin.

Übersieht man die jüdischen Aussagen über ṣaraʿat bzw. *lepra,* so wird das eigentliche Leiden darin gesehen, daß es kultisch unrein machte. Die Ausschließung des »Aussätzigen« aus der Gemeinschaft erfolgte nicht aus hygienischen Gründen wegen Anstekkungsgefahr, sondern weil der »Aussatz« die theokratische Heiligkeit des Volksganzen gefährdete: »Denn ein Aussätziger machte nach rabbinischer Anschauung nicht nur das (rituell) unrein, was er berührte, sondern schon sein bloßer Eintritt in ein Haus verunreinigte alles, was darin war, ja selbst durch eine zufällige Begegnung mit ihm etwa unter einem Baum konnte man sich unter Umständen Unreinheit zuziehen.«[38] Diese Vorstellung isolierte den Kranken von menschlicher Gesellschaft. Josephus berichtet dementsprechend, »Aussätzige« müßten allein und mit zerrissenen Kleidern im Freien umherwandeln (Gegen Apion I 31). Wenn auch seine Behauptung, sie hätten nicht nur die Stadt Jerusalem, sondern auch alle Dörfer meiden müssen, den faktischen Verhältnissen nicht ganz entsprach, so ist doch der Rigorismus solcher Absonderung noch immer schrecklich genug. Es ist deshalb verständlich, wenn nach damaliger Auffassung die Existenz »Aussätziger« sich in nichts von der Toter unterschied (Josephus, Jüdische Altertümer III 11,3). So heißt es dann[39]:

> »Vier werden einem Toten gleichgesetzt: der Arme, der Aussätzige, der Blinde und der Kinderlose.«

Die Lebensqualität »Aussätziger« war in einer Weise sozial und religiös gemindert, daß sie eher der Domäne des Todes als des Lebens angehörten. Dementsprechend galt die Aussätzigenheilung einer Totenerweckung gleich. Nach rabbinischer Auffassung ist sie so schwer wie die Auferweckung eines Toten[40]. Sie ist nur möglich als Heilung durch Gott. Sollte ein Kranker geheilt werden, so muß der Priester den Geheilten danach ausdrücklich für rein erklären. Erst dann darf er sich wieder normal in menschlicher Gesellschaft aufhalten.

Betrachten wir nun die neutestamentlichen Berichte über Aussatzheilungen! Aus der Wortüberlieferung (Mt 11,5 par Lk 7,22; Mt 10,8; Lk 4,27; vgl. 14,3) hat nur das erste Wort besondere Bedeutung. In ihm begegnen Aussatzheilungen als Zeichen der angebrochenen Heilszeit, die mit vorgegebenen traditionellen Bildern geschildert wird, ohne daß auch die Aussatzheilungen auf Inhalte überlieferter Heilszeitprophetie zurückzugehen scheinen (vgl. NT II.3). Sie könnten deshalb ein Reflex der Wirklichkeit des historischen Jesus sein. In Mt 10,8 haben wir eine Anweisung an die Jünger vor uns, Wundertaten zu begehen. Was die Nennung der Aussätzigenheilungen angeht, ist das Wort aber keine selbständige Überlieferung, vielmehr scheint diese Angabe vom Evangelisten aus Mt 11,5 in eine zugrundeliegende kürzere Anweisung (vgl. die Parallele Lk 9,2) eingetragen zu sein. In Lk 4,27 wird auf mögliche Wunder Jesu an Aussätzigen nur sehr indirekt eingegangen. Ausführlichere Darstellungen, die hier allein näher betrachtet werden sollen, finden sich in den Geschichten Mk 1,40−45 und Lk 17, 11−19.

Die vormarkinische Fassung der jetzigen Geschichte Mk 1, 40−45, die dem Evangelisten vorlag, umfaßt etwa V. 40−44, während mindestens V. 45 sich der Gestaltung des Evangelisten verdankt, der das Offenbarwerden von Jesu Tat betont. Welche Auffassung von der Krankheit hat nun dieser bereits vormarkinische Text? Auffällig ist zunächst, daß der Heilungsuchende sich Jesus *nähert* und mit dem Kniefall seine Bitte um Heilung äußert (V. 40). Denn nach der Vorschrift des Gesetzes (Lev 13,45f.) hatte der »Aussätzige« *von ferne* zu rufen »Unrein, unrein«, um die Gefahr einer Verunreinigung anderer bei einer Begegnung zu vermeiden. Darum aber kümmert sich der Text nicht: Es soll offensichtlich zu einem direkten Zusammentreffen mit dem Wundertäter Jesus kommen. Wichtig ist der Wortlaut der Bitte:

>»Wenn du willst, kannst du mich rein machen!«

Ihr entspricht das Machtwort Jesu, das neben der kraftübertragenden Handberührung die Heilung bewirkt (V. 41):

>»Ich will! Werde rein!«

Der »Aussätzige« bekennt mit seiner vertrauensvollen Bitte »wenn du willst . . .« die göttliche Macht Jesu, und Jesus bestätigt dies durch die Formulierung des Machtwortes. Ansonsten kann man nur von Gott sagen, daß er das, was er will, auch vollbringen kann. Gott hat alles nach seinem Willen geschaffen (Ps 115,3; 135,6); er tut alles, was er will (Pred 8,3); bei ihm steht, wann immer er will, das Vollbringen (Weish 12, 18). In Mk 1,40 ist diese göttliche Macht auf Jesus übertragen. Hier liegt auch das eigentliche Interesse der Geschichte. Sie ist christologisch ausgerichtet. Sie schreibt Jesus eine Tat zu, die sonst Gott vorbehalten ist, um seinen göttlichen Machtcharakter herauszustellen: »Der Erzähler meint zweifellos unheilbaren Aussatz, der nur von Gott geheilt werden kann. Doch gibt er mit dieser ›Meinung‹ keine medizinische Diagnose, er setzt nur einen kerygmatischen Ausgangspunkt, der nicht als historische Tatsache gesichert werden kann. Der Aussätzige ist einer jener ›Toten‹, die in der Endzeit Heil erfahren sollen.«[41] Die Unheilbarkeit der Krankheit ist hier eine theologische Deutungskategorie, mit der die Größe von Jesu Wundertat beschrieben wird. Auch ein weiterer Zug der Heilungsgeschichte geht in diese Richtung. Es ist offensichtlich, daß das Wort »reinigen« hier die Bedeutung »heilen« umfaßt. Das bedeutet zunächst zweierlei. Einmal ist damit angezeigt, daß gerade die verunreinigende Wirkung des »Aussatzes« im Blick ist, von der der Kranke gereinigt, d. h. geheilt werden soll. Zum anderen ist zu erkennen, daß Jesus nicht nur im Sinne der Reinerklärung, die der Priester im Anschluß an Lev 13 f. zu vollziehen hat, handelt (vgl. Mk 1,44). Vielmehr bewirkt er die Heilung selbst, wie die Feststellung des Heilerfolges anzeigt (V. 42):
»Und gleich wich von ihm der Aussatz, und er wurde rein.«
Der Sprachgebrauch für den Begriff »reinigen« fußt hier wohl auf dem Vorbild des alttestamentlichen Textes 2 Kön 5, wo der Syrer Naeman durch die Tat des Propheten Elisa rein, d. h. geheilt wird (2 Kön 5,10.12.13.14; vgl. AT II. 4; III.1.). Jesus erscheint somit als Prophet, aber wohl als Endzeitprophet, der größer als Elisa ist, da

man von ihm wie über Gott bekennen kann: »Wenn du willst, kannst du mich rein machen!«

Bei der Feststellung des Heilerfolges (V. 42) deutet sich an, daß der »Aussatz« wie das Fieber in Mk 1,31 als dämonisch verursachte Krankheit gedacht ist. Denn nur das Fieber und der Aussatz treten im NT als Krankheiten auf, die wie ein Dämon den Menschen befallen und ihn wieder verlassen. Doch nimmt die Erzählung nicht den Charakter einer Austreibungsgeschichte, eines Exorzismus, an, da die Heilung durch Kraftübertragung und Machtwort erfolgt, nicht aber durch die ausdrückliche Vertreibung eines Dämons.

Alle diese Einzelzüge zeigen deutlich, daß der Erzähler die Krankheit mit religiösen Verständniskategorien zur Sprache bringt. Er bietet kein Protokoll einer Aussätzigenheilung, sondern er verkündigt Jesus als den machtvollen Herrn, der auch über den »Aussatz« siegreich bleibt. Dabei benutzt er im Hintergrund eine Sicht dieser Krankheit, nach welcher sie dämonisch verursacht ist. Wir erfahren aber nichts über den empirischen Sachverhalt der gemeinten Krankheit, über die genaue Art der körperlichen Schädigung, die mit ihr verbunden ist. Eine Definition der mit »Aussatz« bezeichneten Hautkrankheit würde dementsprechend am Text vorbeigehen.

Noch zurückhaltender über das Wesen der Krankheit ist die Geschichte von der Heilung der zehn Aussätzigen Lk 17, 11 – 19. In Frage kommt eigentlich nur der erste Teil der Erzählung V. 11 – 14, in dem eine äußerst knappe Heilungsgeschichte vorliegt. Der zweite Teil handelt nicht mehr von Krankheit und Heilung, sondern vom Gegensatz der Dankbarkeit des einen Samariters gegenüber den neun Juden, die keine Dankbarkeit zeigen. In der Heilungserzählung V. 11 – 14 geht es um zehn »Aussätzige«. Als sie Jesus begegnen, bleiben sie, wie es dem jüdischen Gesetz entspricht (Lev 13,45 f.), von ferne stehen und rufen ihre Bitte Jesus zu (V. 12 f.). Die Krankheit ist damit ganz traditionell in ihrer verunreinigenden Wirkung vorausgesetzt. Jesus reagiert auf ihre Bitte. Er spricht allerdings nicht ein Heilung schaffendes Machtwort und berührt die Kranken auch nicht, um sie mit Gesundheit spendender Kraft auszustatten, wie es Mk 1,41 geschildert wird. Er weist die Kranken nur an, sich den Priestern zum Zwecke der Reinheitsfeststellung zu zeigen (V. 14). Diese Aufforderung ist wohl als Glaubensprobe gedacht. Weil sie nun auf sein Wort hin losziehen, ihm also vertrauen, werden sie auf dem Wege zu den Priestern rein (V. 14b). Wie in Mk 1,40 ff. meint Reinigung hier Heilung von der Krankheit. Der entscheidende Aspekt der Krankheit, die verunreinigende Wirkung des »Aussatzes«, wird damit angesprochen. Der

Heilung muß sich dann entsprechend den Vorschriften des Gesetzes die Reinheitsfeststellung durch die Priester anschließen, die allein den Geheilten erlaubt, in die normale Gemeinschaft zurückzukehren. Deutlich dürfte an dieser Geschichte Lk 17, 11 — 19 sein, daß ihre Vorstellung vom »Aussatz« ganz im Rahmen der jüdischen Anschauungen bleibt. Nähere Auskunft über das Wesen dieser Krankheit, die über die Erwähnung ihrer verunreinigenden Wirkung hinausgeht, erfahren wir nicht. Der Versuch einer medizinischen Diagnose muß unterbleiben.

3. Blindheit

Blindheit war in der Antike in den südlichen Mittelmeerländern ein weitverbreitetes Phänomen[42]. Als Ursachen galten Vererbung bei von Geburt an Blinden wie bei solchen, bei denen sie im Laufe des Lebens erst auftrat. Man führte die Blindheit auf Vergiftungen zurück, auf Verletzungen durch Unfälle oder sah in ihr die Folge von Krankheiten, etwa Augenentzündungen. Daneben werden auch psychische Ursachen wie Trauer und Tränen genannt.

Was an den Blinden besonders auffiel, war ihr unsicherer Gang. Der Blinde streckt die Hände aus, um Halt zu gewinnen, er gebraucht einen Stab, der ihm die Füße führen soll. Die soziale Lage der Blinden war im Normalfall schrecklich. Wenn es auch reiche Blinde gab, so lebte die Mehrzahl in großer Armut, da ihnen die meisten Berufe verschlossen waren. Ein typisches Bild war deshalb der bettelnde Blinde.

Allgemein galt Blindheit als einer der schwersten Schicksalsschläge. Denn das Auge erschien den Griechen als Hauptsinnesorgan, dessen Verlust großes Leid bedeutete. Trotz mancher Überlegungen, daß Blindheit die geistige Sehkraft schärfe, daß nur Blinde Dichter sein könnten, blieb sie ein hartes Übel.

Man betrachtete Blindheit als nahezu unheilbar. Man war im allgemeinen überzeugt, daß nicht ärztliche Kunst, sondern nur die Kraft eines gottbegnadeten Wundermannes oder eines Gottes die Heilung herbeiführen könne. Auch die Blindenheilung Kaiser Vespasians erscheint als Wunder, das auf die »Gunst des Himmels« und eine »gewisse Zuneigung der Götter zu Vespasian« hindeute (Tacitus, Historien IV 81). Erhellend ist die Beschreibung der näheren Umstände dieser Blindenheilung. Vespasian weigert sich zunächst, die erbetene Heilung durchzuführen. Er verlangt schließlich »ein ärztliches Gutachten, ob denn eine solche Erblindung ... durch menschliche Hilfe heilbar« sei. Die Ärzte antworten ausweichend. Ihre Auskunft lautet dann: »Vielleicht liege den Göttern an der Sache, und vielleicht sei er, der Fürst, als Werkzeug der Gottheit ausersehen« (Tacitus, ebd.). Die Schwere der Blindenheilung wird auch daran deutlich, daß von dem großen Wundermann Apollonius von Tyana keine Blindenheilungen berichtet werden. Was selbst einem Wundertäter Schwierigkeiten bereitet, gelingt den Göttern. Besonders von Asklepius erzählte man solche Wunder (z. B. Wunder Nr. 4, 18, 65). Von einem Blinden, der sich dem Tempelschlaf unterzieht, heißt es da (Wunder Nr. 18):

> »Dieser war blind und sah einen Traum: es träumte ihm, der Gott komme zu ihm und öffne mit den Fingern seine Augen, da habe er zuerst die Bäume im Heiligtum gesehen. Als es Tag geworden, kam er gesund heraus.«

Auch für den Juden bedeutete Blindheit ein furchtbares Leiden. Man war der Überzeugung, daß es »keinen größeren Kummer und keine größeren und schwereren Leiden« als blinde Augen gibt (Midrasch Ps 146,8). Das harte Los des Blinden erhellt aus dem Vergleich seiner Lage mit der eines Toten[43]. Aufgrund des Sünde-Strafe-Zusammenhanges erscheint Blindheit als Strafe Gottes für begangene Unrechtstaten. Der Mensch empfängt an dem Organ seine Strafe, mit dem er gesündigt hat, so daß Blindheit als Folge der Lüsternheit der Augen eintritt. Typisch war auch für das Judentum die Situation des blinden Bettlers. Wer aber wie ein Blinder ruft »Gebt dem Blinden«, wer sich also blind stellt, der wird schließlich selbst blind werden[44].
Eine Heilung erwartete das Judentum im allgemeinen nicht. Nur in außergewöhnlichen Fällen rechnete man damit. So verordnete der Engel Raphael beim blinden Tobit eine Therapie, die durch den Genuß von Fischgalle zur Heilung führte (Tob 11,7ff.). Von den Amoritern, die weithin als Zauberer galten, wird erzählt, daß ein besonderer leuchtender Stein heilte, wenn man die Augen auf ihn legte (Ps-Philo, Biblische Altertümer 25,12). Die Heilung, die man in der Gegenwart vermißte, erhoffte man sich von der eschatologischen Heilszeit[45]:

> »Alles, was Gott in dieser Welt geschlagen hat, wird er einst wieder heilen. So werden die Blinden geheilt werden.«
> »Wenn er kommt, um die Welt zu heilen, heilt er zuerst die Blinden.«

Das Neue Testament hat das notvolle Schicksal der Blinden durchaus ernstgenommen und nicht nur eine zukünftige Lösung ihres Problems ins Auge gefaßt. Entsprechend damaliger Wirklichkeitserfahrung begegnet der Blinde als Bettler (Mk 10,46; Joh 9,8). Denn die Bettelei war ja die einzige Möglichkeit, das Leben zu fristen. Entsprechend der gemeinsamen Notlage nennt man Blinde zusammen mit Tauben und Lahmen (Mt 11,5; 15,30; 21,24; Lk 14,21). Über den Ursprung der Blindheit und damit über mögliche Krankheitsursachen wird kaum reflektiert. Mangels exegetischen Anhaltes erübrigen sich deshalb Krankheitsdiagnosen wie nervöse bzw. funktionelle Störungen der Augen[46]. Die Plötzlichkeit der Heilung etwa (Mk 10,52) ist ein topischer Zug hellenistischer Wundererzählungen und erlaubt noch nicht den Schluß auf nicht-organische Schädigung der Augen. Die Texte erklären die Blindheit nicht empirisch-rational, sondern fragen, wenn überhaupt, nach ihrem religiösen Hintergrund. Anhand von Joh 9,1 erfahren wir, daß der dortige Blinde »von Geburt an« daran leidet. Man untersucht, ob er oder seine Eltern gesündigt haben, so daß er blind sei (Joh 9,2). Dahinter steht einmal die jüdische Vorstellung, daß die Schuld der Eltern sich an den Kindern rächt. Inwiefern aber der Blindgeborene selbst gesündigt haben kann, ob schon als Kind im Mutterleib (so vereinzelte rabbinische Aussagen) oder ob Gottes Voraussicht ihn in Kenntnis künftiger Sünde hat blind zur Welt kommen lassen, wird nicht deutlich. In jedem Fall steht hinter der Jüngerfrage Joh 9,2 ein Denken, das von dem Zusammenhang – Sünde und Krankheit als Straffolge – herkommt. Anders wird der Grund der Blindheit im folgenden gesehen. Der Blinde in Mt 12,22, der zugleich taub ist, erfuhr dieses Schicksal aufgrund dämonischer Schädigung. In Apg 13,11 kommt es zu einer Strafblendung gegenüber dem Zauberer Barjesus. Sie wird durch Verfluchung bewirkt und tritt sofort nach dem Fluchwort ein.

In Mt 11,5; Lk 7,22 gelten Blindenheilungen neben anderen Wundertaten als Zeichen der mit Jesu Verkündigung der Gottesherrschaft angebrochenen Heilszeit (vgl. auch Lk 4,18). Ausführlich erzählt werden Blindenheilungen in den Wundergeschichten Mk 8, 22–26; Joh 9,1ff. Die Berichte folgen weitgehend der Topik hellenistischer Wundererzählungen, bei denen die heilende Kraftübertragung durch Berührung (Mk 8,23.25) und Heilmittel (Speichel: Mk 8,23; Joh 9,6) geschieht. Dies weist letztlich darauf hin, daß Blindheit als körperlicher Schwächezustand, als Mangel an belebender Kraft, verstanden wird, der nur durch übernatürliche Kraftübertragung behoben werden kann (vgl. NT IV.2.). In Mk 10,46–52 fehlen die genannten Therapiemittel. Die Geschichte konzentriert sich auf das glaubende Vertrauen des Blinden zu Jesus, das die Rettung bewirkt (10,52).

4. Bewegungsstörungen

Wir haben bei der Überschrift eine möglichst allgemeine Bezeichnung gewählt, die die fraglichen Phänomene von sog. Lahmheit und anderen Bewegungsbehinderungen zu umfassen vermag. Da eine medizinische Diagnose in den meisten Fällen unmöglich erscheint, ist ein solches Vorgehen notwendig, um nicht durch einen einseitigen Gebrauch des Begriffs »Lahmheit« oder »Lähmung« eine bestimmte Sicherheit in der Bestimmung des jeweiligen Leidens vorzutäuschen. Im NT sind Formen von Bewegungsunfähigkeit sehr häufig anzutreffen. Dies gilt auch für den griechischen Bereich, wie die Heilungswunder von Epidaurus bezeugen. Ähnlich wie beim Auftreten des Hilfsbedürftigen in Mk 2,3 heißt es dort:

> »N. N. von Epidauros, lahm. Dieser kam als Bittfleher in das Heiligtum auf einer Bahre . . . « (Wunder Nr. 35)
> oder
> »Demosthenes von X., gelähmt an den Beinen. Dieser kam in das Heiligtum auf einer Bahre und ging auf Stöcke gestützt herum.« (Wunder Nr. 64)

Mehrere Fälle der in Epidaurus behandelten Lähmungen scheinen auf »neurogenen Funktionsstörungen« zu beruhen, die »der Affektheilung besonders leicht zugänglich« sind[47]. So werden einige Kranke durch Willensstärkung geheilt, die der Gott Asklepios bewirkt. In Wunder Nr. 35 träumt der Lahme während des obligaten Tempelschlafes, er solle auf einer Leiter auf den Tempel steigen. Er versucht es, verliert im Traum, der eine Art Angsttraum ist, den Mut und gibt auf. Der Gott lacht ihn wegen seiner Feigheit aus. Am Morgen wachgeworden, wagt er es, die Aufgabe zu erfüllen, und ist plötzlich geheilt. Ähnlich steht es in Wunder Nr. 37. Der Gott befiehlt im Traum einem am Körper Gelähmten, in einen Teich mit eiskaltem Wasser zu steigen. Der Kranke bringt es nicht fertig, der Gott tadelt ihn wegen seines mangelnden Vertrauens. Nach dem Aufwachen aber wagt er es zu baden und wird gesund.
Während man in einigen der aus Epidauros bekannten Fällen psychogene Leiden erschließen kann, da die Heilung offensichtlich auf dem Wege psychischer Einwirkung erfolgt, fehlen in sämtlichen Wundergeschichten des NT, die »Lahmenheilungen« zum Inhalt haben, die textlichen Voraussetzungen für eine solche Interpretation. Das Gebrechen selbst wird nur in äußerst knappen Angaben geschildert. Die Heilungsbeschreibung enthält keinen Zug, der einen ausgeführten Prozeß der Willensstärkung des Kran-

ken zum zentralen Inhalt hat. Ausgeschlossen bleibt eine solche Deutung geradezu in Mt 8,5ff., wo eine Fernheilung an dem gelähmten Knecht des heidnischen Hauptmanns geschieht. Eine suggestive Einwirkung Jesu auf den Kranken ist hier unmöglich.

Bei der Charakterisierung der Not des Kranken, die ein typisches Motiv der Wundergeschichten darstellt, betont der jeweilige Erzähler die lange Dauer des Leidens. Lk 13,10ff. handelt von einer Frau, die bereits seit 18 Jahren »einen Geist der Krankheit« hatte und so »gekrümmt« war, daß sie nicht mehr aufrecht gehen konnte (V. 11). Der »gelähmte« Äneas liegt schon seit 8 Jahren im Bett (Apg 9,33f.). Der Kranke am Teich Bethesda leidet seit 38 Jahren (Joh 5,1ff.); wie V. 8f. (vgl. Mk 2,11) nahelegt, ist er als stark gehbehindert bzw. lahm vorgestellt. Daneben gibt es die Fälle von Lahmgeborenen. Der von Mutterleib an Lahme aus Apg 3 mußte immer an den Ort seiner Bettelei getragen werden (V. 2). Wie das Ergebnis der Heilung zeigt: »Sofort aber wurden seine Füße und die Knöchel fest, und er sprang auf und stand . . .« (V. 7), besteht seine Krankheit in einer »Schwäche« der Gliedmaßen, die zur Bewegungsunfähigkeit geführt hat. Eine weitere Diagnose würde den Text überfordern. Besonders abwegig wäre es, die Angabe »von Mutterleib an lahm« (3,2) als Hinweis auf eine »endogene Veranlagung« aufzufassen, »wie sie auch bei der Hysterie vorkommt«[48]. Hier wie in Apg 14,8ff. drückt die Bemerkung über die Dauer des Leidens nur die Schwere der Krankheit aus. Um so heller strahlt die Wunderkraft der Apostel, die solche staunenerregenden Taten vollbringen können. Dabei ist dieselbe Erzähltendenz am Werke, wie sie auch für Jesu Wunderheilungen gilt. Daß ein Mensch schon lahm geboren sei, ist dabei nur die letzte Steigerung der sonstigen Zeitangaben über die Dauer des Leidens. Sie dienen dazu, die Macht und damit den Ruhm des Wundertäters zu demonstrieren. Sie sind aber nicht geeignet, medizinische Details zu liefern.

Gegenüber den bisher genannten »Lahmenheilungen« sind Mk 2,1ff. und 3,1ff. vergleichsweise zurückhaltend in der Beschreibung der Schwere des Leidens. Es fehlt eine Zeitangabe über die Dauer desselben. Dennoch dient die Schilderung des »Gelähmten«, der von vier Männern auf einer Matratze zu Jesus getragen werden muß, gleicherweise der Betonung seiner Notsituation wie die in anderen Geschichten auftauchende Angabe über die Dauer des Leidens. Sie ist die Voraussetzung für den Lobpreis Gottes, der solche Wunder geschehen läßt (Mk 2,12). Über die Art der Bewegungsstörung ist daraus nichts zu entnehmen wie auch nicht aus dem Zuspruch der Sündenvergebung Jesu (V. 5), der der Heilung vorangeht (V. 11). Die Sündenvergebung zielt nicht ab auf eine Art »psychotherapeutischer« Behandlung (Befreiung des Kranken von einem angeblichen Schuldgefühl, das in irgendeinem Sinne mit der Lähmung zusammenhängt), so daß die Lähmung psychogenen Ursprungs wäre. Vielmehr geht es der Geschichte darum, in Sündenvergebung und körperlicher Heilung die volle Wiederaufnahme des Menschen in die heilvolle Gemeinschaft mit Gott zu betonen.

Das Leiden des in Mk 3,1ff. genannten Mannes wird mit volkstümlichen Begriffen beschrieben: Er hat eine »vertrocknete«, d. h. wohl erstarrte, bewegungsunfähige Hand. Die zugrundeliegende Vorstellung geht davon aus, daß, wie Pflanzen durch Trockenheit lebensunfähig werden, auch der menschliche Körper durch schädliche Einwirkungen »vertrocknet« bzw. »ausgezehrt« sein kann. Entsprechend heißt es in Epidauros-Wunder Nr. 60 bei einer Heilung: ». . . das verdorrte [Bein] wurde wieder lebendig.« In Mk 3,1ff. handelt es sich bei der Heilung der Hand wohl um die rechte Hand, wie Parallelen, die dasselbe Gebrechen nennen, nahelegen (1Kön 13,4; TestSim 2,12). Obwohl die Geschichte darauf nicht rekurriert, sind die sozialen Folgen solchen Gelähmtseins in der damaligen Welt zu bedenken. Anhand einer Weiterentwicklung der Erzählung im sog. Nazaräerevangelium wird deutlich, in welch schwieriger Lage ein Gelähmter war. Der spätere Erzähler stellt sich vor, daß der Mann mit der »verdorrten« Hand von Beruf Maurer war. Er läßt ihn entsprechend zu Jesus sprechen:

»Ich war Maurer und verdiente mit (meinen) Händen (meinen) Lebensunterhalt; ich bitte dich, Jesus, daß du mir die Gesundheit wiederherstellst, damit ich nicht schimpflich um Essen betteln muß.«

Wie wir schon bei der Blindheit festgestellt haben, hatte körperliche Bewegungsunfähigkeit oftmals den Zwang zum Betteln zur Folge (so auch Apg 3,2).

IV. Das Verständnis von Krankheit und Heilung in den Wundergeschichten des Neuen Testaments

Die Wundergeschichten, die von Jesu Exorzismen und Krankheitsheilungen handeln, gehen in ihrer Formung auf urchristliche Erzähler zurück. Diese gestalten die Geschichten von ihrem Krankheitsverständnis aus, artikulieren dabei ihre Probleme und bieten eine Lösung an, die von ihrem Glauben geprägt ist. Die Topik der Geschichten läßt Erzählschemata erkennen, die nicht nur äußerlich formal auf diese eingewirkt haben, sondern auch inhaltlich den Vorstellungsgehalt bestimmen. Hier kommt die nachösterliche Gemeinde zu Wort, so daß die Wundergeschichten Zeugnisse von deren Glauben sind, nicht aber die Anschauung des historischen Jesus darstellen.

Es legt sich nahe, die hier in Frage kommenden Wundergeschichten in zwei Hauptgruppen zu unterteilen, solche, die von *Exorzismen* berichten, und solche, die *Therapien* zum Gegenstand haben[49]. Schon die zusammenfassenden Erwähnungen von Jesu Wundern (die sog. Summarien) nennen Exorzismen und Therapien je besonders (Mk 1,32f.; 3,10f.; 6,13; Lk 6,18f.; 7,21; 13,32). Den Jüngern wird verheißen, im Namen Jesu Dämonen auszutreiben (Mk 16, 17) und Kranke zu heilen (Mk 16,18). Besonders aber unterscheiden sich die dämonologischen Motive in beiden Erzählungsformen. In den Exorzismen bewohnt der Dämon den Kranken, entsprechend muß der Exorzist ihn austreiben, so daß er ausfährt. In den Therapien hat der Dämon die Krankheit nur von außen verursacht. Er braucht deshalb nicht ausgetrieben zu werden, die Heilung der Krankheit erfolgt auf dem Wege der Kraftübertragung, die die vom Dämon bewirkte »Schwäche« aufhebt. Im übrigen sind die dämonologischen Motive für die Therapien gar nicht konstitutiv. Ein dämonologisches Verständnis der Krankheit fehlt oft, während die Vorstellung des in dem Kranken hausenden Dämons für die Exorzismen grundlegend ist.

Schon diese erste Differenzierung zwischen beiden Wundertaten läßt ihre Relevanz für die jeweilige Sicht der Krankheit erkennen: Die Ursache und Eigentümlichkeit der Krankheit wird verschieden erklärt, selbst wenn dämonologische Vorstellungen auch in den Therapien eine Rolle spielen.

Die Wundergeschichten, Exorzismen wie Therapien, folgen einem bestimmten Erzählschema, das ein relativ festes Gefüge von Motiven kennt, das jedoch im einzelnen Fall individuell variiert werden kann.

a) In einer Einleitung ist etwa vom Kommen des Wundertäters, der zuschauenden Menge und vom Auftreten des Hilfsbedürftigen die Rede.

b) Die Exposition bereitet dann das Wunder unmittelbar vor. Besonders wichtig ist hier die Charakterisierung der Notsituation. So werden die Dauer der Krankheit erzählt, ihr schrecklicher oder gefährlicher Charakter und bisherige vergebliche Versuche der Ärzte, sie zu heilen. Zur Exposition gehört auch die Schilderung, wie sich die Hilfesuchenden dem Wundertäter nähern, ihre Bitten, Hilferufe und Vertrauensäußerungen.

c) Die Mitte der Erzählung enthält das eigentliche Wundergeschehen. Die Heilung erfolgt durch Berührung mit der Hand und Heilmittel (Therapien) oder durch ein wunderwirkendes Macht- und Drohwort (besonders in Exorzismen). Anschließend wird der Erfolg des Wunders konstatiert, besonders dessen Plötzlichkeit.

d) Der Schluß bringt eine Demonstration, die von der Realität der Heilung überzeugen soll. Der Geheilte zeigt seine neugewonnene Lebenskraft (Therapien), der Dämon beweist dadurch seine Austreibung, daß er außerhalb des Besessenen Unheil anrichtet (Exorzismen). Zum stilgemäßen Schluß gehört auch die Reaktion des anwesenden Publikums, etwa eine Akklamation, die den Wundertäter preist.

Übersieht man das Feld der Erzählmotive, so wird auf den ersten Blick deutlich, daß der Mittelteil der Geschichten mit seiner Schilderung der Heilung besondere Auskünfte über das Heilungsverständnis erwarten läßt, das die Geschichten prägt. Dementsprechend wird es möglich sein, daraus Folgerungen für die grundlegende Sicht der Krankheit zu ziehen, die die Heilungsmethode bestimmt (wichtig für die Therapien).

1. Das Heilungsverständnis in den Exorzismen

Wir haben es bei den Exorzismen mit Handlungen zu tun, bei denen der den Kranken beherrschende Dämon in einem regelrechten Kampf zwischen Dämon und Wundertäter ausgetrieben wird. Bei der Beschreibung der Besessenheitsphänomene sahen wir schon, daß die Krankheit selbst dadurch gekennzeichnet ist, daß der in dem Menschen hausende Dämon dessen eigene Subjektivität verdrängt hat. Die Heilung kann dementsprechend nur in der Austreibung des Dämons geschehen. Dies ist die Voraussetzung für die Wiederherstellung der Selbstbestimmung des ehemals Kranken, der sein Ich neu gewinnt.

Der Austreibungsvorgang erfolgt in einem Kampfgeschehen zwischen Dämon und Exorzist:

a) Bei der Begegnung zwischen dem Wundertäter und dem Besessenen spürt der Dämon sofort die Gegenwart des Wundertäters. Er wittert seinen Bezwinger. Seine Reaktion kann verschieden ausfallen. In Apg 19,16 greift er die Söhne des Skeuas, jüdische Beschwörer, gewalttätig an. In Mk 1,23 f. und 5,7 gibt er sich bereits defensiv.

In Mk 1,23 f. beginnt er mit einem Aufschrei und benutzt abwehrende Beschwörungsformeln:

>Was (ist zwischen) uns und dir, Jesus Nazarener? Du bist gekommen, uns zu verderben. Ich kenne dich, wer du bist, der Heilige Gottes.«

Die Abwehrformel »Was (ist zwischen) uns und dir, Jesus Nazarener?« ist der Versuch, durch Nennung des Namens das Gegenüber zu entmächtigen. Ähnlich steht es bei der Wendung »Ich kenne dich, wer du bist . . .« Doch gerät diese Dämonenrede unter der Hand in ein zwanghaft gegebenes Bekenntnis, das die christologische Bedeutung Jesu hervorhebt.

In Mk 5,7 liegt wieder der Ansatz einer Gegenwehr des Dämons vor. Der Besessene gebraucht dieselbe Abwehrformel wie Mk 1,24. Der anschließende Versuch, durch eine Beschwörung Macht über Jesus zu gewinnen »Ich beschwöre dich: Quäle mich nicht!« verrät allerdings die Unterlegenheit des Dämons. Er muß die Macht Jesu anerkennen. In V.9 kommt es dann in der Namenserfragung durch Jesus zu einem direkten Angriff des Wundertäters, da ja die Kenntnis des Namens der Machtgewinnung über den Dämon dient.

b) Die eigentliche Austreibung bedient sich in Mk 1,25 einmal des Schweigegebots als Teil des exorzistischen Rituals, das geradezu die Funktion der Bannung des Dämons hat. Darauf folgt ein Machtwort, das den Ausfahrbefehl enthält: »Fahre aus aus ihm!« In Mk 9,25 ist der Befehl ausführlich gestaltet:

>Du stummer und tauber Geist, ich befehle dir: Fahre aus aus ihm und fahre nicht mehr in ihn ein!«

Bei Exorzismen, die nicht von Jesus als Wundertäter handeln, geschieht die Austreibung unter Nennung des Namens Jesu (Mt 7,22; Mk 16, 17; Apg 19,13).

c) Die Dämonen fügen sich dem Machtwort des Wundertäters, aber nur widerwillig. So wird das Ausfahren des Dämons zu einem letzten Versuch, Gewalt anzuwenden. In einem Aufbäumen des unreinen Geistes gerät der Besessene in Lebensgefahr. Der Geist zerrt den Kranken hin und her und fährt mit einem Schrei aus (Mk 1,26). In besonders plastischer Weise erscheint der letzte Gewaltakt des Dämons in Mk 9,26: Er schreit auf, reißt den Besessenen so grausam hin und her, daß der Erzähler als Ergebnis feststellt:

>Und er wurde wie tot, so daß die meisten sagten, er sei gestorben.«

Deshalb ist im Anschluß an den Exorzismus eine gesonderte Heilung durch Kraftübertragung nötig (V. 27). Die endgültige Überwindung des Dämons und seiner zerstörerischen Macht bedeutet die Wiederherstellung der eigenen Subjektivität des Kranken. Dieser erscheint nach seiner Heilung als »vernünftig« (Mk 5,15) im Gegensatz zu der vom »unreinen Geist« bewirkten Raserei (5,3—4). Daß dieses möglich wird, dazu braucht es des Eingriffs der göttlichen Macht selbst. Die Überwindung der Besessenheit, die Austreibung des Dämons, setzt eine Hilfe voraus, die die normalen Weltmöglichkeiten transzendiert. Die ursprüngliche Fassung der dem Evangelisten Markus bereits vorgegebenen Erzählung Mk 1,21—28 macht dies deutlich. Die zu rekonstruierende Akklamation der Zuschauer hat wohl ursprünglich gelautet (1,27):

> »Wer ist *dieser?* Den unreinen Geistern gebietet er, und sie gehorchen ihm!«

Jesus ist der mit göttlicher Kraft begabte Bezwinger der Dämonen (1,24). Mk 5,19 führt Jesu Exorzismus unmittelbar auf das Erbarmen des »Herrn«, nämlich Gottes, zurück. Befreiung von Dämonen ist nur möglich als Wunder, das bestehende Grenzen durchbricht und den Weg des Heils eröffnet.

2. Das Krankheits- und Heilungsverständnis in den Therapien

Eine Wundertat ist als Therapie zu bezeichnen, wenn die dämonologischen Krankheitsbilder nur eine Einwirkung des Dämons von außen kennen und die Heilung dementsprechend nicht als Austreibung eines unreinen Geistes, sondern im Sinne einer Kraftübertragung erscheint. Dabei ist zu beachten, daß die dämonologischen Züge der Krankheit, wenn überhaupt, in abgeblaßter Form erhalten sind. Die Taubstummheit etwa gilt als dämonische »Fessel« der Zunge, die Heilung dann als Lösung derselben (Mk 7,35). Neben der Parallele Lk 13,16, wo das Gekrümmtsein ausdrücklich als »Fesselung« durch den Satan bezeichnet wird, sprechen auch die Belege aus dem antiken Bindezauber für ein dämonologisches Verständnis der Krankheit als »Fessel«. Auch die Bezeichnung »Geißel« für die Krankheit der »blutflüssigen« Frau dürfte letztlich auf die Vorstellung einer »Dämonengeißel« zurückgehen (Mk 5, 29.34; vgl. PGM V 169f.). Ebenso wird Fieber wohl auf dämonische Einwirkung zurückgeführt. Es verläßt wie ein Dämon die

Schwiegermutter des Petrus (Mk 1,31). Ansonsten fehlen dämonologische Krankheitsaitiologien in den neutestamentlichen Therapien. Darin wird sichtbar, daß diese nicht konstitutiv sind für das
Krankheitsverständnis, das sich in den Therapien ausprägt.

Wie sieht nun der Heilungsvorgang in den Therapien aus? Instruk-
tiv ist dabei die Schilderung in der Geschichte von der blutflüssigen
Frau (Mk 5,25—34). Nach den schlechten Erfahrungen mit den
Ärzten richtet die Kranke (Anomalie der Periode?) ihre Hoffnung
allein noch auf Jesus, dessen Ruf als Wundertäter sie angezogen
hat. Ihre Erwartung geht dahin, daß die Berührung seiner Kleider
genügt, um gesund zu werden (V. 28).

Diese Vorstellung findet sich auch sonst:

> »Und wo immer er einzog in Dörfer, Städte oder Höfe, setzten
> sie die Kranken auf die Plätze und baten ihn, daß sie ihn
> wenigstens an der Quaste seines Gewandes berühren dürften.«
> (Mk 6,56).

Ja sogar Schweißtücher, Binden von der Haut des Wundertäters
(des Paulus) galten als heilkräftig (Apg 19,12), selbst der Schatten
(des Petrus) konnte Wunder wirken (Apg 5,15). Dahinter steht die
Vorstellung einer dem Wundertäter eignenden Kraft, die als eine
Art Fluidum von ihm ausgeht und sich auf alles, was er berührt,
überträgt. Dieses Überströmen geschieht geradezu automatisch,
wie die Heilung der blutflüssigen Frau zeigt. Die Frau handelt so,
daß Jesus von der Berührung selbst zunächst gar nichts merkt. Erst
als sie geheilt ist, nachdem also die Kraft ohne sein bewußtes Zutun
auf die Frau übergegangen ist, spürt er davon und fragt: »Wer hat
meine Kleider angerührt?« (V. 30). Die Eigenart dieser ganz im
Bereich hellenistischer Thaumaturgie beheimateten Geschichte
wird besonders deutlich, wenn man sich Beispiele jüdischer Heilungen von Blutfluß vor Augen führt. Diese kennen im wesentli-
chen zwei Elemente[50]. Zunächst ergeht eine Art volksmedizinischer
Anweisung, z. B.:

> ». . . man nehme eine Handvoll Kümmel, eine Handvoll Krokus
> und eine Handvoll Fönnkraut, koche es in Wein, lasse es sie
> trinken . . .«

Es folgt jeweils ein Machtwort: »Stehe auf aus deinem Blutfluß!«
Was bezeichnenderweise fehlt, ist die Vorstellung des Kraftflui-
dums, das vom Heilenden auf den Kranken ausgeht und wie von
selbst wirkt. Normalerweise sind auch neutestamentliche Wundergeschichten in dieser Hinsicht zurückhaltender als Mk 5,25ff. Sie
berichten sonst von einer Bitte um Heilung und der bewußten

Handauflegung Jesu zum Zweck der Kraftübertragung, nicht aber von dem selbstmächtigen Mana des Wundertäters, das sich automatisch entfaltet. Die massive Übernahme hellenistischer Kraftvorstellung ist in Mk 5,25ff. durch die Besonderheit des Leidens, nämlich des Blutflusses, hervorgerufen. Nach jüdischer Auffassung machte Blutfluß kultisch unrein, verbot es den Kranken, das Heiligtum zu betreten oder an religiösen Festen teilzunehmen, ja schloß sie wie Aussätzige aus der menschlichen Gesellschaft aus. Auch im sonstigen Hellenismus galt die Berührung menstruierender Frauen als schädlich. Wegen der Tabuisierung ihrer Krankheit konnte die blutflüssige Frau den Wundertäter Jesus gar nicht bitten, sie durch Handauflegung zu heilen. Sie hätte ihm die Selbstverunreinigung zugemutet. Deshalb geht sie heimlich vor (V. 27) und ist voll Furcht und Zittern, als sie merkt, was mit ihr geschehen war (V. 33): Sie hatte nach eigenem Verständnis ein Tabu durchbrochen. Aufgrund der Denkvoraussetzungen der Geschichte konnte eine Heilung der Blutflüssigen nur so erfolgen, daß es zu einer illegitimen Form der Berührung (durch die Frau selbst) kam. Die hellenistische Kraftvorstellung vermochte sich kraß zu entfalten, da sie dazu verhalf, die Heilung mittels (illegitimer) Berührung doch noch zu bewirken, indem die Kraft selbstmächtig – ohne Jesu Zutun – auf die Frau überströmte.

Im Falle der blutflüssigen Frau geschieht Heilung durch Kraftübertragung. Also ist das Leiden irgendwie als Mangel an belebender Kraft vorgestellt, wenn das Machtfluidum des Wundertäters Gesundheit vermittelt. Doch ist hier vor einem zu weit gehenden Schluß Vorsicht geboten, da die Kraftvorstellung zunächst nur mit der Gestalt des Wundertäters in die Geschichte gelangt (die Kraft ist seine Eigentümlichkeit) und erst sekundär das Verständnis der Krankheit mitbestimmt. Gleichwohl weist der umfassende Zusammenhang der Kraftübertragung als Heilungsmethode auf ein entsprechendes Krankheitsverständnis hin, das von der dämonologischen Deutung abzugrenzen ist, auch wenn dämonologische Motive abgeblaßt im Hintergrund stehen (vgl. Mk 5,29.34).

Auch bei den sonstigen Therapien erfolgt die Heilung auf dem Wege der Kraftübertragung, vor allem durch Berührung (z.B. Handauflegung). Selbst wenn es in der frühchristlichen Umwelt Beispiele von exorzistischen Handauflegungen gibt, so findet sich dies kaum im NT. Berührung heilt Fieber (Mk 1,31), Aussatz (Mk 1,41), Blutfluß (Mk 5,27), Stummheit (Mk 7,33), Blindheit (Mk 8,22f.), Rückenverkrümmung (Lk 13,13), Wassersucht (Lk 14,4) und Lahmheit (Apg 3,7). Ja, sie bewirkt (neben dem Gebrauch des Heilwortes) sogar die Erweckung Toter (Mk 5,41). Bei der Heilung der blutflüssigen Frau war es besonders deutlich, daß es zum Zweck der Berührung gehört, »die körperlich oder geistig Schwächeren zu stärken«[51]. Entsprechend kann es in einer summarischen Bemerkung des Evangelisten Lukas heißen:

>»Und das ganze Volk versuchte, ihn zu berühren, denn eine Kraft ging von ihm aus und heilte alle.« (Lk 6,19).

Letztlich ist es kein wesentlicher Unterschied, »ob etwa eine Gottheit ihre Hand dem Kranken auflegt oder ob der Kranke seinerseits die Gottheit anrührt, um durch diesen Kontakt die Wunderkraft auf sich überzuleiten«[52]. Es geht immer um die Vermittlung von Kräften, wenngleich im NT die Initiative meist beim Wundertäter Jesus liegt.

Neben der Berührung gibt es die Heilmittel, die Kraft mitteilen. Gemeint sind die Medikamente, die als »Kräfte« bezeichnet werden und die der Arzt Erasistratos »Hände der Götter« genannt hat. So gilt ein Mittel gegen Nierenstein wegen seiner Trefflichkeit als »Hand Gottes«[53]. In den Wundergeschichten des NT erscheint der Speichel als das einzige Heilmittel; in der antiken Volksmedizin werden daneben z. B. Blut, der menschliche Atem, Öl oder Wein gebraucht. Atem und Speichel gelten dabei als Vermittler besonderer Kräfte, die diese vom Kraftträger auf den Kranken überleiten. Speichel ist wie Blut besonders wirksam, er ist »kondensierter Hauch«, der vom Wundertäter ausgeht. Speichel findet Verwendung bei Stummheit, wenn Jesus die Zunge des Stummen mit Speichel berührt (Mk 7,33), und bei Blindheit, wenn er direkt in die Augen des Kranken spuckt (Mk 8,23). Im Unterschied zur Speichelsalbung hat dieser Gestus eher exorzistische Bedeutung (»Gestus verächtlichen Ausspeiens«), die eigentliche Kraftübertragung erscheint ja hier zusätzlich durch Handauflegung (Mk 8, 23). Immerhin zeigt die Verbindung von Handberührung und Speichelübertragung in Mk 7,31ff. und 8,22ff. die verwandte Bedeutung beider Formen von Kraftvermittlung. Daß in Mk 7,31 ff. noch ein Heilwort (V. 34) hinzutritt (vgl. auch Mk 5,41), das als für griechische Ohren geheimnisvolles und deshalb zauberkräftiges Wort gilt, ändert an dem bisherigen Heilungsverständnis nichts.

Bei der Heilung des Blinden aus Bethsaida (Mk 8,22 – 26) ist das Heilverfahren Jesu stärker in Analogie zu ärztlichem Vorgehen beschrieben: Jesus befragt den Kranken nach Anwendung der ersten Kur (Anspucken und Handauflegung) nach deren Wirkung (V. 23). Der Kranke antwortet und kann bereits einen Erfolg feststellen (V. 24). Danach wiederholt Jesus seine Kur (Handauflegung). Der Kranke ist völlig geheilt (V. 25). Auch bei diesem

Heilverfahren bleibt Jesus der übermächtige Wundertäter, dessen Heilung jedes normale ärztliche Handeln überragt. Wieder ist es seine in ihm wohnende Kraft, die auf den Kranken übergeht und die Heilung bewirkt.

Am Rande sei noch die Heilung des Blindgeborenen Joh 9,1ff. erwähnt. Auch hier dient Speichel als Heilmittel. Es kommt zu einem umständlichen Verfahren, bei dem Jesus auf den Boden spuckt und einen Teig macht, den er dem Blinden auf die Augen streicht (V. 6). Die Bedeutung des Speichels ist hier allerdings eingeschränkt, insofern die Heilung erst nach der Waschung im Teich Siloam erfolgt (V. 7). Auch in Joh 5,7 ist vorausgesetzt, daß das Wasser im Bethesdateich Heilkräfte enthält, wenn es (durch eine intermittierende Quelle?) zum Aufwallen gebracht wird.

Die Demonstration des Heilerfolges in den Therapien zeigt abschließend, daß die Heilung in neugewonnener Kraft besteht. Der Gelähmte vermag plötzlich aufzustehen, sein Bett aufzuheben und vor aller Augen hinauszugehen (Mk 2,12), ähnlich die von den Toten Erweckte (Mk 5,42) oder der Kranke am Teich Bethesda (Joh 5,9). Der Stumme redet wieder richtig (Mk 7,35). Beim Blinden von Bethsaida (Mk 8,22–26) wird die Heilung stufenweise konstatiert: Zunächst sieht er umhergehende Menschen nur umrißhaft (»wie Bäume«), dann nach nochmaliger Handauflegung kann er scharf sehen und ist völlig wiederhergestellt (Mk 8,24 f.).
Beide Motive, die Heilung als Kraftmitteilung wie die Demonstration der Gesundung im Sinne neuerlangter Kraft, lassen eine besondere Sicht der Krankheit erkennen: »In den Therapien wird ... ansatzweise ein Verständnis der Krankheit als Schwäche, als *astheneia* sichtbar, das sich von dämonologischen Krankheitsaitiologien unterscheidet ...«[54]. Der Leidenszustand gilt primär als Mangel an Kraft. Das griechische Wort *astheneia* (eigentlich »Schwäche«) für Krankheit mag in diesem Zusammenhang genannt werden, auch wenn seine ursprüngliche Bedeutung in seiner Anwendung auf das Phänomen Krankheit verblaßt sein wird. Trotz dieses besonderen Krankheitsverständnisses in den Therapien, trotz eigentümlicher Heilungsmanipulationen findet sich letztlich dasselbe Verständnis von Krankheitsüberwindung wie in den Exorzismen. Die ausgeführten Akklamationen am Schluß der Geschichten verraten dieses. Die Heilungen gelten als überwältigendes Wunder, hinter dem Gott selbst steht (Mk 2,12), wobei die Heilmittel denen sonstiger Wundertäter durchaus entsprechen:

»... so daß alle außer sich waren und Gott lobten: Solches haben wir noch nie gesehen!«

Wie Gott bei der Schöpfung alles gut gemacht hat (Gen 1,31), so erscheint Jesu Heilen als eine Art Neuschöpfung, die Gottes Handeln entspricht (Mk 7,37). Jesu Wirken ist für die Erzähler nur begreiflich als Zeichen des endzeitlichen Erbarmens Gottes gegenüber seinem Volk (Lk 7,16).

3. Heilung und Glaube

Jesus spricht nach der Heilung der blutflüssigen Frau wie nach der des blinden Bartimäus: »Dein Glaube hat dich gerettet.« (Mk 5,34; 10,52). Moderne Erklärer haben diesen Satz zum Anlaß genommen, hier einseitig psychologisch zu deuten und Jesu Heilungsmethode im Sinne einer »Psychotherapie« zu verstehen. Entsprechend werden alle Krankheiten, die Jesus geheilt hat, psychogen interpretiert: Sie werden auf psychische Störungen zurückgeführt. Dies gilt nicht nur für das umfassende Phänomen der Besessenheit, sondern auch für Lähmungen, Erblindung oder Taubheit, die als hysterische Lähmung oder funktionelle Erblindung und Taubheit erscheinen, welche psychischer Beeinflussung zugänglich sind. Der Glaube des Kranken ist dann die innere Disposition, die eine Heilung allererst ermöglicht. Jesus weckte Glauben und Vertrauen. Damit aber brachte er eine Kettenreaktion in Gang: »Die übermächtigen seelischen Kräfte, die er in Bewegung setzte, entbanden auf dem Wege der psychischen Ansteckung die gleichen Glaubens- und Willenskräfte auch da, wo sie in krankhafter Ohnmacht darniederlagen.«[55] Gerade in dieser psychisch bedingten, durch Glauben ermöglichten Heilung wird das Besondere der neutestamentlichen Krankenheilungen gesehen, die sie von magischen Zauberhandlungen abrücken[56]. Solche Erklärungen entspringen einem modern-rationalistischen Interesse. Sie versuchen, eine detaillierte Analyse des vollzogenen Heilungsprozesses zu geben, wobei die psychologischen Mechanismen im Sinne des neuzeitlichen Kausalitätsdenkens erhellt werden sollen. Damit berücksichtigen sie aber nicht genügend die Eigenart unserer Texte, die im Rahmen ihrer Zeit zu deuten sind. Diese erlauben es nicht ohne weiteres, unsere heutigen psychologischen Kategorien an sie heranzutragen. Jedenfalls waren ihnen Überlegungen fremd, die den Heilungsprozeß als natürliche Folge psychischer Einwirkung betrachten. Heilung war ein *Wunder,* das nur durch den Einbruch göttlicher Wirklichkeit möglich wurde.

Der Begriff Glaube taucht im Zusammenhang antiker Wunderheilberichte auf. Der Zweck der Sammlung von Wunderheilungen in Epidaurus ist es, den Kranken Hoffnung und Mut zu machen.

Angesichts der Skepsis mancher damaliger Kritiker sollte der Glaube und damit auch der Wille zur Heilung gestärkt werden. Aufgrund der einzelnen Wundergeschichten ergibt sich, daß das Wunder den Ungläubigen, den Skeptiker bekehren soll, der Macht des Gottes zu vertrauen.

Im Epidauros-Wunder Nr. 3 kommt ein Mann, der die Finger seiner Hand nicht rühren kann, als Bittfleher zu dem Gott. Als er jedoch die Weihetafeln im Heiligtum sieht, ist er ungläubig gegenüber den dort aufgeschriebenen Heilungen. Während des Schlafes im Heilraum träumt er, daß der Gott ihn heilt. Dieser fragt ihn, ob er immer noch ungläubig sei. Er antwortet jetzt: Nein. Die Heilung hat ihn also gläubig gemacht. In Wunder Nr. 4 wird der Unglaube, der Heilungen für unwahrscheinlich und unmöglich hält, als »Unwissenheit« bezeichnet, die das Wunder überwindet.

Glaube als *Folge* von Wundertaten hat im frühen Christentum insofern eine Parallele, als Wundertaten missionarisch wirken und Glauben wecken (Apg 9,42; vgl. 19,17f.). Das JohEv erzählt, daß die Zeichen Jesu zum Glauben führen (2,11; 4,53; 10,41; 20,30f.). Relevanter erscheinen aber die Heilungsberichte, in denen der Glaube *Voraussetzung* des Wunders ist. Hier wird eine unmittelbare Beziehung zwischen Krankheit und Glaube sichtbar. In der Leidenssituation artikuliert der Kranke eine Haltung, die zur Überwindung des Leidens führt. Die Glaubenshaltung steht also in direktem Zusammenhang mit der Krankheit. Eine Klärung dessen, was hier Glaube heißt, läßt erwarten, daß damit auch das Wesen der Krankheit erhellt wird.

In antiken Heilungsberichten heißt dieses Zutrauen in den Heilgott nie *pistis* wie dann in den frühchristlichen Texten. Doch findet sich das Motiv der Sache nach, wenn auch in anderer Begrifflichkeit. Von Asklepios überliefert Epidauros-Wunder Nr. 37 (der Text ist allerdings nur rekonstruiert; vgl. auch W 74):

> Der Gott werde nur die heilen, »welche zu ihm in sein Heiligtum kommen in der guten Hoffnung, daß er einem solchen nichts Übles antun, sondern ihn gesund entlassen werde.«

Das erhaltene Epigramm des Redners Aischines formuliert noch eindringlicher[57]:

> »Durch die Künste Sterblicher war ich in Not, zur Gottheit aber hatte ich alle Hoffnung . . .
> ich wurde geheilt, als ich, o Asklepios, zu deinem Heiligtume kam . . . «

Angesichts des Versagens der ärztlichen Kunst, richtet der Kranke alle Hoffnung auf den Heilgott, der ihn auch nicht enttäuscht.

Ähnlich steht es bei der Geschichte von der blutflüssigen Frau (Mk 5,25 – 34). Sie hatte schon 12 Jahre an ihrer Krankheit gelitten, und alle ärztliche Hilfe hatte nichts ausgerichtet. Angesichts dieser Vergeblichkeitserfahrung wirft sie ihr ganzes Zutrauen auf den Wundertäter Jesus (V. 28):

>»Wenn ich auch nur seine Kleider anrühre, werde ich heil werden.«

Wie im Fall des Redners Aischines erscheint Krankheit, die menschliche Kunst nicht zu heilen vermochte, als eine Existenzbedrohung, die aufgrund ihrer Unerträglichkeit die Hoffnung auf übermenschliche Kraft und Hilfe als letzte Chance freisetzt. Sicherlich besteht ein Unterschied in der Größe der Krankheit beim antiken Rhetor und der leidenden Frau. Er litt ein Jahr lang an einem Geschwür am Kopf; sie war über 12 Jahre im Zustande ständiger Unreinheit, die sie praktisch aus der menschlichen Gesellschaft ausschloß. Zu dem körperlichen Leiden trat bei ihr die menschliche Isolation hinzu, die zudem noch wegen der hohen, aber vergeblichen Arztkosten mit Verarmung verbunden war. In beiden Fällen ist das Zutrauen zur übermenschlichen Macht eine Haltung menschlicher Existenz, die aus der Notsituation erwächst. Nichts spricht dafür, daß die Vertrauensäußerung im Selbstgespräch der Frau (V. 28) in exklusiver Weise christologisch geprägt ist: Es geht hier noch nicht um den Glauben an den Wundertäter Jesus als den einen Sohn Gottes. Die Frau ist noch bei sich selbst in der Erfahrung ihrer Not, gleichzeitig aber auch schon darüber hinaus, wenn sie die Situation der Krankheit und die damit gegebene Begrenzung menschlicher Möglichkeiten durch die Hoffnung überschreitet. Glaube ist hier eine besondere Weise menschlicher Existenz, geboren in der Erfahrung der Krankheit und darauf ausgerichtet, von ihr befreit zu werden. Diese Interpretation bestätigt sich, wenn man den konstatierenden Zuspruch am Schluß der Geschichte berücksichtigt: »Dein Glaube hat dich gerettet!« (Mk 5,34; vgl. 10.52). Es ist betontermaßen der Glaube der Frau, der hier Rettung schafft. Bemerkenswert ist dabei die Funktion, die dieser Zuspruch hat. Jesus braucht den Heil schaffenden Glauben anscheinend nur noch festzustellen. Sonst aktiviert erst der Zuspruch des Wundertäters den Glauben, so daß es zur Heilung kommt (Mk 5,36; 9,23; 10,49). Hier dagegen kommt der Glaube der Frau dem Eingreifen Jesu zuvor. Aber auch dort, wo gerade der Zuspruch des Wundertäters glaubenweckende Funktion hat, bleibt dieser Glaube streng bezogen auf die Notsituation der Krankheit. Der Zuspruch steht dann im Zusammenhang einer vorangehenden

Bitte an den Wundertäter, die ein Element vorangehenden Vertrauens besitzt (Mk 9,22; 10,47).

Die Heilungsgeschichte Apg 14,8 ff. spricht ebenfalls von diesem »Wunderglauben«. Paulus als Wundertäter konstatiert lediglich »den Glauben gerettet zu werden« bei einem von Geburt an Lahmen. Glaube meint hier die Fähigkeit, eine Veränderung in solchen Grenzfällen herbeizuführen, in denen eine Veränderung gänzlich unmöglich erscheint. Dazu gehört die aussichtslose Lage der seit 12 Jahren an Blutfluß leidenden Frau, des seit dem Mutterleib an Lahmen (Apg 14,8 ff.) oder des Vaters, dessen Tochter im Sterben liegt und im Laufe der Geschichte stirbt (Mk 5, 21−24.35−43). Der zur Heilung nötige Glaube qualifiziert die Krankheit in besonderer Weise. Sie begegnet dem Menschen zunächst als hoffnungslose Grenzsituation, der Gedanke an ihre Überwindung widerspricht der normalen menschlichen Erwartung. Der Glaube aber macht den Menschen der Wundergeschichten den Blick dafür frei, das eigentliche Nicht-Mögliche, die Heilung, dennoch zu sehen und vertrauend zu erlangen.

Wir sprachen vom Glauben an ein Wunder als einer menschlichen Haltung. Er erwächst aus der Notsituation, in der dem Kranken nur noch diese eine Hoffnung bleibt – eine Hoffnung, die gegen die bisherige Lebenserfahrung steht, in der schwere Krankheit zum Tode führt. Diese Zuversicht ist verzweifelt, paradoxer Glaube, wie gerade die Bitte: »Ich glaube, hilf meinem Unglauben!« zeigt (Mk 9,24). So sehr er menschliche Haltung ist, bei der der Mensch bestehende Grenzen überschreitet, so sehr wird er jed›ch nur möglich angesichts übermenschlicher Offenbarung, die in der Person des Wundertäters Jesus entgegentritt. Sein Erscheinen provoziert in allen Wundergeschichten eine Erwartung, die die Kraft mobilisiert, gegen die Grenzsituation der Krankheit eine grundlegende Änderung zu erwarten. Dabei ist zu beachten, daß es nirgends »Glaube an Christus« (oder »Glaube an Gott«, vgl. aber Mk 11,22) heißt. Diese fehlende christologische Zuspitzung, die diese Konzeption vom paulinischen Glaubensbegriff unterscheidet, läßt noch erkennen, daß es für die Erzähler um die je und je sich ereignende menschliche Antwort auf die Epiphanie des Wundertäters geht, die aufgrund ihrer Spontaneität jeder lehrhaften Konkretisierung entbehrt. Erst nach erfolgter Heilung kommt es in den Wundergeschichten zu Akklamationen der Zuschauer, die ein ausgeführtes Bekenntnis zu Jesus (Mk 1,27; 7,37; Lk 7,16) oder zu Gott (Mk 2,12; 5,19) formulieren.

Glaube ist für die Erzähler der Wundergeschichten geschenkter Glaube, da er erst durch das Auftreten Jesu als Wundertäter zur

Möglichkeit des Kranken wird. Gleichzeitig aber ist es ein aktiver Glaube, insofern er den Kranken aus seiner Passivität herausholt, in die ihn die Krankheit als unveränderlich erscheinende Grenzsituation des damaligen Menschen gezwungen hat. Die Erscheinung des Wundertäters und die damit provozierte Erwartung weckt neue Aktivität: Der Hilfsbedürftige kommt zu Jesus (Mk 1,40; 5,25f.; Mt 9,27), fällt vor ihm nieder (Mk 1, 40), äußert in der Bitte um Erbarmen (Mk 10,48; Lk 17,13; Mt 9,27) und einer besonderen Vertrauensäußerung (z. B. Mk 7,28; 9,24; Mt 8,8ff; 9,28) seine totale Bereitschaft, alles vom Wundertäter zu empfangen. Diese Hingabe erscheint in den Wundergeschichten als Voraussetzung der Heilung. Sie enthält aber in sich deutliche Züge neugewonnener Eigeninitiative. Der Kranke läßt sich nicht einfach gehen, bleibt nicht passiv, um nur den Wundertäter agieren zu lassen. Vielmehr regt allein schon das Erscheinen Jesu seine Lebensgeister an. Der eigentliche Heilungsakt bleibt jedoch Sache des Wundertäters.

Der Vorgang der Heilung geschieht auf dem Wege der Kraftübertragung (Berührung bzw. heilende Mittel) oder durch ein Machtwort (in den Exorzismen). Dabei scheinen diese magisch wirkenden Heilmethoden mit dem Glauben, der rettet, zu konkurrieren. Besonders deutlich ist dies in Mk 5,25 – 34 und Mk 9,14 – 29. Die blutflüssige Frau ist allein aufgrund der auf sie übergeflossenen Kraft Jesu von ihrer Qual befreit (Mk 5,29). Gleichzeitig aber stellt Jesus am Schluß der Geschichte fest, ihr Glaube habe sie gerettet (5,34). Ähnlich steht es bei dem Exorzismus Mk 9,14ff. Einmal gilt der Satz, alles sei möglich dem, der glaubt, wobei das Vertrauen des Hilfesuchenden gemeint ist (9,23). Andererseits geschieht die Austreibung des unreinen Geistes allein aufgrund der überlegenen Macht des Wundertäters (9,25f.). Es wäre möglich, dieses Nebeneinander der Motive so zu deuten, daß die magische Heilungsmethode jeweils die traditionelle, der geistigen Umwelt verhaftete Vorstellung darstellt, die vom Erzähler aufgenommen, aber auch durch den Verweis auf den rettenden Glauben korrigiert sei. An dieser Deutung wird jedenfalls so viel richtig sein, daß der Text Mk 9,14ff. in der ältesten Traditionsschicht ein handfestes Mirakel, ein thaumaturgisches Meisterstück Jesu enthielt, nun aber in einer neuen Reflexionsstufe die Problematik das paradoxen Glaubens einführte. Indessen – handelt es sich bei beiden Geschichten wirklich um eine Korrektur magischen Denkens? Dagegen spricht, daß jedes Mal die vorgegebene Heilungsmethode (Kraftübertragung bzw. Exorzismus durch Machtwort) ungeschmälert erzählt wird. Nicht um Korrektur oder gar Aufhebung magischer Denkvoraussetzungen geht es, sondern um eine vertiefte Reflexion, die das

Humanum des Menschen stärker ins Blickfeld rückt. Dem Erzähler genügt es nicht, den jeweiligen staunenerregenden Heilungsablauf zu berichten; er läßt den Hilfesuchenden in seiner Innenperspektive transparent werden. Dadurch erkennen wir, wie die blutflüssige Frau ihre Krankheit und den Vorgang ihrer Heilung erlebt. Mk 5,27 reflektiert die Schwere der verunreinigenden Krankheit, die die Frau in die menschliche Isolation treibt, so daß sie Jesus nur heimlich von hinten anzufassen wagt. V. 28 dagegen hebt die Größe ihres Zutrauens hervor, die der Aussichtslosigkeit der Krankheit kontrastiert: »Wenn ich auch nur seine Kleider berühre, werde ich gesund werden.« V. 33 zeigt uns dann die Frau nach der Heilung, doch bedrückt wegen der Illegitimität ihres Verhaltens. Voller Furcht und Zittern fällt sie vor Jesus nieder und gesteht ihm die heimliche Berührung, die zur Genesung geführt hat. V. 34 demgegenüber löst die Spannung, indem der Zuspruch Jesu den Glauben und damit das Vorgehen der Frau für rechtens erklärt: »Dein Glaube hat dich gerettet.« Die Krankheit hat ihre versklavende Unentrinnbarkeit verloren; denn angesichts der Offenbarung in Jesus wird der Glaube zur neuen Kraft des Menschen, die Krankheit zu überwinden.

Die Geschichte von der Heilung des besessenen Knaben (Mk 9,14 ff.) legt die Innenseite des hilfesuchenden Vaters offen, der stellvertretend für seinen Sohn bittet. Die Zerstörungskraft der Krankheit ist hier so groß, daß nicht mehr der Sohn selbst bitten, hoffen und glauben kann. Aber auch der Vater ist anfangs nur zu einer zweifelnden Bitte fähig (V. 22). Erst der Zuspruch Jesu (V. 23 b) setzt ihn in den Stand, radikal zu glauben gegen die Hoffnungslosigkeit der Besessenheit, gegen die bisherige Vergeblichkeitserfahrung (vgl. V. 18): »Alles ist möglich dem, der glaubt!« Doch bleibt sich dieser Glaube seiner inneren Problematik bewußt. Er muß glauben und erwarten, was eigentlich nur göttlicher Allmacht vorbehalten ist (V. 23 b). Deshalb kann die menschliche Antwort nur lauten (V. 24): »Ich glaube, hilf meinem Unglauben!« Schon bei den Wundergeschichten des MkEvs, die wir bisher betrachtet haben, ist der Glaube ansatzweise »Gebetsglaube« – dort nämlich, wo er in Gestalt einer Bitte zum Ausdruck kommt. Sichtbar ist dies etwa, wenn Jesus den Hilferuf des blinden Bartimäus »Sohn Davids Jesus, erbarme dich meiner« als Glauben, der rettet, charakterisiert (Mk 10,47 f. und 10,52). In diesem Sinne kann Mk 11,24 ausdrücklich sagen:

>»Glaubt, daß ihr alles, worum ihr betet und bittet, empfangen habt, und es wird euch geschehen.«

Beim Evangelisten Matthäus ist der Glaube dann in besonderer Weise als Gebetsglaube verstanden. Einzelne Wundergeschichten werden so gestaltet, daß sie der Gemeindeparänese dienen können. Sie sollen der Gemeinde mahnend und verheißend vor Augen halten, daß Jesus den betenden Glauben erhört hat und jetzt in der Zeit der Kirche wiederum erhören wird. Sehr deutlich wird diese Absicht durch die Formeln ausgesprochen »Wie du geglaubt hast, geschehe dir!« (Mt 8,13) oder »Dir geschehe, wie du willst!« (Mt 15,28).

In der Geschichte vom Hauptmann zu Kapernaum wird die erstgenannte Wendung gebraucht. Hier kommt es zu einer deutlichen Entsprechung zwischen der Bitte des Hauptmanns (Mt 8,8) und ihrer Erhörung durch Jesus (Mt 8,13), wobei die bittende Haltung des Hauptmanns als Glaube bezeichnet wird. Den bittenden Glauben erhört Jesus und heilt den kranken Knecht. Ähnlich steht es bei der kanaanäischen Frau. Auf die wiederholten Hilfeschreie der Frau, die sich nicht abfertigen läßt und aufgibt, antwortet Jesus schließlich: »Groß ist dein Glaube. Dir geschehe, wie du willst!« (Mt 15,28). In beiden Geschichten ist der Glaubende lediglich ein Bittender, wobei es zu ausgeführten Bittgesprächen kommt. Die Bitten stehen hier für das Gebet, zu dem der Evangelist die Gemeinden ermahnen will. Verstärkt wird dieser Eindruck noch deshalb, weil sowohl der Hauptmann wie die kanaanäische Frau in der Rolle von Fürbittern begegnen, die für andere eintreten. Die beiden Geschichten sind vom Evangelisten als Exempel für die Gemeinde verstanden worden. Sie soll in ihnen die Bedeutung des bittenden Glaubens, d. h. des Gebetsglaubens, für die Situation der Not erkennen. Das gleiche gilt für die Darstellung der Heilung von zwei Blinden. Jesus erhört ihren Ruf um Erbarmen mit den Worten: »Eurem Glauben gemäß geschehe euch!« (Mt 9,29). In entsprechender Weise sollen die christlichen Gemeindeglieder der Erhörung des Gebets gewiß sein.

4. Krankheit und Sünde, Heilung und Sündenvergebung

Bisher war von der Not der Krankheit die Rede, die in ihrer unmittelbaren physischen und psychischen Zerstörungskraft besteht. Sie zwang den Menschen in eine ausweglose Situation, wo menschliche Hilfe versagte. Diese Leiderfahrung konnte aber noch durch die Ablehnung verschärft werden, die ihm von seiten seiner Mitmenschen entgegenschlug, wenn die Krankheit als gerechte Strafe für angebliche oder wirkliche Sünden galt. Begegnete man einem Blinden, Lahmen oder Aussätzigen, so sollte man murmeln: »Gepriesen sei der zuverlässige Richter!« (TosBer 7,3). Die Folge war allzu leicht Selbstgerechtigkeit, wenn man selbst gesund war und beim kranken Mitmenschen nur nach dessen möglicher Schuld fragte, nicht aber solidarisches Mitleiden praktizierte. Der historische Jesus hatte sich gegen bedenkliche Folgen dieses Vergeltungsdenkens gewandt (Lk 13, 1 – 5). Wie sah nun die Haltung der christlichen Gemeinden aus?

Zunächst ist allerdings zu berücksichtigen, daß die gefährlichen Implikationen des Vergeltungsglaubens nur die eine negative Seite des Problems darstellen. Dieses Denken wird jedoch auf seine Art der menschlichen Erfahrung gerecht, daß Krankheit nicht nur körperliche Schädigung bedeutet, sondern den ganzen Menschen betrifft. In der Frage nach dem Sinn oder der Sinnlosigkeit der Krankheit ist auch heute die religiöse Dimension der Krankheit im Blick, die man damals mit der Antwort zu bestimmen versuchte: Krankheit ist Folge der Sünde. Wirkliche Heilung des kranken Menschen sollte demnach nicht nur seine körperliche Unversehrtheit wiederherstellen, sondern zielt im NT auf die Annahme des ganzen Menschen durch Gott. Damit geschieht keine fromme Leugnung des schrecklichen Leides der Krankheit dergestalt, daß man das eigentliche Leid in der Sündhaftigkeit des Menschen sah und das körperliche Leiden vergleichgültigte. Gerade die Geschichte Mk 2,1 – 12 zeigt, daß für die urchristliche Gemeinde Heilung als umfassendes Phänomen erschien, das den Menschen in seiner körperlich-seelischen wie religiösen Dimension betraf.

Mk 2,1 – 12 erzählt die Heilung eines gelähmten Mannes. In eine ursprüngliche Wundergeschichte (etwa V. 1 – 5.11 – 12) ist bereits in der mündlichen Tradition ein Gespräch über die Vollmacht zur Sündenvergebung sekundär eingetragen (V. 6 – 10). Dabei gab wohl der Zuspruch der Sündenvergebung V. 5 den Anstoß zu dieser thematischen Erweiterung. Auf den ersten Blick erscheint Jesu Reaktion auf den Glauben derer, die den Gelähmten zu ihm bringen, erstaunlich. Sie erwarten eine Heilung des Kranken, er aber antwortet mit dem Satz (V. 5):

»Kind, vergeben sind deine Sünden!«

Ebenfalls im Vergleich mit den anderen Wundergeschichten des NT fällt dieser Zug auf; denn der Zuspruch der Sündenvergebung fehlt dort. Doch entspricht der Zusammenhang von Sünde und Krankheit jüdischer Tradition. Auch die christliche Gemeinde sieht also in der Krankheit eine Vergeltung für begangene Sünden. Deshalb genügt nicht die körperliche Wiederherstellung des Kranken. Krankheit ist hier kein bloß physisches Problem, sondern in umgreifendem Sinne ein Indiz für die gestörte Beziehung zu Gott. Diese ganzheitliche Sicht des Menschen und damit auch seiner Krankheit macht eine totale Wandlung seiner Person nötig. Deshalb sagt Jesus zunächst zu dem Gelähmten: »Kind, vergeben sind deine Sünden!« (Mk 2,5). Der Satz spricht die volle Annahme des Menschen durch Gott aus. Der Text läßt Jesus dem jüdischen Grundsatz gerecht werden: »Der Kranke steht von seiner Krankheit nicht auf, bis man (= Gott) ihm alle seine Sünden vergeben hat.« (Ned 41 a)[58].

Doch bleibt es nicht bei dem Zuspruch der Sündenvergebung. Diese könnte, isoliert vollzogen, nur als religiöse Vertröstung des Kranken mißverstanden werden, die ihn ansonsten in seiner konkreten Notlage beläßt. Deshalb spricht Jesus das Machtwort, das die körperliche Heilung des Gelähmten bewirkt (V. 11). Beides zusammen, Sündenvergebung und Krankheitsheilung, stellen die volle Wiederherstellung des Menschen dar. Vor Gott und den Menschen rehabilitiert, kehrt er in den Alltag zurück (V. 11f.).

Hinter der Erzählung Mk 2,1 – 12 steht die christliche Gemeinde, die von Jesu Vollmacht zur Sündenvergebung überzeugt ist (V. 10) und ihre eigene Vergebungspraxis, die durch die Taufe geschieht, auf ihn zurückführt. Erlaß der Sünden und Heilung eines Kranken gehören für sie zusammen, wenn es darum geht, dem komplexen Phänomen Krankheit zu begegnen.

Bei der Heilung des Blindgeborenen Joh 9,1ff. findet sich eine anders nuancierte Stellungnahme zum Thema Krankheit und Sünde. Hier kommt es zu einem direkten Widerspruch gegenüber dem jüdischen Vergeltungsglauben. Eine positive Aufnahme dieses Denkens, die auf eine umfassende Restitution des kranken Menschen abzielt (wie in Mk 2,1 – 12), ist angesichts der in der Geschichte aufgeworfenen Problematik unmöglich. Jesus leugnet hier das Vorhandensein von Sünde beim Kranken oder bei seinen Eltern, die die Ursache seiner Krankheit gewesen sein könnte (V. 3). Der Grund zu dieser Haltung liegt darin, daß die Gemeinde hier durch Jesu Mund Tendenzen abwehrt, die mehr an einer selbstgerechten Verurteilung des Kranken interessiert sind als an einer Hilfe ihm gegenüber. Nicht die Not des Kranken bewegt die Jünger, sondern die Frage nach seiner möglichen Schuld (V. 2). Sie versuchen, Krankheit und Sünde des Kranken gegeneinander aufzurechnen, und entgehen damit der Verpflichtung, Solidarität mit ihm zu empfinden. Der Kranke wird isoliert. Er wird zum Ausnahmefall, der an seiner Lage selbst schuld ist und aus der Gemeinschaft der Frommen ausscheidet. Der Gesunde erkennt an seiner

Gesundheit seine ungestörte Beziehung zu Gott, der Kranke wird bei seiner Sünde behaftet. Das Einstehen des Gesunden für den Kranken wird damit überflüssig, der Kranke sich selbst und seinem Leid überlassen. Angesichts solcher verheerender Folgen des Vergeltungsglaubens ist nur der offene Widerspruch möglich, den die Gemeinde Jesus sprechen läßt (V. 3). Eine produktive Übernahme der Vorstellung, die einen engen Zusammenhang zwischen Sünde und Krankheit sieht und damit einer ganzheitlichen Schau des Menschen gerecht wird, ist hier angesichts der verheerenden Folgen des Vergeltungsglaubens nicht möglich.

In Joh 9,1ff. kommt wahrscheinlich die nachösterliche Gemeinde zu Wort. Auch wenn man eine ursprünglichere Form der jetzigen Erzählung rekonstruiert, die etwa aus V. 1.2.3a.6.7 besteht, gelangt man noch nicht unmittelbar zum historischen Jesus. Doch hat diese Feststellung nur begrenzte Bedeutung. In der Verurteilung des Vergeltungsglaubens, der zur Selbstgerechtigkeit verführt und von der wirklichen Verantwortung entbindet, erinnert Joh 9,1ff. an Jesu Widerspruch in Lk 13,1 – 5.

Die Stellung der urchristlichen Gemeinden zum Zusammenhang von Sünde und Krankheit war nicht einheitlich. Sie variierte entsprechend dem konkreten Problem, das zur Lösung anstand. Dieses Denken konnte positive Aufnahme finden, wenn es dem Wohl des Menschen diente (Mk 2,1ff.). Es konnte verworfen werden, wenn es den Blick für das Leid des Menschen verstellte (Joh 9,1ff.). Auch Paulus rechnet mit der grundsätzlichen Gültigkeit dieses Prinzips, ohne es allerdings abstrakt zu gebrauchen. Kranke und Schwache in der Gemeinde von Korinth sind ihm ein Indiz dafür, daß die Gemeinde sich gegen das rechte Feiern des Abendmahls vergangen hat (1Kor 11,30). Krankheit und Tod erscheinen als schreckliche Straffolgen. Allerdings beschuldigt Paulus nicht einzelne kranke Personen in der korinthischen Gemeinde. Dies wäre Lieblosigkeit. Mit Blick auf diese Einzelfälle warnt er die Gemeinde als ganze vor den gefährlichen Folgen ihrer Mißstände, die jetzt schon in den Krankheiten und Todesfällen sichtbar sind.

5. Jesus Christus als Herr über die Krankheit in der Darstellung der Evangelisten

Zur Anschauung des historischen Jesus gehörte es, daß seine Dämonenaustreibungen den Anbruch der Herrschaft Gottes demonstrieren sollten. Der Satan als Urheber des Übels und damit auch der Krankheit mußte weichen. Gott wurde Herr, wenn Jesus eine Herrschaftsbastion der Dämonen besiegt hatte (Lk 11,20). Jesus wußte sich berufen, die Dämonen und die von ihnen verursachten Krankheiten zu beseitigen. Die Gemeinde nach Ostern dachte in der Grundtendenz nicht anders, wenn auch andere Vorstellungszusammenhänge beherrschend wurden (vgl. das Fehlen der eschatologischen Deutung der Heilungen bzw. Exorzismen mit Hilfe der Konzeption der Gottesherrschaft). In den Wundergeschichten zeigte sie Jesus als den, der gekommen war, die »unreinen Geister« zu vernichten (Mk 1,24), der ihnen gebietet und dem sie gehorchen (Mk 1,27). Er erweist sich als der Sohn Gottes, des Allerhöchsten (Mk 5,7), als Herr über alle verderbliche Unreinheit. Angesichts seines Wirkens erkennt man Gottes Erbarmen (Mk 5,19). Ja, wie bei Gott selbst kann man von ihm bekennen (Mk 7,37; vgl. Gen 1,31):

> »Gut hat er alles gemacht, die Tauben macht er hören und die Stummen sprechen.«

Die Evangelisten haben bei ihrer Gestaltung der Evangelien die ursprünglich anderweitig erzählten Wundergeschichten in ihrem Sinne bearbeitet. Sie haben sie neu gedeutet im Rahmen ihrer theologischen Grundhaltung. So hat Markus seine Wundergeschichten aus der mündlichen Tradition genommen und mit neuen Akzenten versehen. Der Evangelist Matthäus hat das MkEv schriftlich vor sich gehabt und seine Abfassung eines eigenen Evangeliums danach ausgerichtet; er hat die Wundergeschichten des MkEvs selbständig nacherzählt und seine eigenen Anschauungen in sie eingebracht. Trotz dieser jeweiligen Neugestaltung tritt ein Motiv immer wieder hervor: Jesus erweist seine Macht und Herrlichkeit gerade in der Beseitigung der Krankheiten. Wir beschränken uns bei dieser Darstellung auf die Evangelisten Matthäus und Johannes, da ihre Konzeption das besagte Motiv in besonders eindrücklicher Weise offenbar werden läßt.

Matthäus konzentriert seine Wiedergabe der Wundergeschichten auf Kap 8 und 9 des Evangeliums. Jesus erscheint hier als der »Messias der Tat«. Unter Bezugnahme auf seine einleitende Bemerkung über Jesu Heilungstätigkeit in Mt 4,23 schließt er seine Darstellung der Wunder Jesu mit dem Hinweis ab (Mt 9,35):

> »Und Jesus zog umher durch die Städte und Dörfer, lehrte in ihren Synagogen und verkündigte das Evangelium vom Reich und heilte jede Krankheit und jedes Gebrechen.«

Kurz vorher läßt Matthäus die Volksmenge angesichts der Heilung eines Stummen ausrufen (Mt 9,33):

»Noch nie ist solches in Israel gesehen worden.«

Er läßt die Volksmenge nach Jesu Bedeutung fragen (Mt 12,23):

»Ist dieser nicht der Sohn Davids?«

Jesu Wundertaten erscheinen bei Matthäus als die machtvollen Werke des Knechtes Gottes, wie sie in Jes 53,4 beschrieben sind. In einer zusammenfassenden Bemerkung bestimmt er deshalb Jesu Bedeutung (Mt 8,16f.):

> »Als es aber Abend geworden war, brachten sie viele Besessene zu ihm. Und er trieb die unreinen Geister mit dem Wort aus und heilte alle Kranken, damit erfüllt würde, was durch den Propheten Jesaja gesprochen worden ist: Er hat unsere Gebrechen genommen und die Krankheiten getragen.«

In welchem Sinne versteht nun Matthäus das »Tragen der Krankheiten«? In Jes 53 begegnet der Gottesknecht als »ein Mann der Schmerzen und vertraut mit Krankheit« (Jes 53,3). Der Gottesknecht ist selbst ein Kranker. Sein Leiden aber ist stellvertretendes Leiden, denn »die Strafe lag auf ihm zu unserem Heil, und durch seine Wunden sind wir genesen.« (Jes 53,5). Aufgrund dieses Zusammenhanges meint die Aussage Jes 53,4 »Unsere Krankheiten hat er getragen und unsere Schmerzen auf sich geladen«, daß der Gottesknecht stellvertretend die Krankheiten anderer auf sich nimmt und erduldet.

In diesem Sinne hat Matthäus die alttestamentliche Stelle nicht verstanden. Jesus ist hier nicht selbst Kranker, stellvertretend Leidender. Vielmehr begegnet Jesus als der machtvolle Herr, der nur als solcher die Kranken von ihren Leiden befreit. Dem dient die besondere Wortwahl, in der das alttestamentliche Zitat Jes 53,4 in eigenständiger Wiedergabe (gegen den Urtext) formuliert ist: Jesus hat die Gebrechen *genommen* und *fortgetragen*, d. h. beseitigt. Matthäus greift aus den vielfältigen Aussagen über den Gottesknecht in Jes 53 nur den einen ihn interessierenden Gedanken heraus, um Jesu Wunderheilungen zu interpretieren: Das »Tragen der Krankheiten« wird nur als Beseitigung der Krankheiten, nicht als Leiden verstanden.

Matthäus schildert Christus in den Wundergeschichten als sieghaften, mit göttlicher Macht begabten Herrn, der »das Recht zum Siege führt«, wie er in einer Zitierung von Jes 42,1–4 sagt (Mt 12,20).

Gleichzeitig aber ist Christus der »Barmherzige«. Er selbst will Barmherzigkeit (Mt 9,13). Seine Heilungen gelten als Ausdruck seines Erbarmens (Mt 14,14; 20,34). Der Evangelist gebraucht um dieser Konzeption willen gern die Wendung »Erbarme dich« in den Bitten der Wundergeschichten (Mt 9,27; 15,22; 20,30.31), wobei chrakteristischerweise auf den Ruf um Erbarmen die Anrede »Sohn Davids« folgt. Angeredet ist der hoheitsvolle Herr über alle Krankheiten, der diese beseitigt. Erbarmen und Macht sind in der Person Jesu vereinigt.

Bei Matthäus geht es um die Heilung körperlicher Krankheiten. Das irdische Leiden ist ernst genommen. Eine übertragene Bedeutung der Krankheiten liegt nicht vor. Etwas anders ist der Sachverhalt beim Evangelisten Johannes. In der Geschichte von der Heilung des Blindgeborenen Joh 9,1 ff. hat der Evangelist einen Wunderbericht übernommen, der ursprünglich etwa V. 1.2.3a.6.7 umfaßt hat. In seiner Bearbeitung bringt er ganz neue Aspekte in die Geschichte ein. Die Frage der Jünger, wer schuld sei an der Blindheit des Menschen, er oder seine Eltern, wird zurückgewiesen und der Blick der Fragenden in eine ganz andere Richtung gelenkt. Jesus zielt ab auf den Sinn und den Zweck, den das Leiden des Blinden hat: An dem armen Menschen sollen Gottes Heilswerke offenbar werden (V. 3b). Damit wird auf die folgende Heilung durch Jesus verwiesen, deren umfassender christologischer Sinn enthüllt wird. Ähnlich heißt es von der Krankheit des Lazarus (Joh 11,4):

»Diese Krankheit führt nicht zum Tode, sondern dient der Verherrlichung Gottes: Der Sohn Gottes soll durch sie verherrlicht werden.«

Die Krankheit wird nicht nur zur Gelegenheit, Jesu Wundermacht zu demonstrieren. Ihre Heilung eröffnet den Blick in tiefere Zusammenhänge. Sie ist ein Hinweis auf die Verherrlichung Gottes, der in der Sendung des Sohnes die Rettung der Welt verwirklichen will (vgl. Joh 3,16). Dieser Heilsaspekt wird in Joh 9 ausdrücklich genannt. Bei seinem Aufenthalt auf Erden ist Jesus »das Licht der Welt« (V. 5). Damit wird auf die grundsätzliche Selbstoffenbarung des Sohnes Joh 8,12 Bezug genommen. Die Heilung des Blinden hat somit symbolische Bedeutung: Wie der Blinde das Augenlicht wieder gewinnt, so empfängt der Glaube vom Sohne Gottes das Licht der Offenbarung. Die Macht des Sohnes erweist sich nicht nur an der einzelnen Krankenheilung, sie vollendet sich vielmehr in seiner ganzen Sendung auf Erden, die seiner Verherrlichung dient, dabei aber für die Glaubenden sicherstellt, daß Jesus wirklich »das Licht der Welt« ist.

V. Die Krankheit des Paulus

Bei Paulus finden sich nur wenige Andeutungen über Krankheiten unter christlichen Gemeindegliedern (1 Kor 11,30; Phil 2,26f.), der Apostel behandelt dieses Thema vielmehr im Blick auf seine Person. Sein eigenes chronisches Leiden wurde ihm zum bleibenden Problem, da es ihm bei der Ausübung seines missionarischen Amtes Anfeindungen einbrachte, ja die Rechtmäßigkeit seiner Verkündigung in Frage stellte.

Wir beginnen mit Gal 4,13 — 15. Paulus blickt hier auf den ersten, den missionarischen Aufenthalt in Galatien zurück. Während die Galater jetzt zur Zeit der Abfassung des Briefes aufgrund der Agitation von Gegnern vom Apostel abzufallen drohen, haben sie ihm damals nichts zu Leide getan (V. 12). Beim ersten Zusammentreffen mit ihm hätten sie jedoch Grund gehabt, ihn abzulehnen. Paulus erinnert sie daran, daß er, krank am Körper (wörtlich: »in Krankheit des Fleisches«), bei ihnen das Evangelium verkündigt habe (V. 13). Sie aber haben ihn deswegen nicht zurückgewiesen (V. 14):

> »Da habt ihr die Versuchung, die euch mein Fleisch bereitete, nicht verachtet, noch habt ihr (vor mir) ausgespieen, sondern wie einen Engel Gottes habt ihr mich aufgenommen, wie Christus Jesus.«

Die gedrängte und deshalb unklare Ausdrucksweise des ersten Satzteiles ist durch die Vermengung zweier Gedanken entstanden: »Ihr habt mich nicht verachtet« und »ihr seid der Versuchung, die in meinem Fleisch lag, nicht erlegen«. Weist die erste Aussage noch auf die beschämend hilflose Lage hin, in der der kranke Missionar den Galatern begegnete, so ist im zweiten die ungemein größere Gefährdung seiner Verkündigung ausgesprochen. Die Krankheit des Paulus konnte zur Versuchung für die Galater werden, da sie diese dazu drängte, den von der Krankheit Geschlagenen abzuweisen. Warum? Die Krankheit war dergestalt, daß man sie dämonischen Einflüssen zuschreiben konnte. Das zeigt die Wendung: »Ihr habt nicht (vor mir) ausgespieen«. Die Gemeinde hat nicht die übelabwehrende Geste des Ausspeiens vollzogen, welche man in der Antike gegen dämonische Gefährdung aller Art und so auch gegen die dämonischen Einflüsse von Kranken, etwa Epileptikern und Wahnsinnigen, anwandte. Die Galater haben die Angst vor Verunreinigung überwunden, ihn also nicht wie einen Engel des

Satans, sondern wie einen Engel Gottes empfangen, ja als Christus Jesus selbst.

Zwei Sichtweisen von Krankheit scheinen hier einander gegenüberzustehen. Paulus selbst versteht seine Krankheit als »Schwäche des Fleisches«, wobei »Fleisch« die leibliche Existenz des Menschen meint, speziell den Körper (so auch 2Kor 12,7 bei der Wendung »Dorn im Fleisch«). Dieses Verständnis steht auch hinter der Formulierung 1Kor 11,30, wo Paulus von »Kranken und Siechen« in der Gemeinde spricht. Beide dort gebrauchten Ausdrücke implizieren im Griechischen einen Schwächezustand. Die andere Möglichkeit, seine Krankheit zu deuten, bestand darin, sie dämonisch zu erklären. Der Apostel betont ja gerade, daß die Galater dieser Versuchung, die in seiner äußeren Erscheinungsform, »in seinem Fleisch«, durchaus angelegt war, nicht erlegen sind. Schon bei der Untersuchung der Wundergeschichten sahen wir diese doppelte Möglichkeit, Krankheit zu deuten. Bei den Therapien fand sich die neutralere Sichtweise, die Krankheit als Mangel an belebender Kraft betrachtet. Die Exorzismen dagegen waren von einem eindeutig dämonologischen Krankheitsverständnis geprägt. Doch zeigte sich anhand der Therapien, daß eine genaue Bestimmung des jeweiligen Krankheitsverständnisses schwierig war. Offenbar gab es Übergänge. Das äußere Erscheinungsbild des Kranken konnte mehrdeutig sein. Ein solcher Fall liegt bei Paulus vor. Während er selbst nur von einer »Schwäche des Fleisches« spricht, mußte er mit der ernsthaften Gefahr rechnen, daß sein Leiden dämonisch erklärt wurde, er gar als Besessener erschien und damit seine Botschaft als dämonischen Ursprungs verteufelt wurde.

Eines muß allerdings bedacht werden. Auch wenn Paulus zunächst nur von der Gefahr eines dämonologischen Mißverständnisses seiner Krankheit spricht, ist nicht auszuschließen, daß die Versuchung, die im »Fleisch« des Apostels liegt, für ihn selbst vom »Versucher«, dem Teufel, gewirkt erscheint (vgl. 1Thess 3,5; 1Kor 7,5). Die Schwäche der Krankheit wäre dann vom Teufel hervorgerufen worden, um seine Arbeit zu erschweren. Dies hätte seine Parallelen im Leiden der blutflüssigen Frau (Mk 5,25ff.) oder des Taubstummen (Mk 7,31ff.), deren Krankheit primär als Mangel an Kraft erscheint, der jedoch nicht ohne dämonische Einwirkung von außen zustande kam, wenn die Krankheit als »Geißel« (Mk 5,29.34) oder als »Fessel der Zunge« (Mk 7,35) bezeichnet wird. Dieses Verständnis würde sich noch immer grundlegend von der Besessenheit unterscheiden, da diese dämonische Schädigung nur begrenzt ist und den Kranken nicht zum willenlosen Objekt des Dämons oder des Satans macht. Im Falle des Paulus würde eine solche »Diagnose« deutlich machen, warum Gefahr bestand, daß seine Krankheit von den Galatern im Sinne der Besessenheit mißverstanden werden konnte. Ihr äußeres Erscheinungsbild war mehrdeutig. Seine Krankheit konnte auf nur begrenzter dämonischer Einwirkung von außen beruhen oder aber einen Fall wirklicher Besessenheit darstellen. In 2Kor 12,7 liegt dann die erstgenannte Deutung vor. Paulus führt sein Leiden ausdrücklich auf Schläge des Satansengels zurück, und auch in Gal 4,14 ist eine solche Eigeninterpretation des Apostels nicht von der Hand zu weisen.

Bei unserer bisherigen Betrachtung haben wir die Krankheit des Paulus nur mit solchen Kategorien zu bestimmen versucht, die im Denkhorizont des Apostels standen. Eine Diagnose im modernen medizinischen Sinne ist angesichts der wenigen Angaben des Apostels problematisch. Nur aus einem Satz in Gal 4 ist vielleicht ein gewisser Rückschluß möglich. Wieder im Blick auf den freundlichen Empfang durch die Galater bei seinem Missionsaufenthalt sagt Paulus (V. 15):

»Ja, ich bezeuge euch, daß ihr wenn möglich euch die Augen ausgerissen und sie mir gegeben hättet.«

Man kann den Satz so verstehen, daß Paulus hier das Bild vom Augapfel als dem Wertvollsten, das der Mensch hat, gebraucht, um die liebevolle Hingabe der Galater bildhaft anzuzeigen. Eine andere Deutung liegt aber näher. Gegen die Annahme einer bloß sprichwörtlichen Redeweise spricht die Wendung »wenn möglich«. Sie stört innerhalb des Satzes, wenn man einen übertragenen Gebrauch der Rede von den Augen annimmt. Deshalb könnte man hier wörtlich verstehen und die Erwähnung der Augen als Hinweis auf die Krankheit des Paulus sehen: Die Galater hätten, wenn dies möglich gewesen wäre, ihre eigenen Augen hergegeben, um bei den Sehstörungen des Apostels Abhilfe zu schaffen. Ist diese Interpretation richtig, so haben wir noch immer nicht viel über die Krankheit des Paulus erfahren. Sehstörungen allein können nicht die Gefahr mit sich gebracht haben, daß die Galater ihn wegen dämonischer Besessenheit abgelehnt hätten. Dazu sind drastischere, womöglich schreckenerregende Krankheitsphänomene nötig. Die Sehstörungen wären nur Begleitumstände eines umfassenderen Krankheitsbildes gewesen.

Wir müssen nun auf die zweite Stelle zu sprechen kommen, an der Paulus von seiner Krankheit handelt: 2Kor 12,7–10. Wichtig ist hier zunächst einmal der Kontext. Paulus spricht von der Krankheit nicht als einem Problem des Christen oder gar des Menschen überhaupt, sondern wie in Gal 4 als von einer Gefährdung seines apostolischen Amtes. In dem übergeordneten Abschnitt 2Kor 10, 12 – 12,18 muß Paulus seine Auffassung vom »Rühmen« darlegen. Er ist dazu durch das Vorgehen seiner Gegner, der sog. »Überapostel«, genötigt. Diese berufen sich zur Begründung ihrer Stellung auf bestimmte Vorzüge, die sie bei Paulus vermissen, so daß sie die Legitimität seines Apostolats bestreiten. Gezwungenermaßen gerät er in die Lage, sich solcher Fähigkeiten und Erlebnisse zu rühmen, deren man sich seinem Verständnis nach nicht rühmen kann (12,1):

> »Rühmen muß man sich – zwar ist es nicht förderlich, aber ich will nun zu den Gesichten und Offenbarungen des Herrn kommen.«

Weil die Gegner mit dem Vorwurf des Mangels an Ekstasen die apostolische Autorität des Paulus bestreiten, muß er solche pneumatischen Erlebnisse in 2Kor 12,1 ff. vorführen. Zunächst berichtet er von einer ekstatischen Entrückung in den dritten Himmel und ins Paradies, danach handelt er in dem uns interessierenden Abschnitt 12,7 – 10 von einer zweiten Offenbarung. Der Apostel führt dazu aus: Damit er sich nicht wie seine Gegner selbst überhebe und seine ekstatischen Erlebnisse zum Ausweis seines Amtes mache, wurde ihm von Gott »ein Dorn im Fleisch« gegeben, den Paulus mit dem »Engel Satans« identifiziert, der ihn mit Fäusten schlage (V. 7). Deutlich ist hier von einem körperlichen Leiden die Rede, das trotz wiederholten Gebetes andauert (V. 8), also als chronisches Leiden auftritt. Es ist mit heftigen Schmerzen verbunden, wie die »Schläge« des Satansengels nahelegen. Paulus selbst sieht in dem Leiden ein Werk des Satans; darin entspricht er der antiken dämonologischen Weltanschauung, die bestimmte Krankheiten auf »Schläge« böser Geister zurückführt[59]. Allerdings folgt Paulus diesem Verständnis nicht so weit, daß er in den »Schlägen« eine selbstmächtige Aktion des Satans erkennt. Vielmehr ist dieser nur Werkzeug Gottes, dessen Absichten er zu dienen hat. Der eigentliche Urheber der Leiden ist Gott, wie die passivische Umschreibung »gegeben wurde mir ein Pfahl im Fleisch« andeutet.

Paulus gibt nur wenige Hinweise auf die Symptome seiner Krankheit. Er schildert sie ja nicht um ihrer selbst willen, sondern nur im Zusammenhang der theologischen Auseinandersetzung mit seinen Gegnern. Eine medizinische Diagnose ist noch dadurch erschwert, daß die Krankheitsphänomene in den Denkformen antiker Vorstellungswelt zur Sprache kommen (»Schläge des Satansengels«). Nichtsdestoweniger ist in der Forschung eine Fülle medizinischer

Erklärungen versucht worden: vor allem Epilepsie, schwere Hysterie, Migräne, Augenmigräne (vgl. die Sehstörungen in Gal 4,13 f.) usw. Doch führen solche Deutungen zu keinen gesicherten Ergebnissen. Verständlich ist es deshalb, wenn man solche Ferndiagnosen bei einem Patienten, der bereits 1900 Jahre tot ist, für unzulässig erklärt. An dieser Stelle sei nur kurz auf das diagnostische Problem eingegangen. Statt einer eigenen Stellungnahme vgl. das folgende Zitat[60]:

»Ärztlich liegt es am nächsten, bei der Erkrankung Paulus (sic!) an endogene Depressionszustände zu denken. Das Geschlagenwerden vom Satansengel kann die akut einsetzende depressive Veränderung bedeuten, durch die er niedergedrückt, schwach und mutlos gemacht wird und unter heftigen, auch körperlichen Unlustgefühlen leidet. Der oft unbegreifliche Stimmungswechsel, die außergewöhnliche Aktivität, das starke Selbstbewußtsein, der reiche, mitunter fast ideenflüchtige Gedankenzufluß bei Pls in gesunden Tagen spricht sehr für ein hyperthymisches Temperament, wie es erfahrungsgemäß zu periodischen Depressionszuständen disponiert. Das Auftreten vereinzelter visionär ekstatischer Zustände auf diesem Boden hat nichts Ungewöhnliches, während Epilepsie schon nach der Art des Grundtemperamentes unwahrscheinlich ist.«
Diese Diagnose berücksichtigt vor allem 2 Kor 12,7 ff., während Gal 4,13 f, nicht erwähnt wird. In der Tat scheint die Verbindung der in Gal 4,13 f. eventuell genannten Sehstörungen mit der 2 Kor 12,7 ff. gemeinten Krankheit nicht ganz einfach zu sein. Das Augenleiden wäre nur als Begleiterscheinung der grundlegenden Krankheit (2 Kor 12) denkbar.

Die Krankheit des Paulus ist kein privates, rein persönliches Problem des Apostels. Eine solche Deutung ist durch den Zusammenhang ausgeschlossen, in dem er darauf zu sprechen kommt. Schon die Erklärung, seine Leiden seien ihm gegeben, damit er sich nicht wie seine Gegner überhebe und seiner Fähigkeiten rühme, schließt eine rein individualistische Interpretation aus. Das Problem seiner Krankheit läßt sich präzisieren. Der »Dorn im Fleisch« ist den Korinthern bekannt gewesen. Er war für sie wohl ein Zeichen dafür, daß Paulus noch dem »fleischlichen« Bereich verhaftet blieb und nicht dem »geistigen« angehörte (vgl. 2 Kor 10,2 f.), wie es von einem legitimen Apostel zu fordern sei. Denkt man an Gal 4,13 f., so wird man die Angriffe noch schärfer fassen müssen. Der »Dorn im Fleisch« bewies seinen Gegnern, daß Paulus unter der Herrschaft eines Satansengels stand und sich insofern auf der Stufe der »Schwachheit« befand, während sie von einem Apostel »Ruhm« und »Vollkommenheit« verlangten. Paulus nimmt ihre Vorwürfe auf und deutet sie in paradoxer Weise um: Ja, er leide unter den Schlägen des Satansengels, dieser sei ihm aber von Gott gegeben (V. 7), damit er sich nicht überhebe. Wenn er sich schon rühmen müsse, wozu ihn die Gegner durch ihre Agitation nötigen, so rühme er sich gerade seiner »Schwachheit« (2 Kor 11,30; 12,5b.9b.10). Paulus überwindet die Anfechtung, die seine Krankheit bedeutet, indem er in ihr die Möglichkeit sieht, daß die Macht des »Herrn« sich angesichts seines Leidens offenbart. Im Blick auf seine Schwachheit erweist sich die Kraft Christi.

Wie ist diese Bewältigung der Krankheitsproblematik genauer zu verstehen? Der Text gibt uns darauf eine Antwort, wenn wir ihn in seinem Gedankengang präzis verfolgen. Dabei ist zu berücksichtigen, daß Paulus in einer Form von seiner Krankheit spricht, wie sie in antiken Berichten von »Heilungswundern« üblich ist[61].

Stilgemäß enthält 2 Kor 12,7 zunächst die Beschreibung der Krankheit. Diese erfolgt mit Hilfe mythologischer Deutekategorien (Schläge eines Satansengels), nicht aber mit Ausdrücken antiker Medizin.

V. 8a erwähnt Paulus seine Hinwendung zum Kyrios, wie es in nichtchristlichen Heilungswundern typisch ist.

In V. 8b zitiert Paulus den Inhalt seines Gebetes an den Kyrios. Er hat den »Herrn« angefleht, daß der Satansengel von ihm ablassen möge.

In den nichtchristlichen Heilungswundern geschieht dann die Erscheinung des Gottes und die Offenbarung der vorzunehmenden Heilkur. Auch Paulus scheint eine Erscheinung Christi vorauszusetzen. Typisch für ihn ist allerdings, daß er nur ein zweigliedriges Wort Christi berichtet (V. 9a):

>»Meine Gnade genügt für dich.
>Denn die Kraft vollendet sich in der Schwachheit.«

Dieses Wort entspricht den Orakeln, die im Zusammenhang der Heilungswunder die göttliche Heilsantwort darstellen. Während aber normalerweise der Bescheid des Gottes oder Wundertäters positiv ausfällt, so gibt es doch Beispiele, die eine Ablehnung der Bitte zeigen. Hier findet sich eine Entsprechung zu der auch bei Paulus vorliegenden Verweigerung der Heilung (V. 9a).

So lautet z. B. ein Orakel (Lukian, Alexander 28):

>»Spare die Mühe, die Mittel für deine Krankheit zu suchen,
>*denn* dein Schicksal ist nah, du kannst ihm unmöglich entrinnen.«

Wie weitere Orakel zeigen, sind diese jeweils zweigliedrig gebaut: Zunächst erfolgt die eigentliche Antwort in Form eines Zuspruchs bzw. der Verweigerung desselben, daran schließt sich als Begründung eine Art »theologischer Feststellung« an. Bei Paulus ist diese Struktur genau erhalten:

> »Meine Gnade genügt für dich.
> *Denn* die Kraft vollendet sich in der Schwachheit.«

Die erste Zeile enthält den ablehnenden Bescheid. Seine Heilung wird nicht eintreten. Vielmehr verweist Christus auf seine »Gnade«, die dem Apostel genug sein wird. Wahrscheinlich liegt ein Wortspiel mit dem Begriff »Gnade« vor. In antiken Heilungswundern meint »Gnade« *(charis)* die göttliche Heilskraft bzw. Heilstat. Paulus hätte also um die Heilstat Christi gebeten, die ihn von seiner Krankheit befreien sollte. Sie wird ihm verweigert. Stattdessen wird Paulus auf die »Gnade« Christi in ganz anderem Sinne verwiesen. Dieser deutet sich in der zweiten Zeile des Orakels an. Es geht um die Kraft Christi, die in der Schwachheit zur Vollendung kommt. Christus selbst wurde aus Schwachheit gekreuzigt, lebt aber aus der Kraft Gottes. Deshalb – so sagt Paulus – sind auch wir schwach in ihm, werden aber mit ihm leben aus der Kraft Gottes (2Kor 13,4). Diese Hoffnung, die in 2Kor 13,4 zukünftig ausgerichtet ist, hat Bedeutung für die gegenwärtige Leidenssituation des kranken Apostels. Die Hoffnung greift nach der Gegenwart und bestimmt sie. Die »Offenbarung des Lebens Jesu« (2Kor 4,10) geschieht nicht erst in der Zukunft, sondern ereignet sich schon am sterblichen Leibe des Apostels, »unter der Maske des Todes«. Die Zukunft holt die Gegenwart ein. Deshalb kann Paulus den paradoxen Satz sprechen: Wir sind »wie Sterbende, aber siehe, wir leben« (2Kor 6,9) – durch die fremde Kraft Gottes, der in der Auferweckung Christi seine Macht bewiesen hat. Die Krankheit bleibt, was sie ist, vom Satansengel zugefügtes Leid. Der Apostel wird aber von ihr nicht zu Boden geworfen, weil er aufgrund des Spruches Christi weiß, daß dessen Kraft wirklich genug für ihn ist (2Kor 12,9).

Das Orakel, das eine Ablehnung seiner Heilung besagt, gibt Paulus eine Deutung seiner Krankheit im Rahmen der apostolischen Existenz. Der Apostel verkündet Christus als den Gekreuzigten (Gal 3,1; 1Kor 1,23; 2,2). Diesem Verkündigungsdienst dient sein ganzes persönliches Leben, auch seine Krankheit. Seine Krankheit ist eine Manifestation der Schwachheit; darin entspricht sie der Existenz des in seinem Leiden schwachen Christus, der aber der göttlichen Vollendung entgegenging. Paulus leidet weiterhin unter den »Schlägen« des Satansengels (vgl. V. 7f.). Wie seine sonstigen Schwachheiten, seine Mißhandlungen, Nöte, Verfolgungen und Bedrängnisse (2Kor 12,10) ist seine vom Satansengel bewirkte

Krankheit aber der Ort, wo sich die Kraft des gekreuzigten Christus offenbart.

Im Anschluß an das Heilungsorakel erfolgt gemeinhin die Feststellung der Heilung, die Darbringung eines Opfers und der Lobpreis auf den Gott. Bei Paulus findet sich nur das letztere (V. 9b):

»Nun will ich mich viel lieber meiner Schwachheiten rühmen, damit sich die Kraft Christi auf mich niederlasse.«

Abschließend faßt Paulus seine in der Krankheit und der Verweigerung der Heilung gewonnene Erfahrung zusammen:

»Denn wenn ich schwach bin, dann bin ich stark.«

Dieser Satz ist niemals als allgemein menschliche Erkenntnis zu verstehen, er widerspricht ja auch menschlicher Grundhaltung. Paulus kommt zu seiner paradoxen These nur aufgrund der Einsicht in das Heilsgeschehen Christi, der gekreuzigt wurde in Schwachheit, in der Kraft Gottes aber lebt (2Kor 13,4).

Die Erfahrung, daß Gott die Heilung von einer Krankheit verweigert, findet in manchen antiken Texten ihren Niederschlag. Für unseren Zusammenhang wichtig sind dabei Zeugnisse, in denen das Erlebnis andauernder Krankheit innerlich verarbeitet wird. Wie konnte ein heidnischer Zeitgenosse des Paulus das körperliche Leiden akzeptieren, wenn dieses doch eine entscheidende Einschränkung irdischen Glückes bedeutete?

Aelius Aristides, geboren 117 n. Chr. in einer Stadt in Mysien, berichtet von seinen langen Erfahrungen im Umgang mit schweren Krankheiten. Nachdem ihn die Ärzte aufgegeben hatten, setzte er seine letzte Hoffnung auf den Gott Asklepius. Und Asklepius half ihm. Aristides wurde daraufhin zum inbrünstigen Verehrer seines Gottes, der ihm in immer neuen Träumen Anweisungen zur Heilung seiner Gebrechen gab. Wir finden bei ihm eine religiöse Einstellung zur Krankheit, die zum Vergleich mit der Haltung des Paulus reizen kann[62].

Die Erwählung durch seinen Gott ist Aristides wertvoller, so sagt er, als dieses sterbliche Leben. Keine Krankheit, keine Freude kommt daran heran. Die direkte Zuwendung des Gottes zu ihm hat ihm sowohl den Willen wie die Kraft zu leben gegeben. Aristides ist bereit, die Krankheit zu akzeptieren, wenn sie dem Willen des Gottes entspricht. Als er bei einem Kuraufenthalt in Pergamon (Sitz eines berühmten Asklepiusheiligtums) eine Serie von Blutungen erlitt, antwortet er auf die Vorschläge des Arztes, sie zu stillen: Er sei nicht Herr über sein Blut, um damit umzugehen, wie es ihm gefalle. Vielmehr – so lange der Gott ihm befehle, Blutungen zu erleiden, würde er gehorchen, ob er es wünsche oder nicht. Ja, Aristides geht so weit zu erklären, daß es ihm unmöglich sei, es nicht zu wünschen. Aristides interessiert nicht mehr die Alternative Krankheit oder Gesundheit, wichtig ist ihm der göttliche Wille und die unmittelbare Erfahrung seines Gottes. Er selbst sei einer, der viele und verschiedenartige Lebensläufe durch die Kraft seines Gottes habe durchleben können und der deshalb Krankheit geradezu für vorteilhaft halte. Für diese Erlebnisse mit dem Gott würde er nicht das eintauschen, was unter Menschen normalerweise Glück genannt werde (Aristides, Oratio 23,17).

Aristides erfährt die Hilfe, die täglichen Anweisungen seines Gottes. Er wird aber trotzdem nicht gesund. Das liegt daran, daß er im Grunde gar nicht geheilt werden will. Letzteres würde ja bedeuten, die dauernde Gegenwart und Nähe seines Gottes nicht mehr erleben zu können, weil er ihn als Arzt nicht mehr braucht. Und genau dies ist es, worum es ihm geht. Nicht das Problem Krankheit oder Gesundheit interessiert ihn letztlich, sondern der tägliche Umgang mit dem Gott, den er in seinen nächtlichen Träumen immer wieder zu erfahren glaubt[63].

Wir haben es hier mit einer extrem egozentrischen Frömmigkeit zu tun, die geradezu neurotische Züge annimmt. Es könnte deshalb von vornherein geraten sein, einen Vergleich mit der paulinischen Haltung zur Krankheit zu unterlassen. Doch findet sich in formaler Hinsicht eine gewisse Ähnlichkeit in der jeweiligen Frömmigkeitsstruktur. Beiden geht es entscheidend um die Unterordnung unter ihren Herrn und seinen Willen und der damit gegebenen Distanz zu ihrer Krankheit. Die Krankheit vermittelt nicht mehr die Erfahrung unüberwindlichen Leides, sondern wird durch die jeweilige Religiosität positiv akzeptiert und in einen neuen Sinnhorizont gestellt.

Wichtiger als diese formale Verwandtschaft sind jedoch die inhaltlichen Unterschiede in der jeweiligen Theologie. Asklepius verspricht seinen treuen Anhängern körperliche wie seelische Hilfe. Bei Aristides ist die Verbundenheit mit dem Gott zu einer Ausschließlichkeit gesteigert, die unter Ausschluß anderer Bezüge nur noch das inbrünstige Verhältnis des Verehrers zu seinem Gott kennt und deshalb in der Krankheit keine wirklich zerstörerische Macht mehr sehen kann. Von seiner Christologie her kommt Paulus zu einer gänzlich anderen Einstellung. Christus ist für ihn derjenige, der, obwohl er reich war, *um unseretwillen* arm wurde, damit *wir* durch seine Armut reich würden (2Kor 8,9). Entsprechend versteht Paulus seine apostolische Existenz. Nicht um seine eigene bloß egozentrische Erfahrung seines Herrn ist es ihm zu tun, sondern um die Darstellung seines apostolischen Lebens gegenüber der Gemeinde, damit sie an ihm und seiner Verkündigung den gekreuzigten Herrn erkenne. Wie dieser für die Menschen das Leiden auf sich nahm, um das göttliche Heil zu offenbaren, so trägt der Apostel das Sterben Jesu an seinem Leibe herum, damit auch das Leben Jesu an seinem Leibe offenbar werde (2Kor 4,10). Seine Krankheit ist ihm nicht eigensüchtiges Mittel zum Zweck religiösen Erlebnisses wie bei Aristides, sondern Möglichkeit – und darin liegt ihr einziger positiver Sinn –, in seiner Existenz die Kraft des gekreuzigten Christus zu verkünden.

Für Aristides wird die Krankheit zum geradezu geliebten Hilfsmittel, die immer neue Zuwendung seines Gottes zu erleben. Er entfernt sich bewußt von normaler menschlicher Erfahrung, für die Krankheit nicht der Weg zum Glück sondern zum Unglück ist. Hierin scheint Paulus durchaus für uns verständlicher zu denken. Die Krankheit bleibt trotz ihrer christologischen Sinngebung das, was sie für den damaligen Menschen sein mußte: dämonisch-satanische Schädigung, an deren Ernst er nicht rüttelt. Paulus überspringt nicht in enthusiastischem Fluge die irdisch-notvolle Wirklichkeit. Er nimmt sie weiterhin ernst. Doch sieht er seine Krankheit im Lichte der Macht seines gekreuzigten Herrn (2Kor 4,8 – 10):

»In allem sind wir bedrängt, aber nicht erdrückt,
ratlos, aber nicht verzweifelt,
verfolgt, aber nicht verlassen,
niedergeworfen, aber nicht erdrückt . . .
Immer tragen wir das Sterben Jesu am Leibe herum,
damit auch das Leben Jesu in unserem sterblichen Leibe
offenbart werde.«

In besonderer Weise handelt nun die stoische Philosophie von der Bewältigung des Leidens. Der stoische Weise verliert auch in den äußersten Drangsalen seine innere Freiheit nicht. Die Widrigkeiten des Daseins erscheinen ihm nur als Adiaphora, von denen er im Tiefsten nicht betroffen ist. Nur die falschen Meinungen und Vorstellungen sind es, die den Menschen quälen: »Wir selbst drangsalieren uns und beengen uns, d. h. unsere Ansichten versetzen uns in Drangsal und Enge.« (Epiktet, Dissertationes I 25,28). Demgegenüber versucht Paulus keineswegs, die Ernsthaftigkeit seines Leidens an der Krankheit durch höhere Einsicht wegzudisputieren, sie als bloße Äußerlichkeit zu negieren, von der der innere Mensch nicht berührt ist. Er nimmt die Krankheit nicht einfach hin, sondern er hat um ihre Entfernung gefleht (2Kor 12,8).

Paulus kennt nicht den Rückzug in die Innerlichkeit, wie er auch den moralischen Appell an die eigenen Kräfte verwirft. Er weiß sich allein durch die Kraft Christi gehalten. Der stoische Weise dagegen »steht aufrecht unter jeder Last ... er kennt seine Kräfte und weiß, daß er dazu geboren ist, Lasten zu tragen.« (Seneca, Brief 71, 26). Deshalb vermag er es, Schmerzen zu verachten. Dem Kranken wird deshalb vorgehalten: »Ist das nichts, wenn du mit Selbstbeherrschung die Krankheit erträgst?« (Seneca, Brief an Lucilius 78). Letztlich bedeutet diese Haltung, daß der Mensch sich mit dem ihm verordneten Schicksal abfindet, das ihm als »bittere Arznei« begegnet (vgl. Marcus Aurelius, Wege zu sich selbst V, 8).

VI. Krankenheilungen in der frühen Kirche

Nicht nur Jesus hat Kranke geheilt und Dämonen ausgetrieben, sondern die frühe Kirche als ganze ist eine Bewegung gewesen, die sich in hervorragender Weise der Situation der Kranken zugewandt hat. Indirekt sehen wir dies schon an der Bedeutung, die die Wundergeschichten Jesu in der nachösterlichen Gemeinde gehabt haben. Diese wurden nicht nur deshalb weitererzählt, weil die Gemeinde von Jesu Heiltätigkeit überzeugt war, sondern weil Wundertaten auch zur Wirklichkeit der Christen nach Ostern gehört haben. In den eigenen Wundern folgte die Gemeinde ihrem Meister, der das große Vorbild war. Zu den Instruktionen der Jüngeraussendung zählt die Anweisung (Lk 10,9 vgl. Mt 10,7f.):

»... und heilt die Kranken in ihr (der Stadt) und sagt ihnen: Gekommen ist über euch die Gottesherrschaft.«

Nach dieser Stelle sind Jesu Jünger zu demselben Tun aufgerufen, zu dem er sich gesandt wußte. Hier finden wir auch eine ausdrückliche Einordnung der Krankenheilungen in das umfassende Geschehen des Anbruchs der Gottesherrschaft. Wenn die Kranken gesund werden, so zeigt sich daran, daß Gott Herr wird, daß also sein Heilswille zur Verwirklichung in dieser Welt gelangt. In den authentischen Worten des historischen Jesus findet sich sonst nirgends diese ausdrückliche Verbindung von Krankenheilung und Herrwerden Gottes. Vielmehr erscheinen nur die Dämonenaustreibungen als ein entscheidendes Element der sich durchsetzenden Gottesherrschaft (Lk 11,20). Doch könnte dies ein zufälliger Eindruck sein, der in der schmalen Überlieferungsbasis authentischer

Jesusworte begründet liegt. Die gesondert genannten Heilungen Jesu in Mt 11,5 sind wohl auch als Zeichen der in der Gegenwart anhebenden Herrschaft Gottes verstanden.

Die eschatologische Deutung der Krankenheilungen, wie sie für das Tun der Jünger in Lk 10,9 charakteristisch ist, taucht später nicht mehr auf. Die Urkirche hat im allgemeinen ihre Heilungen nicht als Zeichen der jetzt schon anbrechenden Gottesherrschaft gedeutet. Wenn sie von Jesu Wundertaten erzählt (in den Wundergeschichten), läßt sie dieses für Jesus eigentümliche Verständnis unerwähnt. Wenn sie von ihren eigenen Exorzismen und Krankenheilungen berichtet, so fehlt das eschatologische Motiv völlig. Bezeichnenderweise übergeht der Evangelist Markus bei seiner Version der Jüngeraussendung das noch in Lk 10,9 erhaltene Denken (Mk 3,14f.; 6,7). Die Berichte der Apg über die ersten Heilungen der Apostel bestätigen dieses Bild (Apg 3,1ff.; 5,12ff.; 8,7; 9,32ff.36ff.).

Jesus hatte »mit dem Finger Gottes« die Dämonen ausgetrieben (Lk 11,20). Ostern bewirkte eine Neueinstellung der Jünger: Jesus wurde für sie zum himmlischen »Menschensohn«, zum Sohn Gottes (vgl. Röm 1,4). Jetzt trieb man Dämonen aus, heilte Kranke »im Namen des Herrn«, d.h. unter Anrufung des Namens Christi und in seiner Kraft (vgl. Mt 7,22; Lk 10,17; Apg 3,6; 4,7.10; 19,13). Man war sich bewußt, nicht »durch eigene Kraft« zu wirken (Apg 3,12). Entsprechend spricht Petrus zu dem bettlägerigen Äneas, der seit 8 Jahren gelähmt ist: »Jesus Christus heilt dich.« (Apg 9,34). Mag in der Darstellung der Apg teilweise recht späte Überlieferung zu Worte kommen, so beschreibt sie doch die frühchristliche Überzeugung in zutreffender Weise: Jesus Christus vermittelt der Gemeinde die Kraft zum Vollbringen eigener Wundertaten.

Die Überzeugung von der der Gemeinde gegebenen Vollmacht, Krankheiten zu heilen, konnte allerdings in schwere Anfechtung geraten. Die frühen Christen machten nämlich die bittere Erfahrung, daß ihnen die Wunderkraft nicht wie selbstverständlich zur Verfügung stand. Ihre Versuche, Kranke zu heilen und Dämonen auszutreiben, konnten mißlingen. Einen Reflex dieser Erfahrung finden wir in Mk 9,14–29, hier allerdings in die Situation der Jünger Jesu zurückprojiziert. Der Vater des besessenen Knaben klagt über das erfolglose Bemühen der Jünger, den Dämon auszutreiben (V. 18). Am Ende der Geschichte, nachdem Jesus selbst den Exorzismus vollbracht hat, wird das Problem noch einmal aufgenommen. Die Jünger fragen Jesus: »Warum konnten wir ihn nicht austreiben?« (V. 28). Jesus antwortet (V. 29):

»Diese Art (unreiner Geister) kann durch nichts ausfahren, es sei denn durch Gebet.«

Durch die Charakterisierung »diese Art« wird der anstehende Fall als besonders schwer bezeichnet. Hier hilft nach verbreiteter Tradition nur das Gebet (Apg 9,40; 28,8; Jak 5,15). Gemeint ist das exorzistische Gebet des Wundertäters, das auch im Judentum bekannt war, wo etwa der 3. und der 91. Psalm als »hochwirksames Exorzistikum« galten. In der vorangehenden Geschichte fehlt eigentlich dieses Gebet. Der »Geist« wird ja aufgrund des Glaubens des Vaters (V. 22 – 24) durch das Machtwort Jesu V. 25 ausgetrieben. Doch hat der Erzähler hier wohl seine Vorstellung in einen vorgegebenen Erzählzusammenhang eingebracht.

Glaube und Gebet sind die grundlegenden Voraussetzungen des Wundertuns (Mk 11,23 f.). Dies zeigt sich auch daran, daß in den Wundergeschichten, die von Jesu Wundern handeln, das Wunder immer als Erfüllung eines vorher geäußerten Verlangens erscheint (zum Ausdruck gebracht als Bitte oder in Gestalt einer Handlung). Letztlich spricht sich dabei die Überzeugung aus, daß erst die Bitte bzw. das Gebet des Hilfesuchenden die Heilung ermöglicht. Die Bitte artikuliert dabei das Zutrauen und den Glauben, den der Hilfesuchende zum Wundertäter hat:

»Wenn du willst, kannst du mich rein machen.« (Mk 1,40).

Besonders der Evangelist Matthäus hat die Beziehung zwischen Glauben und Wunderheilung, Bitte und Wunderheilung betont. Charakteristisch sind hier zwei Geschichten, in denen der Hilfesuchende nicht für sich selbst, sondern für einen anderen bittet (Mt 8,5 – 13; 15,21 – 28). Hier ist der Glaubende von vornherein Bittender, genauer: er ist Fürbitter, der für einen anderen eintritt. Formelhaft wird die notwendige Zusammengehörigkeit zwischen dem Glauben, der sich in einer Bitte äußert, und der Heilung ausgesprochen:

»Wie du geglaubt hast, so geschehe dir.« (Mt 8,13).
»Dir geschehe, wie du willst.« (Mt 15,28).

Im Grunde aber zeigt der Tatbestand, daß diese Aussprüche Jesu sich an ausführliche Bittgespräche anschließen, in denen der Fürbittende anstelle des Leidenden die Not beschreibt, seinen Glauben äußert und um Hilfe fleht, die Situation des Beters, der den Glauben an den Wundertäter hat. Glaube ist hier »Gebetsglaube«, der der urchristlichen Überzeugung von der Voraussetzung von Gebet und Glauben für die Heilung entspricht. So kann Jesus auf

Grund der Bitte um Erbarmen und des folgenden Glaubensbekenntnisses zu den beiden Blinden sagen:

>>Nach eurem Glauben geschehe euch!<< (Mt 9,29).

An den zuletzt genannten Stellen war jeweils vom Glauben oder dem Gebet des Hilfesuchenden die Rede, in Mk 9,28f. jedoch vom notwendigen Gebet dessen, der ein Wunder vollbringen will. Je nach dem vorliegenden Aussagezusammenhang wird das eine angesprochen oder das andere betont. Paulus spricht wie selbstverständlich vom Glauben, der Berge versetzt (1 Kor 13,2). Gemeint ist hier jener Glaube, der der Gemeinde zu Wundertaten verhelfen kann (vgl. Mk 11,23; Mt 17,20). Dementsprechend führt Paulus in einer langen Reihe, in der die verschiedenen Gnadengaben der Gemeinde aufgezählt sind, das besondere Charisma des >>Glaubens<< an (1 Kor 12,8 − 10):

>>Denn dem einen wird durch den Geist Weisheitsrede gegeben

. . .

einem anderen Glauben in demselben Geist,
einem anderen Heilungsgaben in dem einen Geist,
einem anderen Wunderwirkungen . . .<<

Auf Grund des Zusammenhanges wird deutlich, daß >>Glaube<< hier eine Gabe neben anderen ist. Er meint die Fähigkeit, Wunder zu tun, wie die unmittelbare Nähe zu Heilungsgaben und Wunderwirkungen andeutet. Es ist nicht der Glaube, der allen Christen gemeinsam ist, sondern ein spezielles Charisma, das nur einigen Christen zum Heilen gegeben ist. Offenbar gab es in der Gemeinde Wundertäter, die die Aufgabe des Heilens und der Krafterweise besaßen. Die Unterscheidung von >>Heilungsgaben<< und >>Wunderwirkungen<< als zwei verschiedenen Gnadengaben dürfte dabei auf das Nebeneinander von Krankenheilungen und eigentlichen Exorzismen abzielen, die ja auch in den Wundergeschichten der Evangelien gesondert als Therapien und Exorzismen begegnen.
Bei Paulus ist die Gabe der Krankenheilung und des Exorzismus solchen gegeben, die sich durch besonderen Geistbesitz auszeichnen (vgl. die Betonung des Geistes in 1 Kor 12,8 − 10). Später ging die Entwicklung dahin, daß diese Charismen institutionell gebunden waren. Sie galten als Aufgaben bestimmter kirchlicher Amtsträger. Nach dem Zeugnis des Jakobusbriefes haben die >>Presbyter<<, d. h. die Gemeindeältesten, u. a. die Funktion der Krankenheilung (Jak 5,14f.):

»Ist jemand unter euch krank, so rufe er die Ältesten der Gemeinde zu sich, und sie sollen über ihm beten und ihn mit Öl salben im Namen des Herrn. Und das Gebet des Glaubens wird den Kranken retten, und der Herr wird ihn aufrichten. Und wenn er Sünden begangen hat, wird ihm vergeben werden.«

Diese Mahnung geht davon aus, daß Krankheit ein Übel ist (vgl. auch Jak 5,13) und als solches nicht einfach stoisch hinzunehmen ist, sondern beseitigt werden soll. Gebet der Ältesten und Ölsalbung sollen den Kranken gesund machen. In der Betonung des für die Heilung notwendigen Gebetes folgt der Verfasser der schon bekannten frühchristlichen Tradition, ebenso darin, daß mit dem Gebet der »Glaube« des Wundertäters verbunden ist. Die Krankenölung bedeutet hier nicht dasselbe wie später im Mittelalter die letzte Ölung. Denn Salbung mit Öl dient ja der Heilung des Kranken, nicht aber der Vorbereitung auf den Tod. Dem Öl als Mittel der Volksmedizin kommt hier wie Mk 6,13 und Lk 10,34 therapeutische Funktion zu. Es dient als Mittel der Kraftübertragung für den Kranken. Unwahrscheinlich ist, daß die Ölsalbung als exorzistische Maßnahme verstanden ist, bei der »unter Anrufung des Namens des Herrn« der Krankheitsdämon vertrieben werden soll. Die Salbung »im Namen des Herrn« ist kaum so zu deuten, daß der Name Christi hier als Machtwort gegen einen Dämon gebraucht wird. Vielmehr liegt die allgemeinere Annahme näher, daß Gebet und Ölsalbung im Auftrag, unter Anrufung und in der Kraft des Herrn geschehen. Weder das Gebet, noch das Öl oder der vom Wundertäter ausgesprochene Name des Herrn wirken hier magisch-automatisch; denn der Verfasser betont ausdrücklich, der Herr selbst werde den Hinfälligen wieder aufrichten. Gebet und Ölsalbung der Ältesten haben dienende Funktion bei der letztlich auf den Herrn zurückgehenden Heilung.

Der Text rechnet mit der Möglichkeit, daß begangene Sünden die Ursache der Krankheit sind. Darauf weist schon die neben der Heilung erwähnte Sündenvergebung (5,15). Besonders aber die anschließende Mahnung setzt voraus, daß zum Erfolg der Heilung das Sündenbekenntnis und das Gebet füreinander gehören. Die Sünde als Grund der Krankheit muß ausgeräumt werden (Jak 5,16):

»Bekennet also einander die Sünden und betet füreinander, damit ihr geheilt werdet.«

Biblische Krankheitsbewältigung als theologisches Problem – Konfrontationen

1. Die biblischen Schriften sind nicht eigentlich an der Krankheit als solcher interessiert, sondern an den existentiellen Erfahrungen, die mit der Krankheit verbunden sind. Sie schildern die Not der Krankheit, die körperlichen Leiden wie die sozialen Folgen, die sich in der Isolierung von der vertrauten Gemeinschaft ergeben (z. B. beim Aussatz). Sie berichten vor allem von der Heilung als der Überwindung des Leidens. Es fehlt bei ihnen fast ganz jenes objektivierend-wissenschaftliche Betrachten, das die Voraussetzung wäre, daß Krankheit als bloß medizinisches Problem, als isoliertes Ergebnis bestimmter Organprozesse in den Blick käme. Deshalb ist es ja auch so schwierig, im Einzelfall zu sagen, an welcher Krankheit dieser oder jener Hilfesuchende litt. Die Texte befriedigen nicht das naturwissenschaftlich orientierte Interesse des modernen Lesers. Sie handeln nicht so sehr von Krankheit als vom Kranksein.

Die Unterscheidung von Krankheit und Kranksein spielt heutzutage in der psychosomatischen Medizin eine große Rolle. Diese hat als Kriterium für das Kranksein die Krankheitsnot bestimmt. Das Wesen der Krankheit ist die Not, die sich in der Bitte um Hilfe äußert. Das Interesse richtet sich nicht mehr nur auf das wissenschaftliche Abstraktum Krankheit, sondern auf den kranken Menschen. Ein Krankheitsverständnis, das nur das persönlichkeitsindifferente Organgeschehen und physiologische Prozesse zu erfassen bereit ist, verachtet letztlich den konkreten Menschen mit seinem Leidensdruck. Eine Sicht aber, die die subjektiv empfundene Krankheitsnot berücksichtigt, die psychische Erlebniswelt des Kranken und seine individuelle Geschichte in den Blick nimmt, hat größere Chancen, ihm gerecht zu werden und ihn damit letztlich auch zu heilen.

Der Ausleger biblischer Texte wird in dem Anliegen psychosomatischer Medizin ein Bestreben erkennen, das mit der Grundtendenz biblischer Krankheitsbewältigung vergleichbar ist. Sicherlich bestehen grundsätzliche Unterschiede zwischen beiden Bereichen, ja diese liegen auf ganz verschiedenen Ebenen, insofern es einmal um wissenschaftliche Reflexion über Kranksein geht und im anderen Fall um Glaubenszeugnisse, die unmittelbarer Betroffenheit von Not entspringen. Doch hindert diese Differenz nicht, das Gemeinsame zu sehen: Der Mensch in seiner Ganzheit kommt in den

Blick; Krankheit erscheint als ein Leidensphänomen, das verschiedene Dimensionen hat, gleichzeitig ein körperliches wie ein seelisches Geschehen darstellt und in seiner Komplexität die Sinnfrage herausfordert.

2. Heute wie damals bestimmt Krankheit die Lebenssituation des Menschen als bedrohliches Geschick. Als Krankheitsnot kann sie als ein Bruch in der bisherigen Lebensgeschichte, als ein Verhängnis oder als ein irrationales Schicksal erfahren werden. Die Frage nach dem Sinn entsteht. Aber »diese Sinnfrage setzt Verzicht und Sinnverlust voraus. Der Sinn, der Leiden erträglich machen könnte, scheint verborgen zu sein.«[1] In den biblischen Schriften begegnen verschiedene Versuche, auf die Sinnfrage eine Antwort zu geben. Wird die Krankheit auf die Wirksamkeit von Göttern und Dämonen zurückgeführt, so liegt das Bestreben vor, den Schrecken der Krankheit mythisch rational zu erklären, um so das eigentlich Unerklärliche in den Griff zu bekommen. Gleichzeitig besteht dabei die Möglichkeit, mit Hilfe einer heilschaffenden Gegenmacht die Krankheit zu bekämpfen. Gilt die Krankheit als Strafe für begangene Schuld, so signalisiert diese Deutung eine besondere Vorstellung über das Wesen von Gesundheit. Gesundheit ist nicht nur körperliches Intaktsein, sondern berührt auch die moralische Integrität des Menschen, seine Verantwortlichkeit vor Gott und den Menschen. Krankheit scheint ein Indiz für eine Störung zu sein, die über die körperliche Verfaßtheit des Menschen hinausgeht. Trotz der positiven Aspekte, die solche religiösen Sinndeutungen haben können, bleiben sie in ihren Auswirkungen nicht ungefährlich. Nimmt die dämonologische Betrachtungsweise der Welt und damit auch der Krankheit überhand, so droht eine Verteufelung der Welt überhaupt. Krankheit als Strafe für geschehene Sünde verführt auf der anderen Seite leicht dazu, den Kranken zu verurteilen und die notwendige Solidarität mit dem Leidenden zu vergessen. Die biblischen Autoren kennen oftmals derartige religiöse Sinndeutungen, gleichzeitig aber findet sich bei ihnen das Bestreben, darüber hinauszukommen. Das Buch Hiob ist der theologisch bedeutsamste Versuch im AT. Im NT gehören diese religiösen Interpretamente für Jesus oder Paulus nur zu den Voraussetzungen, die sie vorfinden. Sie folgen der jeweils vorgegebenen Deutung von Krankheit, überwinden sie jedoch, indem sie die Krankheitsnot in neue, umfassendere Sinnhorizonte einordnen.

»Jesus redet den Kranken und Besessenen nicht ein, ihre Krankheit habe einen Sinn, sondern er heilt sie, wie die Wunderberichte zeigen, von ihrem Leid.«[2] Das ist zweifellos richtig. Doch kann Jesus nur deswegen die Dämonen austreiben und die Kranken heilen, weil er selbst von einer neuen

Realitäts- und Sinnerfahrung, der anbrechenden Gottesherrschaft, herkommt. Für Jesus ist Heilung nicht lediglich neugewonnene Gesundheit,
sondern Ende der Macht des Satans und des Todes und nur insoweit Ende
der Herrschaftsmacht der Krankheit.

Ein anderer Einwand lautet: »Es ist die Gefahr jeder religiösen Sinndeutung
von Krankheit, daß sie dem Kranken zur Integration der Krankheit in das
eigene Lebensgefüge verhilft, aber um den Preis, daß sie ihn gleichzeitig zur
Kapitulation vor der Krankheit zwingt.«[3] Dies kann eintreten, wenn die
Krankheit als von Gott gewollt, als Prüfung durch Gott oder Strafe für
begangene Schuld erscheint. Hier kommt es leicht zu einer ergebenen
Anpassung an die Krankheit. Die Krankheit scheint ein Recht auf den
Kranken zu haben, eben weil sie im Bunde mit Gott liegt. Demgegenüber
zeigen die biblischen, vor allem die neutestamentlichen Aussagen in der Tat,
daß die Krankheit zwar Macht über den Kranken hat, aber kein Recht auf
ihn. Gott steht gegen die Krankheit, aber nicht mit ihr! Allerdings lassen die
Texte erkennen, daß jede Heilung im Rahmen einer neuen Sinngebung
geschieht, die ihre religiöse Komponente besitzt.

3. Im Blick auf die neuen Sinndeutungen von Krankheit im NT ist
die Differenz nicht zu übersehen, die zwischen den alttestamentlichen und neutestamentlichen Zeugnissen in dieser Beziehung besteht. In der Grundeinstellung scheinen beide Kanonteile gleichge-
richtet zu sein, indem sie das Phänomen des Krankseins im Rahmen des Glaubens nur als Teil und als Zeichen eines Gottesverhält-
nisses sehen konnten. Das belegen die Psalmgebete wie die theologische Bekenntnisformel: »Ich bin Jahwe, der allein dich heilt« und
das Hiobbuch für das Alte Testament. Für das Neue Testament
sind Jesu Proklamation des Gottesreichs wie auch das paulinische
Selbstverständnis grundlegender Beweis. Insofern gibt das Neue
Testament auf die vierte (4.) der oben (AT IV. 6.) gestellten Fragen
für die urchristliche Gemeinde eine eindeutige Antwort: Das solus
Christus ist in neuer Gestalt Kernstück jeder Beschäftigung mit
Krankheit. Diese Linie hält sich durch. Was die drei anderen,
alttestamentlich nicht gelösten Probleme angeht, so ist dazu vom
Neuen Testament her festzustellen: Die soziale Frage (1), beson-
ders deutlich erkennbar in der Bedrängnis der Psalmisten, wird im
Urchristentum betont aufgegriffen (Jak 5,14—16; 1 Kor 12, 9f.).
Die Medizin (2) in der zeitgenössischen Gestalt bleibt auch für den
Christusglauben weithin außerhalb des Blickfeldes. Dieser Glaube
jedoch befähigte den einzelnen Menschen und die Gemeinde zu
einem souveränen Verhalten (3) gegenüber Leiden und Krankheit,
das sich weder durch Tod noch durch Leben abbringen läßt vom
Vertrauen in die Liebe Gottes (Röm 8,35ff.). Jesu Verkündigung
der anbrechenden Gottesherrschaft, der Glaube der Gemeinde an
die Macht des Sohnes Gottes über Krankheit und Tod wie auch die

Überzeugung des Paulus von der Kraft des gekreuzigten Christus sind je auf ihre Art Zeugnisse menschlicher Sinnerfahrung, die eine neue Bewältigung von Not und Krankheit signalisieren.

4. Jesus führt seinen Kampf gegen die Besessenheit und andere Krankheiten im Zeichen der Verkündigung der Gottesherrschaft. Er hat nicht versucht, den Kranken in der Weise Sinnkategorien zu vermitteln, daß sie die Krankheit leichter ertragen könnten. Vielmehr wußte er sich zur Besiegung der Krankheit und der hinter ihr stehenden Mächte berufen. Krankheit widerspricht dem Heilswillen des Schöpfergottes, der das Leben will und nicht den Tod. Deshalb wollte Jesus den konkreten Menschen in seinem Leben retten, d. h. kräftigen und erhalten, nicht aber durch Unterlassen der helfenden Tat Menschenleben töten (vgl. Mk 3,4). Sein Handeln geschieht in einem betont religiösen Sinnkontext. Es entspringt dem Glauben an den Gott, der jetzt endgültig zur Herrschaft kommt und das Heil seiner Schöpfung wiederherstellt. Dieser religiöse Aspekt veranlaßte Jesus gerade nicht, Ergebung in die Krankheit zu lehren, sondern provozierte seinen Widerstand gegen sie.

Die neutestamentlichen Wundergeschichten als Zeugnisse der frühen Gemeinde folgen dieser Tendenz. Nirgends findet sich die Mahnung, die Krankheit hinzunehmen, sich mit ihr abzufinden, vielmehr geht es in den Exorzismen um den Kampf gegen die widergöttliche Macht überhaupt, in den Therapien um die Vermittlung neuer Kraft, die intaktes Leben ermöglicht. Und wo der Versuch einer traditionellen Sinndeutung gemacht wird (in der Frage nach der möglichen Schuld des Kranken oder seiner Eltern), weist Jesus dieses Bestreben zurück (Joh 9,3). Die Evangelisten ihrerseits schildern Jesus als Herrn über die Krankheit. Als der geweissagte Gottesknecht des AT »nimmt« er die Krankheiten und »schafft sie fort« (Mt 8,17). Angesichts der Krankheit und ihrer Heilung verherrlicht sich Gott und der Sohn; die Krankheit ist nicht »zum Tode«, sondern dient der Verwirklichung des umfassenden Heilswerkes (Joh 11,4). Der Evangelist Johannes hat nicht die Absicht, Krankheit und Leid als überweltliche Fügung in das bisherige Leben zu integrieren, sondern die Heilung von der Krankheit als Symbol dafür zu verstehen, daß Gott und der Sohn Gottes sich zur Rettung der Gläubigen »verherrlichen« wollen. Angesichts dieses biblischen Zeugnisses legt sich der Schluß nahe: »Eine Sinndeutung der Krankheit kommt für eine am Evangelium orientierte Theologie nur insoweit in Frage, als sie dem Kranken zur inneren und äußeren Bewältigung der Krankheit verhilft.«[4]

5. Der Satz »Der Sinn der Krankheit ist ihre Überwindung« ist als

Prinzip seelsorgerlicher Praxis biblisch begründet[5]. Er meint einmal, daß die Heilung des Kranken, die Wiederherstellung der Gesundheit dem Heilswillen Gottes gegenüber der Welt entspricht; zum andern aber, daß die Krankheit kein Recht auf den Kranken hat, so daß er auch im Falle der Unheilbarkeit nicht resignieren oder verzweifeln muß. Krankenseelsorge wird von diesen Voraussetzungen her auf der einen Seite die Aufgabe haben, den Willen zum Leben zu stärken. Dies hat vor allem Karl Barth vertreten. Nach ihm kann Krankheit nicht auf Gott zurückgeführt werden; sie ist »wie der Tod selbst, reine Umkehrung und Unordnung, ein Moment des Aufstandes des Chaos gegen Gottes Schöpfung, ein Werk und eine Kundgebung des Teufels und der Dämonen«[6]. So ist in der Krankheit eine Gegengewalt auf dem Plan, der gegenüber es nur Auflehnung und Protest geben darf. Doch kann das nur ein Aspekt sein. Die Seelsorge wird auf der anderen Seite das Ziel verfolgen, den Kranken zu der souveränen Freiheit des Glaubens zu führen. Diese Position entspricht den Äußerungen des Paulus über seine eigene Krankheit. Das ist insofern wichtig, als es bei ihm um ein unheilbares chronisches Leiden geht. Die Frage stellt sich doch, ob eine Seelsorge, die nur Widerstand gegenüber der Krankheit vermitteln will, nicht an der Situation des unheilbar Kranken scheitert. Demgegenüber ist von der besonderen Freiheit zu reden, die Paulus angesichts seiner Krankheit erlernt. Die Verweigerung der Heilung mutet es Paulus zu, seine Schwachheit anzunehmen. Doch ist diese Hinnahme keine Kapitulation. Sie bedeutet nur, daß er seine Schwachheit anerkennt. Paulus gehört Christus an: »Meine Gnade genügt dir.« (2 Kor 12,9). Die Kraft Christi ist es, die ihn dazu befähigt, trotz der unheilbaren Krankheit Leben zu entfalten und seinen Verkündigungsdienst weiter zu tun. »Die Kraft kommt in der Schwachheit zur Vollendung.« (2 Kor 12,9). Bezogen auf den unheilbar kranken Paulus, meint der Satz, daß auch in diesem Fall der Sinn der Krankheit in ihrer Bewältigung liegt. Rein körperlich bewahrt die Krankheit zwar ihre Macht, doch demonstriert Paulus eine Haltung, die seine Freiheit von der Krankheit ausdrückt.

Psychologisch betrachtet, zeichnet sich bei ihm eine Art Reifungsprozeß ab. In seinen wiederholten Gebeten zum Herrn geht er zunächst gegen die Krankheit an. Darin zeigt sich der Versuch einer Verarbeitung, der vom Widerstand geprägt ist. Paulus bleibt aber nicht bei einer bloßen Protesthaltung stehen, sondern gelangt darüber hinaus. Das Wort des Herrn 2 Kor 12,9 signalisiert die Erkenntnis, die zu einer neuen Identität führt. Das Symbol des gekreuzigten, aber jetzt in Kraft lebenden Christus ermöglicht die Wandlung seiner Person. Er wird diesem Christus konform und weiß sich getragen von der in Christus wirksamen Macht Gottes. Die Krankheit hat ihre versklavende Macht verloren. Sie ist überwunden, auch wenn sie in ihrer physischen Gegebenheit weiterbesteht (vgl. Röm 8,35 ff.). Seine Annahme des Leidens ist keine Resignation, sondern markiert eine neue Einstellung, die in Christus ihren Grund findet.

6. Im Unterschied zum AT findet sich im NT keine ausgeführte Klage eines Kranken, der gegen die Krankheit aufbegehrt und dabei seine Ungeduld, seine Verzweiflung und seinen Protest artikuliert. Der alttestamentliche Beter fragt, warum er denn leide und wie lange die Bedrängnis noch andauere. Aus der Klage über seine Not wird die Anklage gegen Gott. Doch auch dabei läßt er nicht von Gott, sondern argumentiert im Sinne Gottes und appelliert an seine Barmherzigkeit. In den Klagen entfaltet sich eine Aktivität, die einer resignierenden Anpassung an das Leiden widerstreitet und sich freikämpft von der bedrückenden Lähmung dumpfen Erleidens. Als neutestamentliche Analogie kann etwa das dreimalige Gebet des Paulus gelten, der den Herrn um Heilung von seiner Krankheit angeht (2 Kor 12,8). Doch findet sich der besondere Aspekt der Klage nicht angesprochen. Zu beachten ist hier jedoch die besondere Aktivität, die die Kranken der Wundergeschichten entfalten, wenn sie von Jesu Nähe hören. Sie kommen herbei, rufen um Hilfe und sprechen ihre Bitte an den Wundertäter aus. Allerdings nimmt diese Bitte kaum die Form der Klage oder gar Anklage an wie in den Psalmen, sondern trägt in sich ein starkes Moment des Vertrauens gegenüber dem Wundertäter: »Sohn Davids Jesus, erbarme dich meiner!« (Mk 10,48; Lk 17,13). Nur bei dem Rettungswunder Mk 4,35 ff. begegnet die vorwerfende Klage: »Meister, kümmert es dich nicht, daß wir zugrunde gehen?« (V. 38). Trotz des Fehlens der Klage, durch die sich der Widerstand gegen die Krankheit äußert, ist die Aktivität und Eigeninitiative wichtig, die Jesus provoziert. Der kranke Mensch bleibt nicht mehr in hoffnungsloser Passivität, sondern erwacht zu neuer Lebendigkeit, wenn Jesus als Wundertäter naht. Nicht erst durch die Heilung selbst, vielmehr schon in der Initiative des Kranken drückt sich in den Wundergeschichten der Wille zum Leben aus. Die ausgeführte Klage des Kranken entfällt, weil die Wundergeschichten von der Gewißheit über die aktuell wirksame Heilsmacht Jesu bestimmt sind.

7. Wenn die Krankenseelsorge ihr Ziel in der Stärkung des Lebenswillens sieht, wird sie berücksichtigen müssen, daß sie an ihre Grenzen kommen kann. Es gibt auch den extremen Fall des unheilbar Kranken, der wirklich nicht mehr leben will, dem angesichts der Schmerzen der Zwang zum Leben nicht unbegrenzt

auferlegt werden kann: »Der Seelsorger hat im konkreten Fall den Willen des Lebenden zum Tod zu respektieren. Er hat um der Freiheit willen, von der das Evangelium redet, den Menschen freizugeben auch für das Sterben.«[7] Das NT erörtert diesen Fall nicht direkt. Doch findet sich bei Paulus die Erwägung, daß angesichts seiner Gefangenschaftsnot, angesichts der Aussicht aber, nach dem Tode mit Christus zusammenzusein, das Sterben Gewinn für ihn wäre. Paulus entscheidet sich für das Leben, um der Gemeinde durch seine Verkündigung weiter dienen zu können (Phil 1,21–24). Immerhin kommt hier das Sterben als positive Möglichkeit in den Blick. An der Tatsache freilich, daß Paulus sich schließlich für dieses Leben und nicht für den Tod entscheidet, wird deutlich, daß der Wille zum Tode ein Äußerstes wäre, demgegenüber der Erhaltung des Lebens der Primat zukommt.

Anmerkungen

A. Altes Testament

1 Vgl. dazu K. Menninger, Das Leben als Balance. Seelische Gesundheit und Krankheit im Lebensprozeß (1968); A. Mitscherlich, T. Brocher, O. von Mering, K. Horn (Hrsg.), Der Kranke in der modernen Gesellschaft. Neue wissenschaftliche Bibliothek 22: Soziologie (1967); A. Mitscherlich, Krankheit als Konflikt. Studien zur psychosomatischen Medizin I und II, edition suhrkamp 164, 237 (5. A. 1969; 4. A. 1969); G. Ruhbach (Hrsg.), Krankheit und Tod, Bethel Beiträge Bd. 9 (1973); H. Schipperges, Porträt des Kranken und der Krankheit in Medizin und Philosophie, Universitas 2 (1975); I. Illich, Medical Nemesis. Die Enteignung der Gesundheit (1975); E. Gerstenberger – W. Schrage, Leiden, BK 1004 (1977).

2 K. E. Rothschuh (Hrsg.), Was ist Krankheit? Erscheinung, Erklärung, Sinngebung. Wege der Forschung CCCLXII (1975); ders., Der Krankheitsbegriff (Was ist Krankheit?), Hippokrates 43 (1972) 3−17 (ebda. 397−420).

3 Ebda. 414.

4 Vgl. M. Josuttis, Zur Frage nach dem Sinn der Krankheit, WzM 27 (1975) 12−25; C. Westermann, Heilung und Heil in der Gemeinde aus der Sicht des Alten Testaments, ebda. 1−12; M. von Rad (Hrsg.), Anthropologie als Thema von psychosomatischer Medizin und Theologie, UT 607 (1974).

5 Zum Thema vgl. W. Ebstein, Die Medizin im Alten Testament (1901, Nachdruck 1965); A. Lods, Les idées des Israélites sur la maladie, ses causes et ses remèdes, in: Marti-FS, BZAW 41 (1925) 181−193; L. Köhler, Der hebräische Mensch (1953, Nachdruck 1976); J. Scharbert, Der Schmerz im Alten Testament, BBB 8 (1955); J. Hempel, Heilung als Symbol und Wirklichkeit im biblischen Schrifttum, NAWG I (1958/3, 2. A. 1965); A. R. Johnson, The Vitality of the Individual in the Thought of Ancient Israel (2. A. 1964); P. Humbert, Maladie et médecine dans l'Ancien Testament, RHPhR 44 (1964) 1−29; Th. Struys, Ziekte en Genezing in het Oude Testament (1968).

6 Vgl. K. Seybold, Das Gebet des Kranken im Alten Testament. Untersuchungen zur Bestimmung und Zuordnung der Krankheits- und Heilungspsalmen, BWANT 99 (1973) 19ff.; ders., Art. ḥālāh, ThWAT II (1976) 960−971.

7 Ebda. 961ff.

8 J. F. A. Sawyer, A note on the etymology of ṣāraᶜat, VT 26 (1976) 241−245.

9 J. J. M. Roberts, The Hand of Jahweh, VT 21 (1971) 244−251.

10 K. Seybold, a.a.O. 48ff.

11 Vgl. dazu E. Neufeld, Hygiene Conditions in Ancient Israel (Iron Age), BA 34,2 (1971) 42−66; H. Weippert, Art. Bad und Baden, BRL (²1977) 30ff. dann W. Th. Im der Smitten, Patient und Arzt. Die Welt des Kranken im Alten Testament, Janus 61 (1974) 103−129

12 W. Schrank, Babylonische Sühnriten besonders mit Rücksicht auf Priester und Büßer, LSemSt III, 1 (1908, Nachdruck 1968) 62 ff.
13 K. Seybold, a. a. O. 56 ff.; 77 ff.
14 G. E. Wright, Biblische Archäologie (1958) 166 f.; vgl. BHHW III
   T. 52. Vgl. W. Ebstein, a. a. O.
15 H. W. Wolff, Anthropologie des Alten Testaments (1973) 21 ff. ; 96 ff.
16 Chr. Barth, Die Errettung vom Tode in den individuellen Klage- und
   Dankliedern des Alten Testamentes (1947); K. Seybold, a. a. O. 31 ff.
17 Ca. 17 km NW von Jerusalem.
18 Vgl. O. Keel, Die Welt der altorientalischen Bildsymbolik und das Alte
   Testament. Am Beispiel der Psalmen (²1977) 73 f.; RTA ATD Erg. 1
   (1975) 264 ff.
19 Ug VI (1969) 393 ff.
20 H. Gese, Die Religionen Altsyriens, Religionen der Menschheit 10,2
   (1970) 141 ff.; D. Conrad, Der Gott Reschef, ZAW 83 (1971) 157 — 183.
21 J. Gray, The Canaanites (1964) 123.
22 ANET 148 f.
23 EA Nr. 137.
24 M. Dietrich – O. Loretz – J. Sanmartín, Bericht über ein Orakel (RS
   24.272 = Ug. 5, S. 563 Nr. 6), UF 7 (1975) 540 f.
25 EA Nr. 49.
26 A. P. Léca, La médecine égyptienne (1971) 120 f. ; O. Keel, a. a. O. 177,
   Abb. 270, 270 a.
27 A. L. Oppenheim, Ancient Mesopotamia. Portrait of a Dead Civiliza-
   tion (1964); E. K. Ritter, Magical-Expert (= Āšipu) and Physician (=
   Asû): Notes on Two Complementary Professions in Babylonian Medi-
   cine, in: Landsberger-FS, Assyriological Studies 16 (1965) 299 — 321.
28 E. Ebeling, Aus dem Tagewerk eines assyrischen Zauberpriesters, Mit-
   teilungen der altoriental. Gesellschaft V, 3 (1931, Nachdruck 1972).
29 K. Frank, Babylonische Beschwörungsreliefs, LSemSt III, 3 (1908,
   Nachdruck 1968) A; Text 36 ff.; O. Keel, a. a. O. Nr. 91, T. IV, 68 ff.
30 AOB Nr. 387; ANEP Nr. 658; O. Keel, a. a. O. Nr. 91/92.
31 Nach E. Ebeling AOT 133 f.
32 S. N. Kramer, Sumerian Mythology (²1961) 71; Th. Jacobsen, The
   Cosmos as a State, in: H. and H. A. Frankfort, The Intellectual
   Adventure of Ancient Man (1967) 161 ff.
33 O. R. Gurney, The Tale of the Poor Man of Nippur, Anatolian Studies
   6 (1956) 154 — 164.
34 C. Burde, Hethitische medizinische Texte, Studien zu den Boğazköy-
   Texten 19 (1974).
35 D. Brandenburg, Priesterärzte und Heilkunst im alten Persien. Medizinisches bei Zarathustra und im Königsbuch der Firdausi (1969).
36 E. Brunner-Traut, Die alten Ägypter. Verborgenes Leben unter Pharao-
   nen (1974) 156.
37 Ebda. 160.
38 H. Grapow, Kranker, Krankheiten und Arzt. Vom gesunden und
   kranken Ägypter, von den Krankheiten, vom Arzt und von der ärztlichen Tätigkeit. Grundriß der Medizin der alten Ägypter III (1956).
39 W. Westendorf, Papyrus Edwin Smith. Ein medizinisches Lehrbuch aus
   dem alten Ägypten (1966) 21 f.
40 E. Brunner-Traut, a. a. O. 147.
41 E. Edel, Ägyptische Ärzte und ägyptische Medizin am hethitischen
   Königshof. Neue Funde von Keilschriftbriefen Ramses' II. aus Boğaz-

köy. Rhein.-Westfäl. Akademie der Wissenschaften. Vorträge G 205 (1976) 53 ff.

42 A. Erman, Der Brief eines Kranken an seinen Sohn, in: Amtl. Berichte aus den Preuß. Staatssammlungen, XL 3 (1918); E. Brunner-Traut, a.a.O. 152.

43 O. Temkin in: H. Flashar (Hrsg.), Antike Medizin, WdF 221 (1971).

44 Vgl. A. Dupont-Sommer, Exorcismes et guérisons dans les écrites de Qoumran, VTS 7 (1960) 246 − 261.

45 Das Formgeheimnis der biblischen Erzählungen, Kleinere Schriften (1937) 139, zit. nach: Wenn die Götter schweigen (1963) 210.

46 Vgl. den Nachtrag 2 Kön 18,4.

47 Vgl. 2 Sam 12; 13; 24.

48 Vgl. dazu die schöne ägyptische Illustration O. Keel, a.a.O. Nr. 270, 177.

49 H.-P. Müller, Die weisheitliche Lehrerzählung im Alten Testament und seiner Umwelt, WdO 9/1 (1977) 77 − 98.

50 G. Fohrer, Überlieferung und Wandlung der Hioblegende, in: Baumgärtel-FS (1959) 41 − 62 (Studien zum Buche Hiob [1963] 44 − 67).

51 W. von Soden, Fischgalle als Heilmittel für die Augen, AfO 21 (1966) 81 f.

52 G. Bornkamm, Lobpreis, Bekenntnis und Opfer, in: APOPHORETA, Haenchen-FS, BZNW 30 (1964) 46 − 83 (Geschichte und Glaube I, Gesammelte Aufsätze 3 [1968] 122 − 139).

53 A. Erman, Denksteine aus der thebanischen Gräberstadt, SAB 1911, 1086 − 1110; E. Brunner-Traut, a.a.O. 145 ff.

54 Übertragung nach W. W. Hallo, Individual Prayer in Sumerian: The Continuity of a Tradition, AOS 53 (= JAOS 88/1 [1968]), Essays in Memory of E. A. Speiser, 82 ff. (71 − 89).

55 Weiterführende Literatur: S. Mowinckel, Psalmenstudien I − VI, SNVAO (1921 − 24, 2. A. 1966); H. Schmidt, Das Gebet der Angeklagten im Alten Testament, BZAW 49 (1928) Chr. Barth, Die Errettung vom Tode in den individuellen Klage- und Dankliedern des Alten Testamentes (1947); F. Michaeli, Les malades et le Temple dans l'Ancien Testament, Église et Théologie 21 (1958) 3 − 12; R. Martin-Achard, La prière des malades dans le psautier d'Israël, Lumière et Vie 86/17 (1968) 25 − 43 (Approche de Psaumes, CTh 60 [1969] 49 − 65); L. Delekat, Asylie und Schutzorakel am Zionheiligtum. Eine Untersuchung zu den privaten Feindpsalmen (1967); O. Keel, Feinde und Gottesleugner, SBM 7 (1969); W. Beyerlin, Die Rettung der Bedrängten in den Feindpsalmen der Einzelnen auf institutionelle Zusammenhänge untersucht, FRLANT 99 (1970); E. Gerstenberger, Der bittende Mensch. Bittritual und Klagelied des einzelnen im Alten Testament, Hab. Heidelberg 1971; ders., Der klagende Mensch. Anmerkungen zu den Klagegattungen in Israel, in: Probleme biblischer Theologie, von Rad-FS (1971) 64 − 72; H. Goeke, Das Menschenbild der individuellen Klagelieder. Ein Beitrag zu einer alttestamentlichen Anthropologie, Diss. Bonn 1971.

56 Chr. Barth, a.a.O.

57 J. A. Sanders, The Psalms Scroll of Qumrân Cave 11 (11 QPs^a), DJD IV (1965); ders., Two Non-Canonical Psalms in 11 QPs^a, ZAW 76 (1964) 57 − 75.

58 Übersetzung nach Seybold, a.a.O. 188 f.

59 Vgl. G. von Rad, Weisheit in Israel (1970).

60 H. Gese, Lehre und Wirklichkeit in der alten Weisheit. Studien zu den Sprüchen Salomos und zu dem Buche Hiob (1958).

61 Nach der Einheitsübersetzung der Heiligen Schrift, Kath. Bibelanstalt (1974).

62 J. C. de Moor, Rāpi'ūma – Rephaim, ZAW 88 (1976) 336 f.

63 J. Hempel, »Ich bin der Herr, dein Arzt« (Ex. 15, 26), ThLZ 82 (1957) 809–826; ders., Heilung als Symbol und Wirklichkeit im biblischen Schrifttum, NAWG I (1958/3, 2. A. 1965).

64 Abb. nach O. Keel Nr. 90 a, 68.

65 E. V. Hulse, The Nature of Biblical 'Leprosy' – and the use of Alternative Medical Terms in Modern Translations of the Bible, PEQ 107 (1975) 87–105.

66 S. G. Browne, Leprosy in the Bible (2. A. 1974) 18 ff.; E. V. Hulse, a. a. O. 89. Vgl. L. Köhler, »Aussatz«, ZAW 67 (1955) 290 f.

67 J. F. A. Sawyer, A note on the etymology of ṣaraʿat, VT 26 (1976) 241–245.

68 Nach E. V. Hulse, a. a. O. 96; 98.

69 M. Noth, Das dritte Buch Mose. Leviticus, ATD 6 (1962) 89.

70 Vgl. K. Elliger, Leviticus, HAT I 4 (1966).

71 So M. Noth.

72 So E. V. Hulse.

73 Zu den Verhaltensformen 13, 45 f. K. Seybold, a. a. O. 49 ff.

74 M. Noth, a. a. O. 89 f.

75 J. T. Ingram, The significance and management of psoriasis, British Medical Journal II (1954) 823, übers. nach E. V. Hulse, a. a. O. 100.

76 R. de Vaux, Das Alte Testament und seine Lebensordnungen, Bd. 1 (1960) 111 ff.

77 W. F. Kümmel, Melancholie und die Macht der Musik. Die Krankheit König Sauls in der historischen Diskussion, Med. hist. Journal, Hildesheim 4 (1969) 189–209.

78 In: K. Schneider-FS. Arbeiten zur Psychiatrie, Neurologie und ihren Grenzgebieten (1947) 77–85.

79 A. Klostermann, Ezechiel. Ein Beitrag zu besserer Würdigung seiner Person und seiner Schrift, ThStKr 50 (1877) 391–439.

80 E. C. Broome, Ezechiel's Abnormal Personality, JBL 65 (1946) 277–292.

81 W. Zimmerli, Ezechiel, BK 13 (1969) 26 ff.

82 Zu 3,26 f. u. a. vgl. W. Zimmerli, a. a. O. 30*; R. R. Wilson, An Interpretation of Ezekiel's dumbness, VT 22 (1972) 91–104.

83 E. Vogt, Die Lähmung und Stummheit des Propheten Ezechiel, in: Wort – Gebot – Glaube, Eichrodt-FS, AThANT 59 (1970) 87–100.

84 H. D. Preuß, Deuterojesaja. Eine Einführung in seine Botschaft (1976).

85 K. Baltzer, Zur formgeschichtlichen Bestimmung der Texte vom Gottesknecht im Deutero-Jesaja-Buch, in: Probleme biblischer Theologie, von Rad-FS (1971) 27–43.

86 Art. ḥalah ThWAT II (1976) 967 f.

87 H.-P. Müller, Ein Vorschlag zu Jes 53 10 f., ZAW 81 (1969) 377–380.

88 W. Zimmerli, Zur Vorgeschichte von Jes LIII, VTS 17 (1969) 236–244 (Studien zur alttestamentlichen Theologie und Prophetie. Gesammelte Aufsätze II, ThB 51 [1974] 213–221); E. Kutsch, Sein Leiden und Tod – unser Heil. Eine Exegese von Jesaja 52,13–53,12, BSt 52 (1967).

89 F. Horst, Hiob 1, BK 14/1 (1968) 26 f.

90 Arabia Petraea III (1908) 413, zit. nach F. Horst, a. a. O. 27.

91 Vgl. dazu Jes 40,2.

92 A. Alt, Zur Vorgeschichte des Buches Hiob, ZAW 55 (1957) 265 – 268.
93 C. Westermann, Der Aufbau des Buches Hiob, CTM 6 (2. A. 1977).
94 G. Fohrer, Hiob, KAT (2. A. 1963).
95 F. Horst, a. a. O. 64.
96 F. Horst, a. a. O.
97 Vgl. H.-P. Müller, Altes und Neues zum Buch Hiob, EvTh 37 (1977) 284 – 304.
98 G. Hölscher, Das Buch Hiob, HAT I 17 (2. A. 1952).
99 E. Ruprecht, Die Religion der Väter. Hauptlinien der Forschungsgeschichte, DBAT 11 (1976) 28 f.
100 J. C. de Moor, Rapi'uma – Rephaim, ZAW 88 (1976) 323 – 345.
101 Vom Geist der Ebräischen Poesie (1782) I,V.

B. Neues Testament

1 Vgl. L. Edelstein, Der hippokratische Eid, hrsg. v. H. Diller, Zürich 1969.
2 Ps. Hippokrates, De morbis I 6.
3 O. Temkin, Griechische Medizin als Wissenschaft und Handwerk, in: Antike Medizin, hrsg. v. H. Flashar, Wege der Forschung CCXXI (1971), S. 17 (1 – 28).
4 J. Schumacher, Antike Medizin, 1. Band: Die naturphilosophischen Grundlagen der Medizin in der griechischen Antike 1940, S. 179 f.
5 H. E. Sigerist, Die historische Betrachtung der Medizin, Archiv f. Geschichte d. Medizin 13 (1926), S. 18 (1 – 19).
6 Vgl. R. Herzog, Die Wunderheilungen von Epidauros 1931.
7 A. a. O. S. 60.
8 A. a. O. S. 66.
9 A. a. O. S. 75.
10 A. a. O. S. 76.
11 A. a. O. S. 148.
12 E. und L. Edelstein, Asclepius. A Collection and Interpretation of the Testimonies II, Baltimore 1945, S. 154.
13 Ph. Derchain, Die ägyptische Welt nach Alexander dem Großen, in: Der Hellenismus und der Aufstieg Roms. Die Mittelmeerwelt im Altertum II, Fischer Weltgeschichte 6, Frankfurt 1965, S. 243.
14 Vgl. die Ausgabe von K. Preisendanz, Papyri Graecae Magicae 2 Bde., 1928.
15 G. Theißen, Urchristliche Wundergeschichten, StNT 8 (1974), S. 240.
16 Übersetzung nach V. Hamp, Sirach, 1951, Echter-Bibel.
17 In der Rekonstruktion bei A. Schalit, König Herodes, Studia Judaica IV (1969), S. 638 f.
18 H. Strack/P. Billerbeck, Kommentar zum Neuen Testament aus Talmud und Midrasch, Bd. IV,1 (1969 = 1928), S. 504 f.
19 A. a. O. Bd. IV,1, S. 532.
20 A. a. O. Bd. II, S. 529.
21 A. a. O. Bd. I, S. 444 f.
22 A. a. O. Bd. II, S. 196 f.
23 A. a. O. Bd. I, S. 495.
24 A. a. O. Bd. II, S. 441.

25 Vgl. dazu J. Becker, Johannes der Täufer und Jesus von Nazareth, Biblische Studien 63 (1972), S. 71 – 85.

26 J. Jeremias, Neutestamentliche Theologie. Erster Teil: Die Verkündigung Jesu 1971, S. 96.

27 Übersetzung und Interpretation nach G. Dautzenberg, Sein Leben bewahren. Psyche in den Herrenworten der Evangelien, StANT 14 (1966), S. 154f.; R. Pesch, Das Markusevangelium, HThK II, 1. Teil (1976), S. 192f.

28 Nach H. Strack/P. Billerbeck, a. a. O. Bd. I, S. 750.

29 R. und M. Hengel, Die Heilungen Jesu und medizinisches Denken, in: Medicus Viator, Festg. f. R. Siebeck (1959), S. 341 (331 – 361.)

30 R. Pesch, Jesu ureigene Taten? Quaestiones Disputatae 52 (1970), S. 140f.

31 W. E. Mühlmann, Chiliasmus und Nativismus, 1961, S. 252.

32 H. Strack/P. Billerbeck, a. a. O. Bd. I, S. 491.

33 G. Bornkamm, Pneuma alalon, in: ders., Geschichte und Glaube 2. Teil, BevTh 53 (1971), S. 24. 28f.

34 Vgl. E. Lesky/J. H. Waszink, RAC V 819 –,831.

35 E. Lesky, RAC V 829f.

36 E. V. Hulse, The Nature of Biblical 'Leprosy' and the Use of Alternative Medical Terms in Modern Translations of the Bible, Palestine Exploration Quarterly 106/107 (1974 – 1975), S. 88.

37 F. W. Bayer, Art. Aussatz, RAC I 1023.

38 H. Strack/P. Billerbeck, a. a. O. Bd. IV 751.

39 A. a. O. Bd. IV 751.

40 A. a. O. Bd. IV 751.

41 R. Pesch, Jesu ureigene Taten? A. a. O. S. 79.

42 Vgl. W. Schrage, ThWNT VIII, 270ff.

43 H. Strack/P. Billerbeck, a. a. O. Bd. I 525.

44 Belege bei W. Schrage, ThWNT VIII 282.

45 W. Schrage, ThWNT VIII 284.

✗46 F. Fenner, Die Krankheit im Neuen Testament, Untersuchungen zum Neuen Testament 18 (1930), S. 70f.

47 R. Herzog, a. a. O. S. 98f.

48 F. Fenner, a. a. O. S. 61.

49 G. Theißen, a. a. O. S. 94ff.

◁50 H. Strack/P. Billerbeck, a. a. O. Bd. I 520.

51 H. Waagenvoort, Art. Contactus, RAC III 405.

✗ 52 O. Weinreich, Antike Heilungswunder, Religionsgeschichtliche Versuche und Vorarbeiten 8 (1909), S. 63.

53 A. a. O. S. 37.

54 G. Theißen, a. a. O. S. 72. 101.

55 F. Fenner, a. a. O. S. 95.

56 A. a. O. S. 94.

57 R. Herzog, a. a. O. S. 39.

58 H. Strack/P. Billerbeck, a. a. O. Bd. I 495.

59 O. Weinreich, a. a. O. S. 59f.

60 K. Bonhoeffer bei H. Lietzmann, An die Korinther I/II, HNT 9, 4. Aufl. 1949, S. 157.

61 H. D. Betz, Eine Christus-Aretalogie bei Paulus (2 Kor 12, 7 –10), ZThK 66 (1969), S. 288ff.

62 Vgl. zum Folgenden A.-J. Festugière, Personal Religion Among the Greeks, Berkeley/Los Angeles 1960, S. 96.100.

63 A. a. O. S. 86.

1 F. Wintzer, Sinn und Erfahrung. Probleme und Wege der Krankenseelsorge, in: Theologie und Wirklichkeit, Festschr. f. W. Trillhaas, hrsg. v.
   H. W. Schütte und F. Wintzer 1974, S. 221.
2 M. Josuttis, Zur Frage nach dem Sinn der Krankheit, Wege zum
   Menschen 27 (1975), S. 14; ähnlich H.-Chr. Piper, Kranksein – Erleben
   und Lernen, Beratungsreihe 4 (1974), S. 31.
3 M. Josuttis, a. a. O. S. 15.
4 A. a. O. S. 14.
5 A. a. O. S. 15.
6 K. Barth, Kirchliche Dogmatik III/4, S. 417.
7 M. Josuttis, Praxis des Evangeliums zwischen Politik und Religion
   1974, S. 139.